习近平：

社区要搞好，一定要有坚强的基层党组织

2021年6月7日下午，习近平总书记来到西宁市文亭巷社区考察加强基层党建、开展便民服务等情况。他强调："我到地方考察，总要看看农村、城市社区，看看人民群众生活得怎么样。一个社区要搞好，一定要有非常强的党组织领导的基层组织，把社区各方面服务搞周到，把群众自治性的事情组织好。"

红旗经验

2019年7月4日，时任铜川王益区人民政府区长王蒙（现任王益区委书记）与西北政法大学校长助理汪世荣签订"党建引领下的红旗经验"课题合作协议（杜超英 摄）

中共铜川市王益区委副书记、王益区人民政府区长刘军在红旗社区调研工作（王超 摄）

红旗经验

2017年10月28日,党的十九大代表李秋莲向社区党员干部宣讲党代会精神 (安晓卫 摄)

红旗社区的志愿者们为社区老人过生日(张笑 摄)

本书系：

西北政法大学和铜川市王益区委合作课题成果

陕西省"三秦学者"创新团队支持计划"西北政法大学基层社会法律治理创新团队"成果（2017—41）

陕西省高校青年创新团队"西北政法大学中国特色社会主义法治研究团队"成果（2020—82）

红旗经验：
中小城市基层党建引领社会治理的样本

汪世荣　马　成　著

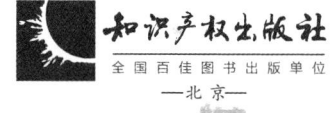

知识产权出版社
全国百佳图书出版单位
—北京—

图书在版编目（CIP）数据

红旗经验：中小城市基层党建引领社会治理的样本／汪世荣，马成著．—北京：知识产权出版社，2021.12

ISBN 978－7－5130－7616－6

Ⅰ．①红… Ⅱ．①汪… ②马… Ⅲ．①中国共产党—中小城市—基层组织—党的建设—经验—铜川 Ⅳ．①D267

中国版本图书馆CIP数据核字（2021）第143380号

责任编辑：齐梓伊　　　　　　　　　　　　　责任校对：潘凤越
封面设计：张　悦　　　　　　　　　　　　　责任印制：孙婷婷

红旗经验：
中小城市基层党建引领社会治理的样本
汪世荣　马成　著

出版发行：	知识产权出版社有限责任公司	网　　址：	http://www.ipph.cn
社　　址：	北京市海淀区气象路50号院	邮　　编：	100081
责编电话：	010－82000860转8176	责编邮箱：	qiziyi2004@qq.com
发行电话：	010－82000860转8101/8102	发行传真：	010－82000893/82005070/82000270
印　　刷：	三河市国英印务有限公司	经　　销：	各大网上书店、新华书店及相关专业书店
开　　本：	720mm×1000mm　1/16	印　　张：	15.5
版　　次：	2021年12月第1版	印　　次：	2021年12月第1次印刷
字　　数：	232千字	定　　价：	78.00元

ISBN 978－7－5130－7616－6

出版权专有　侵权必究

如有印装质量问题，本社负责调换。

"党建引领下的红旗经验"
项目组成员

顾　　问：杨宗科　王　蒙　刘　军
主 持 人：汪世荣　马　成
成　　员：（以姓氏笔画为序）

王斌通　左程娟　冯卫国　吕亚军　吕江鸿
朱继萍　刘　凯　刘　锋　刘　鹏　刘晓天
闫强乐　阮仕东　孙玉清　李　媛　李后东
李秋莲　杨方刚　张　莹　张永林　苟　震
郝　军　徐　鹏　梁　鑫　褚宸舸　薛永毅

学术秘书：侯孟良　吴立星　吴　昊

序一 PREFACE 01

　　城乡社区连着千家万户，是社会治理的最后一公里，也是国家治理的重中之重。城乡社区治理的能力和水平事关党和国家大政方针能否贯彻落实，事关居民群众切身利益能否满足，事关城乡基层和谐稳定能否实现。中国特色社会主义进入新时代，国内社会主要矛盾发生了深刻的变化，人民美好生活需要日益广泛，不仅对物质文化生活提出了更高要求，而且在民主、法治、公平、正义、安全、环境等方面的要求日益增长。在这样的背景下，党的十九届四中全会明确提出要"构建基层社会治理新格局"和"建设人人有责、人人尽责、人人享有的社会治理共同体"，明确将"实现政府治理和社会调节、居民自治良性互动"作为"夯实基层社会治理基础"的基本目标，并且要求"推动社会治理和服务重心向基层下移，把更多资源下沉到基层，更好提供精准化、精细化服务。"这为我们明确了新时代社区治理的基本方向和具体要求，也为学术界探索和总结合乎时代发展需求的基层社会治理理论提供了全新的观察视角和检验标准。

　　进入 21 世纪以来，陕西省铜川市王益区红旗社区党总支在区委、区政府的坚强领导下，主动顺应城市党建和社区治理的新形势和新要求，积极推动基层社会治理创新，历经三大发展阶段，最终形成了以"网格化管理、智慧化服务、联动式共建"为核心内容的联动共建机制，走出了一条"党建领航、贴心为民、创新服务、头雁引领、多方联动"的城市社区治理新路径——"红旗经验"。为充分发挥"红旗经验"的辐射带动作用，王益区率先在全区推广"红旗经验"，按照"抓班子带队伍、办实事提水平、把主线握重点"的基本思路，大力激发城市基层党组织活力，在推进基层党建工作全面提升过程中促进基层治理水平提高。"红旗经验"自形成和推广以来，在全区范围极大地激发了党建引领社区建设的活力，激活了广大社区居民及辖区内各类社区治理主体参与社区治理的积极性和主动性，形成了共建、共治、共享的社区治理新格局，赢得了社会的高度评价和广泛赞誉。党建引领是"红旗经验"的本质特征，"红旗经验"的成功实践再次证明，社区党组织是宣传党的主张、贯彻党的决定、领导基层治理、团结动员群众、推动改革发展的坚强战斗堡垒，是促进政府治理、社会调节和居民自治良性互动的中坚力量。

"红旗经验"是党建引领我国中小城市社区治理的典型代表。2017年9月，中共中央组织部有关领导在红旗社区调研时对其予以高度评价，随后，《中国组织人事报》以"红旗社区党旗红"为题对"红旗经验"进行了专题报道，文章指出："王益区红旗社区的经验是上海会议精神的生动诠释，为中小城市基层党建提供了社区样本和典型范例。"2017年11月29日，陕西省委组织部《陕组通报》第10期印发了"红旗社区党旗红"这一典型经验专题报道，要求在全省进行推广。2018年1月11日，中共铜川市委下发了《关于在全市城市基层党建工作中推广"红旗经验"的通知》，"红旗经验"率先在铜川全市推广。为全面梳理和系统总结"红旗经验"的实践做法并在此基础上概括提炼其理论价值，西北政法大学枫桥经验与社会治理研究院与王益区委组织部联袂开展了"红旗经验：中小城市基层党建引领社会治理的样本"研究项目。自项目启动以来，项目主持人汪世荣教授和马成副教授带领项目组成员先后前往铜川市王益区进行了十数次的实地调研，在王益区红旗社区、柿树沟社区、云梦堤社区、育才社区、川口社区等地调研和考察了"红旗经验"在城市社区治理中的特色和优势,并通过访谈、调查、翻阅档案等方式陆续收集整理了上百万字的研究资料。其间,先后在光明网、中国共产党新闻网、西部网、《中国人民公安大学学报》《民主与法制时报》等媒体、期刊、报纸上发表十余篇相关理论文章,在全国范围对"红旗经验"的具体做法和理论价值进行了总结、宣传和推广。最终在一系列阶段性研究成果基础上,形成了本书呈现给诸位的这一最终成果。

西北政法大学枫桥经验与社会治理研究院成立于2019年7月,具有一支成员稳定、结构合理的研究队伍,以"加强对以枫桥经验为代表的各地社会治理实践进行理论概括,打造学校科研服务国家需求的亮点,聚合多学科的研究力量,加强问题意识,提炼、总结好新时代'枫桥经验'"为服务宗旨,旨在通过培养面向基层社会治理的高素质法治人才,积极开展社会服务,为实现社会治理社会化、专业化、智能化和法治化的目标做出积极贡献。此次西北政法大学枫桥经验与社会治理研究院与铜川市王益区委合作课题"党建引领下的红旗经验"的项目成果是对红旗社区十多年来社区治理经验的系统总结和理论升华,对于探索后城市化时代中小城市社区治理具有重要的镜鉴和启示意义。

西北政法大学是一所法学特色鲜明、多学科协调发展的陕西省省属高水平大学和陕西省"一流学科"建设高校,是全国政法类大学"立格联盟"和陕西高校"长安联盟"的创始成员,也是西北地区法学教育研究中心、全国法学教育和法学研究的重要基地。学校具有悠久的历史文化积淀,其前身可以追溯至抗战时期的陕北公学。长期以来,西北政法大学围绕社会治理问题,在学科资治、人才强治方面,进行了一系列积极探索,积累了一些有益的经验,形成了"坚持问题导向、立足本土实际、探解中国问题、积极服务国家战略和地区经济社会发展需求"的优良学术传统。近年来,西北政法大学充分发挥学科专业特色和优势，积极探索新时代社会治理人才培养规律，形成了从本科层次到硕士、博士层次的全方位社会治理人才培养体系，培养了一大批国家急需的社会治理人才，在促进国家法治建设和西北地区的稳定安全、经济社会发展中取得了突出的成绩。与王益区委组织部合作的《红旗经验：中小城市基层党建引领社会治理的样本》研究成果，是坚守和践行西北政法大学优良学术传统的最佳诠释。

是为序。

杨宗科

2020 年 10 月 8 日

序二 PREFACE 02

党的十八大以来,以习近平同志为核心的党中央就新时代加强城市基层党建工作提出了"必须牢牢把握提高党的建设质量这一基本要求,破解制约城市基层党建工作的重点难点问题,推动城市基层党组织全面进步、全面过硬"等一系列重要论述,为我们做好新时代城市基层党建工作指明了前进路线,提供了根本遵循方向。近年来,王益区以习近平新时代中国特色社会主义思想为指导,坚持人民至上,强化主动服务,积极探索创新,逐步走出了一条"党建领航、贴心为民、创新服务、头雁引领、多方联动"的城市基层党建新路径——"红旗经验"。

"红旗经验"经过十余年的坚持和积累,从"1168"服务热线到"3+3+X"服务模式,从"网格化大联动"到"一机揽尽、全网解决",有效整合区域各类基层党组织资源优势,注重发挥好"两个作用",形成了以"网格化管理、智慧化服务、联动式共建"为主要内容的大联动、大共建机制,政治功能和精神内涵不断强化,工作效能和服务质量持续提升。

《红旗经验:中小城市基层党建引领社会治理的样本》这本书,是对王益区城市基层党建"红旗经验"的深度挖掘和凝练提升,为发展和完善新时代党建引领城市社区治理提供了积极借鉴。"红旗经验"形成于王益区,与时俱进创新发展好"红旗经验",我们使命在肩。下一步,我们将立足第二个百年奋斗目标新征程,认真贯彻新时代党的建设总要求和新时代党的组织路线，切实把党的组织优势转化为发展优势，把党的组织资源转化为服务资源，把党的组织活力转化为创新活力，坚持上下联动、以点带面，着力打造具有王益区特色的城市基层党建"红旗经验"升级版，努力为探索中小城市基层党建引领社会治理新路径做出新的贡献。

中共铜川市王益区委书记

王蒙

2021 年 6 月 2 日

序三 PREFACE 03

城市，让生活更美好！而美好的城市生活，离不开卓越的城市治理。社区治理是城市治理的神经末梢，是国家治理能力的重要体现，事关党和国家大政方针的贯彻落实，事关人民群众的切身利益，社区治理水平在很大程度上就是国家治理能力的衡量标准。党的十九大报告提出，要加强社区治理体系建设，推动社会治理重心向基层下移，发挥社会组织作用，实现政府治理和社会调节、居民自治良性互动。

在现代城市社区治理理念的指导和新型城市社区治理体制的保障下，政府有必要对社区治理方式进行改革创新，将政府各职能部门的工作重心持续下移，加强对社区工作的宏观指导，强化建设规划和运行监督的功能发挥，逐步减少直至全部消除对社区事务性工作的行政干预和直接运作，改变政府大包大揽的职能错位，积极构建以社区居民为中心、社会多方联动的精细化服务和治理体系，着力在提升公共服务能力和水平上下功夫、出实招。

王益区城市基层党建"红旗经验"是在区委、区政府的正确领导下，各职能部门积极发挥作用，红旗社区党组织大胆探索，创新思路，优化措施，调动各方力量，整合各类资源，形成了以"网格化治理、智慧化服务、联动式共建"为主要内容的大联动、大共建机制，是新时代城市社区治理的典型代表，是西部中小城市党建引领社会治理的样板，其有益的实践探索和显著的治理效能为发展和完善新时代党建引领城市社区治理提供了积极的经验借鉴。这次与西北政法大学枫桥经验与社会治理研究院的深度合作，是对"红旗经验"实践的深度挖掘和理论的凝练提升，为王益区持续巩固提升"红旗经验"，推动社会治理体系和治理能力现代化提供了理论支撑和实践方向，我们将秉承以人民为中心的工作导向，勇于担当、积极探索，让"红旗经验"在新时代焕发出新活力，为高效能社会治理做出新的贡献。

中共铜川市王益区委副书记、王益区人民政府区长

刘军

2021 年 6 月 2 日

目 录 CONTENTS

第一章 "红旗经验"概述 / 1

第一节 我国城市社区的形成 / 1
一、社区 / 1
二、社区的功能 / 2
三、我国城市社区的形成路径 / 7
四、社区的分类 / 10

第二节 我国社区治理模式的发展演变 / 13
一、社区治理 / 13
二、我国城市社区治理的发展历程 / 14
三、主要的社区治理模式 / 21

第三节 社区治理现代化 / 23
一、当前社区治理面临的困境 / 23
二、社区治理现代化发展方向 / 29
三、提升社区治理水平的基本要求 / 32
四、社区治理现代化的基本遵循 / 40

第四节 "红旗经验"的形成历史 / 48

第五节 "红旗经验"的基本特点与本质特征 / 57
一、基本特点 / 58

二、本质特征 / 60

第二章　党建融入网格化治理 / 61

第一节　王益区网格化社会治理 / 62

一、网格化治理的运行机制 / 62

二、网格化治理体系的基层架构：网格员系统 / 67

三、王益区网格化治理的制度特点 / 72

第二节　基层党建强化网格化社会治理 / 74

一、党建网格化工作格局的打造 / 75

二、党建引领网格化联动式共建 / 81

三、王益区党建网格化社会治理的成效评估 / 83

第三节　王益区党建网格化治理理论的探索 / 85

一、党建网格化治理的核心本质：坚持党的领导 / 86

二、党建网格化治理的实现路径：创新治理理念和方法 / 92

第四节　王益区红旗社区的智慧党建探索 / 95

一、建立"热线＋短信＋网络"服务平台，实现社区信息化服务1.0版 / 97

二、建立"一库二系统"服务平台，实现社区信息化服务2.0版 / 98

三、建立智慧党建平台，实现社区信息化服务3.0版 / 100

四、红旗社区"大数据"智慧党建的反思及超越 / 102

第三章　党建推动联动式共建 / 109

第一节　联动式共建的运行机制 / 109

一、联动式共建规划的层层递进 / 109

二、红旗社区联动式共建的运行机制 / 112

第二节　联动式共建的制度特色 / 118
　　一、党建联席会议制度 / 118
　　二、志愿者服务体系 / 124
　　三、民主协商决策 / 129

第四章　党建打造"李秋莲式"社区干部队伍 / 136

第一节　区委的有力支撑与保障体系 / 137
　　一、思想引领——多管齐下，提升干部思想建设水平 / 137
　　二、政治协同——综合施策，弘扬并推广"红旗经验" / 139
　　三、组织推动——分工协作，提升基层党建科学化水平 / 143
　　四、补齐短板——有的放矢，全面加强基层服务型党组织建设 / 144

第二节　头雁引领：李秋莲其人其事 / 147
　　一、筚路蓝缕，从无到有的艰难创业 / 148
　　二、不忘初心，谱写为民服务的一曲赞歌 / 151
　　三、锐意创新，开拓智慧社区、智能社区新阵地 / 153
　　四、授人以渔，积极协调辖区居民改善生活环境和经济条件 / 155

第三节　雁阵齐飞：学院式培养机制持续完善 / 156
　　一、"雁阵齐飞"的整体思路 / 156
　　二、学院模式的实施成效 / 163

第四节　雁群效应："红旗式"社区治理经验推广及优化路径 / 166
　　一、"红旗式"社区治理经验的推广 / 167
　　二、"红旗式"社区治理的优化路径 / 170

第五章　红旗经验的创新与发展 / 175

第一节　柿树沟社区城乡融合 / 175

一、柿树沟社区概况 / 175

二、党建引领下的柿树沟社区城乡融合发展基本概况 / 176

三、党建引领柿树沟城乡融合的治理实践 / 180

四、党建打通城乡治理融合的连心桥 / 184

第二节　光明社区信用评价体系 / 185

一、光明社区信用评价体系概况 / 187

二、光明社区信用评价体系的重要作用 / 190

第三节　云梦堤社区的智慧化服务模式 / 191

一、"一点通"服务平台 / 192

二、O2O商圈 / 194

三、"580"服务队 / 196

四、云梦堤社区智慧化服务模式的重要意义 / 197

第六章　"红旗经验"对中小城市社区治理的启示 / 199

第一节　疫情防控背景下"红旗经验"治理体系的再升级 / 200

一、聚焦"三化"，激发城市党建引领社会治理活力 / 200

二、立足"红旗经验"，进一步丰富和完善"红旗经验" / 202

三、全面推行深化网格党小组建设 / 203

第二节　"红旗经验"与城市社区治理创新 / 205

一、党建引领是"红旗经验"的本质特征和显著优势 / 205

二、以人民为中心是"红旗经验"治理理念的充分体现 / 207

三、共建、共治、共享是"红旗经验"的基本治理格局 / 208

四、自治、法治、德治相结合是"红旗经验"的有效路径 / 209

第三节 中小城市基层党建引领社会治理的完善之道 / 211

一、加强基层党的建设，巩固党的执政基础 / 212

二、坚持以人民为中心，提高居民参与积极性 / 216

三、在党的领导下推动社会组织有序参与治理实践 / 217

四、在党建引领下实现自治、法治和德治路径创新 / 219

后 记 / 223

第一章 "红旗经验"概述

第一节 我国城市社区的形成

一、社区

"社区"是社会学的基本概念,最早由德国社会学家滕尼斯在其《共同体与社会》中提出,他认为社区是由同质人口组成的一个关系亲密、守望相助、疾病相抚、富有人情味的社会团体。随着社会发展变迁,在不同国家、不同地区、不同文化以及不同阶段,人们可以从不同角度对社区进行定义,因此社区有着各不相同的概念。基于人们对社区的不同认识,学界很难对其下一个通用的定义。总体而言,人们对社区的定义较多,既有功能主义的,也有地域主义的。功能主义观点认为,社区属于功能性社区,由享有共同目标和利益关系的社会团体所构成;地域主义观点认为,社区为地域性社区,也就是在同一个地域内共同生活的有组织、有制度的社会群体,这些社会群体具有相同的认同感和归属感。① 比如,有学者认为社区是某一地域里个体和群体的集合,其成员在生活上、心理上、文化上有一定的相互关联和共同认识。② 也有学者认为社区是进行一定的社会活动、具有某种互动关系和共同文化维系力的人居群体及其活动区域。③ 还有学者认为社区是指居住在某一地方的人们结成多种社会关系和社会群体,从事多种社会活动所构成的社会区域生

---

① 李枭:《多元主体参与下的我国城市社区协同治理研究》,经济科学出版社 2018 年版,第 35 页。
② 刘视湘:《社区心理学》,开明出版社 2013 年版,第 60 页。
③ 王晓燕:《"契约型"社区的生成和发展》,华东理工大学出版社 2001 年版,第 33~34 页。

活共同体。①《新华字典》(2004版)对社区的解释是:"社会上有一定区域、人群、组织形式、生活服务设施等的居住区。"中华人民共和国民政部(以下简称民政部)对社区这样定义:"社区是指聚集在一定地域范围内的人们所组成的社会生活共同体。"②在我国,无论是政策法律的规定,还是相关社区主体的治理实践,都普遍地采用民政部的这一定义。

社区是社会的基本组成部分,是人们生产生活的基本区域,并给予社区成员一种"集体身份"和归属感。③从实践层面上看,社区有居民群体、地域、组织结构、物质设施、社会心理、社区意识等构成要素。具体而言,以一定社会关系为基础共同生活的居民群体是构成社区的首要因素,他们也是社区的主体;社区居民所居住的地域相对稳定,而且有着明确的行政管理区域;地域要素是社区各种自然地理条件的综合,包括地理位置以及这一地理位置所处的地形、地质、土壤、山林、水系、矿藏、动植物分布等自然环境;社区的组织结构是指社区内各种社会群体和社会组织之间的关系,社会组织结构丰富多样,包括行政机关、企事业单位、生产经营单位、村委会、居委会、社会团体、文化团体、学校、医院、家庭等要素;物质设施是社区成员所依赖的各种生产生活资料和进行各种精神文化和政治活动的基本设施;社会心理要素主要是社区成员对居住地的情感沟通和归属感;社区意识主要是指社区居民对自己所属社区的认同、喜爱和依恋的思想及心理感觉。④所以,从社区性质角度来看,社区是由特定的地域、特定的人群、特定的生活方式、特定的文化风俗,以及共同的归属感所组成的相对独立的社会实体。

二、社区的功能

由于社区是人们参与社会生活的最基本场所,为了满足人们吃、穿、住、

---

① 唐忠新:《城市社会整合与社区建设》,中国言实出版社2000年版,第3页。
② 《民政部关于在全国推进城市社区建设的意见》,载《人民日报》2000年12月13日。
③ 滕五晓:《社区安全治理:理论与实务》,上海三联书店2014年版,第24页。
④ 张永理:《社区治理》,北京大学出版社2014年版,第16~17页。

用、行等日常生活需要，居住在同一社区的人们自然建立了多种人际关系。为了确保社区良性健康地发展，增强社区成员的认同感和归属感，必然需要一整套相对完备的生活服务设施和一套与社区特点相适应的社区管理制度和机构，这也成为社区的基本要素。在社区的各个构成要素中，地域和基于地域的互动关系体现了社区的基本特征。其中，地域特征是社区的形式特征，任何一个社区，都不可能脱离特定地域单独存在，特定地域是特定社区形成的必要物质基础，也是社区居民交往互动的主要场所。以特定地域为基础，社区成员之间的互动关系则是社区的实质特征，社区成员因生产生活所需彼此经常产生互动，形成各种互相依赖和竞争的关系，社区居民的衣食住用行和发展无不需要与他人共同完成，是社区组织结构、社会心理、社区意识等社区要素形成的基础，也是社区功能形成的前提。具体而言，城市社区的基本功能包括政治功能、自治功能、经济功能、文化功能、社会管理与整合功能、社区服务与保障功能等多重功能。

（一）政治功能

社区是政权的基础，对国家政治具有重要意义，在国家的政治体制中承载了诸如维护基层社会稳定、正确处理人民内部矛盾纠纷、引导群众有序参与社会治理等大量政治功能。由此可见，社区的政治功能产生于社区在国家和社会中的基础性地位，即指社区保持国家政治生活的稳定和发展方面所具备的各种功能，并体现于社区建设、社区群众工作、社区思想政治工作、社区服务、社区文明建设等社区工作之中。具体而言，城市社区通过开展大量细致的宣传动员和思想政治工作来落实政府的各项决策，有效化解各种群众矛盾，协助政府维护社区乃至整个城市社会的稳定；帮助政府有关部门将国家法律、政策的基本原则和精神落实到社区居民中，使居民了解、接受并能自觉地遵守，从而为国家各项法律和政策的顺利贯彻执行打下坚实的基础，对国家政治和社会的良性发展起到保护作用；对较好地满足居民需要，扩大就业，实现"小政府、大社会"的管理格局，充分发掘和利用社区政治资源等起着重要作用，还起到提高居民参与性的催化剂的作用，动员人们进一步表达自身的利益，为社会弱势群体参与公共事务开拓空间。[①]此外，城市社区的政治组织在参与社区管理事务过程中，为满足社区居民的政治需要，本身就具有提供政治资源、传递政治信息和整合政治力量的义务。

（二）自治功能

自治性是社区的本质特征。社区自治是我国现今基层社会治理的必然要求，也是促进多元化社会发展的应然选择。[②]社区的自治功能是指社区组织根据社区居民集体意愿依法管理社区事务，包括外部事务和内部事务，外部事务包括贯彻落实国家和地方政策法规与标准、对接社区管理与城市管理、社区代表的履职监督等内容；内部事务包括社区内部管理、服务和教育等。社区居民是社区的主人翁，是参与社区自治的内在动力，是社区治理的主要参与者。除此之外，社区存在多种组织，如社区居委会、物业管理公司、业主管理委员会、相关的社会组织（非政府组织、志愿者组织等），甚至还有部分居民自发成立的组织，这些组织并不是行政组织，而是基层的、社会的服务组织，是一种依法自治的群众性组织。社区组织的根本性质是自治，社区自治集中体现在社区成员的自我教育、自我服务、自我管理、自我约束，特别是对区域性的社区公共事务和公共利益的管理上。[③]社区公共事务须在一定原则指导下，制定符合社区实际的制度与规则，确保民意反映渠道通畅，民意形成集体选择，社区各组织自我规范与协同活动，体现公开、公平、公正原则，权衡公平与效益、公益与私利，社区自治方可充满活力。社区自治的方法是征集民意、集体抉择、管理和监督，社区自治的出发点是社区居民的意愿，其目的是维持社区民主生活、社区环境卫生与容貌、社区积极参与社会管理的风气、向社区居民提供广泛、公正和优质的服务。

---

① 陈柳钦：《城市社区功能研究》，载《重庆工商大学学报》（社会科学版）2008年第5期，第58页。
② 韩冬、许玉镇：《城市社区治理中权力互动的困境分析》，载《贵州社会科学》2016年第6期，第78页。
③ 陈柳钦：《城市社区功能研究》，载《重庆工商大学学报》（社会科学版）2008年第5期，第59页。

(三)经济功能

社区发展离不开社区经济的发展,重视社区的经济功能,有利于推动社区高质量发展。社区的经济功能是指社区在推动经济社会发展中所具有的功能。对社会而言,社区是现代社会人们生活的重要场所,促进社区商业、饮食、文娱、信息等产业的发展,不仅有利于提高社区资源综合利用水平和经济效益,而且能够带动社区居民再就业,为居民提供经营载体和活动舞台,有效维护社会稳定。对经济而言,我国社区服务业涵盖范围广泛,包括零售业、物品出租业、修理业、娱乐业、公共服务业等,这些服务产业的技术含量都不高,大多属于劳动密集型行业,对劳动者技术技能要求低,对年龄偏大、文化程度偏低、技术素质较差的城镇失业人员具有积极的吸纳作用,并且有利于通过经济手段对社区的土地、房产、资本、信息等资源予以合理配置。

(四)文化功能

文化是在一定的空间范围和时间向度上生成的,社区是文化的土壤,社区结构的形成依赖文化的制约,文化的孕育和传承又存在于社区的社会活动和生活工作之中。社区文化本质上是一种家园文化,具有社会性、开放性和群众性的特点。社区文化是城市文化建设的重要方面,在丰富社区人民群众的业余文化生活、促进社区的安定团结、推动社区的精神文明建设等方面,具有无法替代的功能与作用。一般而言,社区文化具有娱乐和健身、认知和育智、传承和整合、审美和创造等功能,对社区居民的价值导向、情感归属、行为引导、心理凝聚、文化传承、协调发展等方面的影响越来越明显。发展社区文化,可以强化社区群众的主人翁意识,倡导特有的、健康的民风民俗,增强社区居民的归属感,维系社区良好的人际关系,提高社区居民的生活质量。随着社会主要矛盾的变化,社区居民对文化生活的需求不断提高,并且社区群众在业余时间迫切需要丰富多彩的文化生活,而社区文化的广泛开展,也会进一步促进社区群众共同参与,强化社区的文化氛围。

（五）社会管理与整合功能

社区是基层社会的"细胞"，是城市社会管理的关键一环，承担着管理和整合基层社会的重要职能。社会管理和社会整合，主要表现为基层社区担负着维护本社区的治安、秩序，调解民间纠纷，办理本社区的公共事务和公益事业以及管理流动人口和计划生育等职能。[①] 随着城市化进程不断加快，流动人口不断增加，社会阶层分化日益明显，社会组织结构日益多样化，社会老龄化问题凸显，使得城市社会公共事务难题与日剧增，并且这些问题大量沉淀在社区。社区与居民群众的距离最短、联系最为紧密，及时了解和掌握居民群众的需求、意见和问题，能够有效发挥"减压阀"功能，将一些矛盾纠纷化解在基层，能够有效维护城市社会稳定。并且通过资源整合，有效发挥社区的政治、自治、经济、文化等功能，能够最大限度地满足居民群众的生活需求、社会互助需求和参与社会治理的需求。

（六）社区服务与保障功能

社区服务是指政府、社区居委会以及数字社区等其他各方面力量直接为社区成员提供的公共服务和其他物质、文化、生活等方面的服务。社区的服务功能是伴随着我国社会和经济体制转变而产生的，随着社会分工的细化、劳动生产率的提高、生活水平的提高、闲暇时间的增多、物质文化需求的增加，居民群众产生了特殊的社区服务需求。社区服务包含众多内容，比如开展社区卫生状况调查，进行社区诊断；向社区管理部门提出改进社区公共卫生的建议及规划；对社区卫生工作予以技术指导；有针对性地开展慢性非传染性疾病、地方病与寄生虫病的健康指导、行为干预和筛查，以及高危人群监测和规范管理工作；负责辖区内免疫接种和传染病预防与控制工作；运用适宜的中西医药及技术，开展一般常见病、多发病的诊疗；提供急救服务；提供家庭出诊、家庭护理、家庭病床等家庭卫生保健服务；提供会诊、转诊服务；提供临终关怀服务；提供精神卫生服务和心理卫生咨询服务；提供妇女、儿

---

① 赵德华：《社区与社区功能的探析》，载《中南民族大学学报》（人文社会科学版）2007年第6期，第40~41页。

童、老年人、慢性病人、残障人士等重点人群的保健服务；提供康复服务；开展健康教育与健康促进工作；开展计划生育咨询、宣传并提供适宜技术服务；提供个人与家庭连续性的健康管理服务；负责辖区内社区卫生服务信息资料的收集、整理、统计、分析与上报；在社区建设中，协助社区管理部门不断拓展社区服务，繁荣社区文化，美化社区环境，共同营造健康向上、文明和谐的社区氛围；根据社区卫生服务功能和社区居民需求，提供其他适宜的基层卫生服务，等等。加强和改进社区服务工作有利于扩大党的执政基础、体现政府的施政宗旨；有利于扩大就业、解决社会问题、化解社会矛盾、促进社会和谐；有利于不断满足居民群众需求、提高人民生活质量、促进人的全面发展。

三、我国城市社区的形成路径

我国城市社区的形成路径与西方国家相比，有极大的不同。西方国家的社区大多是自然形成的，具有自治性特征，政府起的作用极为有限，志愿组织与自体系发达，社区治理也处于相对成熟的状态。而在我国，社区是改革开放以来在政府的主导和推动下发展起来的，是为了深化改革和适应社会主义市场经济发展的需要而产生的，其自治性和发育程度偏低。

我国社区建设起步较晚，新中国成立之初，城市社会管理以单位制为主、以街居制为辅，改革开放以后主要采取街居制管理模式，社区建设开始于世纪之交。回顾我国社区建设历程，城市社区建设实践采取的是从试点到逐步推广的方式。1999年，民政部提出"社区建设"概念后，在上海、杭州、南京、武汉等地进行了社区建设的探索和实践，积累了一些社区建设成果和经验。2000年11月，民政部正式提出在全国推进城市社区建设，并经党中央、国务院同意，中共中央办公厅、国务院办公厅发出通知转发《民政部关于在全国推进城市社区建设的意见》(以下简称《意见》)，要求"各级党委和政府要高度重视城市社区建设，把社区建设工作摆上重要议事日程，切实帮助解决城市社区建设中的困难和问题。政府各有关部门和人民团体要充分发挥各自的作用,共同推动城市社区建设向前发展。"《意见》指出,必须充分认识推进城市社区建设的重大意义,强调推进城市社区建设,是改革开放和社会主义现代化建设的迫切要求,是繁荣基层文化生活,加强社会主义精神文明建设的有效措施,是巩固城市基层政权和加强社会主义民主政治建设的重要途径。

《意见》明确指出推进社区建设的指导思想:"……从我国基本国情出发,改革城市基层管理体制,强化社区功能,巩固党在城市工作的组织基础和群众基础,加强城市基层政权和群众性自治组织建设,提高人民群众的生活质量和文明程度,扩大基层民主,密切党群关系,维护社会政治稳定,促进城市经济和社会的协调发展。"《意见》强调"城市社区建设的基本原则是:(1)以人为本、服务居民。坚持以不断满足社区居民的社会需求,提高居民生活质量和文明程度为宗旨,把服务社区居民作为社区建设的根本出发点和归宿。(2)资源共享、共驻共建。充分调动社区内机关、团体、部队、企业事业组织等一切力量广泛参与社区建设,最大限度地实现社区资源的共有、共享,营造共驻社区、共建社区的良好氛围。(3)责权统一、管理有序。改革城市基层社会管理体制,建立健全社区组织,明确社区组织的职责和权利,改进社区的管理与服务,寓管理于服务之中,增强社区的凝聚力。(4)扩大民主、居民自治。坚持按地域性、认同感等社区构成要素科学合理地划分社区;在社区内实行民主选举、民主决策、民主管理、民主监督,逐步实现社区居民自我管理、自我教育、自我服务、自我监督。(5)因地制宜、循序渐进。坚持实事求是,一切从实际出发,突出地方特色,从居民群众迫切要求解决和热切关注的问题入手,有计划、有步骤地实现社区建设的发展目标。"

《意见》明确"今后五到十年城市社区建设的主要目标是:(1)适应城市现代化的要求,加强社区党的组织和社区居民自治组织建设,建立起以地域性为特征、以认同感为纽带的新型社区,构建新的社区组织体系。(2)以拓展社区服务为龙头,不断丰富社区建设的内容,增加服务的发展项目,促进社区服务网络化和产业化,努力提高居民生活质量,不断满足人民群众日益增长的物质文化需求。(3)加强社区管理,理顺社区关系,完善社区功能,改革城市基层管理体制，建立与社会主义市场经济体制相适应的社区管理体制和运行机制。(4)坚持政府指导和社会共同参与相结合，充分发挥社区力量，合理配置社区资源，大力发展社区事业，不断提高居民的素质和整个社区的文明程度，努力建设管理有序、服务完善、环境优美、治安良好、生活便利、人际关系和谐的新型现代化社区。"自此，全国各地掀起了城市社区建设的浪潮，社区建设也正式从试点建设开始进入全面推进阶段。① 与我国传统的基于行政区域划分的控制不同，社区建设是以建设社区、发展社区为目的，它所关注的重点是对个体，也即社区居民的关怀，强调处理与居民生活息息相关的日常事务时的合作、共享与参与，适应了经济社会发展的需要，可以说既是对城市治理方式的一次制度变革，又是对治理理念的一次创新。②

城市社区的形成和发展离不开人口聚集，在城市社区形成过程中，我国基层社会快速城镇化发挥了重要作用。所谓的城镇化，指的是农村人口不断发展为城镇人口，农村区域转化为城镇区域的过程。新中国成立以后，我国城镇化快速发展时期是在1984年年底至今，尤其是1992年至今的这段时期。其中，1984年10月，党的十二届三中全会在分析当时经济和政治形势，总结社会主义建设正反两方面的经验，特别是改革开放以来这几年城乡经济体制改革的经验基础上，一致认为必须进一步贯彻执行对内搞活经济、对外实行开放的方针，加快以城市为重点的整个经济体制改革的步伐，并通过了《中共中央关于经济体制改革的决定》，放松了对农村人口进入城市尤其是中小城市的控制。1992年，改革开放总设计师邓小平同志发表了著名的"南方谈话"，强调坚持十一届三中全会确立的基本路线；改革开放胆子要大一些，看准了的，就大胆地试、大胆地闯；对的就坚持，不对的就赶快改，新问题出来抓紧解决。计划和市场都是经济手段，不是社会主义与资本主义的本质区别；抓住时机，发展自己，关键是发展经济；要注意经济稳定、协调地发展，但发展才是硬道理。"南方谈话"推动了改革开放进入新阶段，大批农村剩余劳动力加速向第二、第三产业转移。其中，1996年年末，全国总人口为122 389万人，

---

① 何绍辉：《陌生人社区：整合与治理》，社会科学文献出版社2017年版，第13页。
② 杨荣：《论非政府组织的社区功能定位》，载《社会主义研究》2008年第1期，第78页。

比上年年末增加1268万人。其中城镇人口为35 950万人，占全国总人口的29.4%；乡村人口为86 439万人，占70.6%。① 截至2019年年末，全国大陆总人口为140 005万人，比上年年末增加467万人，其中城镇常住人口为84 843万人，常住人口城镇化率为60.60%，户籍人口城镇化率为44.38%。② 从城镇人口占比发展情况中可见，城市人口的快速增加不仅推动了中国的城镇化进程，而且进一步推动了城市社区的发展。

四、社区的分类

社区是国家和社会的基础单元，具有多元化的存在形式，也有多种不同的分类标准。比如，以区位为标准，可以分为城市社区和农村社区；以规模为标准，可以分为大型社区、中型社区和小型社区；以形成方式为标准，可以分为自然社区和法定社区；以功能为标准，可以分为经济型社区、文化型社区、旅游型社区。而且，这些社区还能进一步细分。比如将城市型社区按照存在类型划分为单位型社区、街坊型社区、新建小区型社区、城乡接合部社区等，将旅游型社区划分为人文景观型社区、自然风光型社区。除此以外，还有其他多种形式的分类标准。对此，中国政法大学张永理教授在其编著的《社区治理》一书中对社区分类的主要标准及其内容进行了全面系统的归纳，对我们深入了解社区及其分类有很大帮助。

（一）按经济结构、人口密度、社会组织形态等多元标准划分

1. 农村社区

经济结构：农林牧副渔。人口地域：居住分散、人口密度小，职业简单、同质性强，这里的同质性指的是人和人之间质的区别不大，这是由农村的封闭性决定的，所以彼此影响较大，很容易形成共同的行为和心理模式。社会组织形态：以血缘为纽带、以家族结构行使社会职能。文化与生活方式：生产方式简单、生活单调、范围小、思想偏于保守。

---

① 《关于1996年国民经济和社会发展的统计公报》，载中华人民共和国国家统计局网 http://www.stats.gov.cn/statsinfo/auto2074/201311/P020131104490656688693.pdf，访问时间：2020年6月11日。
② 《中华人民共和国2019年国民经济和社会发展统计公报》，载新华网 http://www.xinhuanet.com/fortune/2020-02/28/c_1125637788.htm，访问时间：2020年6月11日。

2.城市社区

经济活动：以工商服务业为主。人口地域：人口密度大、分布集中、人口结构异质性大，这里面的差异性指的是人和人之间的质的区别很大，这主要是由城市的开放性决定的，彼此影响较小，有各自的行为和心理模式。社会组织形态：分工精细、专业化强，规模大，形成管理结构。文化生活方式：差异大、多元化、现代化。

目前我国正处于社会转型期和走向现代化的进程中，城市社区和农村社区有时相互重叠，并由此衍生出其他细化的类型如城镇社区、集镇社区等。有人认为城市社区按照其主要功能还可以进一步细分为经济型社区、旅游型社区、文化型社区等。经济型社区按照经济活动的性质可以细分为农业型社区、林业型社区、牧业型社区、工业型社区等。旅游型社区可以细分为人文景观型社区、自然风光型社区等。文化型社区可以细分为学习型社区、高校社区等。或者按照类型进一步细分为单位型社区、街坊型社区、新建小区型社区、城乡接合部社区等。农村社区按照地域类型还可以细分为山村社区、平原社区、高原社区等。①

（二）按空间划分

1.法定社区

法定社区是指为实施行政管理，以法律形式规定有明确边界的社会群体组织。法定社区主要是根据社会管理的需要而设置的社区，如城市中的区、街、居委会辖区，以及农村中的行政村等。其边界主要是根据社会管理的需要划定或设置的，具有明确的边界和法定的组织管理机构。

2.自然社区

自然社区是指人们在长期的共同生活中逐渐扩展而形成的社区，具有自然的边界，常常以河流、湖泊、空地、山林为标志，其最突出的表现形式是农村中的自然村。

---

① 张永理：《社区治理》，北京大学出版社2014年版，第21页。

3. 专能社区

专能社区是指因从事专门活动而形成空间上的聚集区，如工业社区、旅游社区等。

4. 虚拟社区

虚拟社区是指存在于互联网环境中的非现实社区，如天涯等网上社区。

（三）按社区的人口规模来划分

1. 小型社区

小型社区人口小于1万人。

2. 中型社区

中型社区人口1万～3万人。

3. 大型社区

大型社区人口大于3万人。

（四）民政部依据社区实践划分

1. 单位型社区

单位型社区是由本单位职工和家属构成，比如一个单位人数多，生活比较集中，加上其亲属，很容易形成一个具有共同价值的集体。

2. 板块型社区

板块型社区是指以马路为界限，多在老城区，该划分明显是以路为界的，具有一定的行政性、传统性。

3. 小区型社区

小区型社区是指成建制开发的封闭式小区。在城市化发展过程中，成片区的小区的开发和建设，居住在小区中的人口达到一定的规模，很容易形成一个具有共同习惯、共同行为模式的一个地域共同体。

4. 功能型社区

功能型社区是指具有特色功能的社区。现代化的分工越来越明确，服务越来越精细化和专业化，于是就出现了以实现特定功能为目的的社区，例如专门养老的社区就是功能型社区。

第二节　我国社区治理模式的发展演变

一、社区治理

所谓社区治理，是指以社区地域为基础，为维护社区公共利益，国家、企业事业单位、社会组织、社会团体、社区居民等多方主体共同对社区公共事务进行管理的活动。社区治理的概念蕴含了社区治理的基本内涵，从社区治理的概念中可知，社区治理首先是多元治理主体的治理，主要包括社区居民、居民自治组织、各类社会团体、社区政权组织等主体。其次，管理社区公共事务是社区治理的客体。再次，维护社区公共利益是社区治理的根本目的。最后，社区治理的方法是合作治理。

社区治理以治理理论为基础，是社会发展进步的产物，是社区管理的升级版。其中，治理理论兴起于20世纪90年代，1995年，全球治理委员会如此定义："治理是或公或私的个人和机构经营管理相同事务的诸多方式的总和。它是使相互冲突或不同的利益得以调和并且采取联合行动的持续的过程。它包括有权迫使人们服从的正式机构和规章制度，以及种种非正式安排。而凡此种种均由人民和机构或者同意、或者认为符合他们的利益而授予其权力。它有四个特征：治理不是一套规则条例，也不是一种活动，而是一个过程；治理的建立不以支配为基础，而以调和为基础；治理同时涉及公、私部门；治理并不意味着一种正式制度，而确实有赖于持续的相互作用。"[①] 可以说，在各种定义中，全球治理委员会的定义最具有代表性和权威性。

治理与管理有本质的不同。国家强制力是管理的实现手段，管理的权威来自政府。相比之下，治理的主体呈现多元化的特点，更加强调政治国家与公民社会的合作、政府与非政府组织的合作、公共机构与私人机构的合作、强制与自愿的合作。此外，管理和治理的权力运行向度也明显不同。在管理

---

① 俞可平：《治理与善治》，社会科学文献出版社2000年版，第270~271页。

理论中,强调的是权力自上而下的单一向度运行,主要依靠政府的政治权威,对公共事务管理主要依靠政府发号施令、制定和实施政策。在治理理论中,更加强调各个主体之间的协商互动,权力运行既包含自上而下的向度,也包含上下互动的过程,而且治理理论更加重视社会力量积极参与并发挥其作用。

善治是治理的目标追求。何为善治?俞可平在其《论国家治理现代化》一书中指出:"善治就是使公共利益最大化的社会管理过程。善治的本质特征,就在于它是政府与公民对公共生活的合作管理,是政治国家与市民社会的一种新型关系,是两者的最佳状态。"进而认为善治的基本要素包括合法性、透明性、责任性、法治、回应、有效、参与、稳定、廉洁、公正等十项内容,比较科学地揭示了善治的内涵。对于社区治理而言,善治就是通过加强社区治理体系建设,推动社会治理重心向基层下移,发挥社会组织作用,实现政府治理和社会调节、居民自治良性互动。其中,社区治理体系是社区治理现代化的根本保障,社区治理现代化离不开社会治理制度的支撑。党的十九届四中全会强调:"必须加强和创新社会治理,完善党委领导、政府负责、民主协商、社会协同、公众参与、法治保障、科技支撑的社会治理体系,建设人人有责、人人尽责、人人享有的社会治理共同体,确保人民安居乐业、社会安定有序,建设更高水平的平安中国。"结合坚持和完善共建、共治、共享的社会治理制度的目标方向,在社区治理实践探索中,需要建设人人有责、人人尽责、人人享有的社区治理共同体,不断提升社区治理现代化水平,打造共建、共治、共享的社区治理格局。

二、我国城市社区治理的发展历程

回顾和梳理我国城市基层社会治理体制组织体系的变迁过程,有利于更好地把握和应对新时期的基层社会治理的新变化、新特点,有利于更好地加强基层社会治理体系建设。新中国成立以来,我国对城市社区治理的实践给予高度重视,在不同时期,根据不同的国家政策和经济社会发展需要进行了不同模式的探索。特别是党的十八大以来,随着国家治理体系与能力现代化目标的确立,城市社区治理的重要性日益凸显,以社区为基石的市域社会治理现代化成为时代的必然,而构建共建、共治、共享的社会治理格局,提升城乡社区治理能力,形成新的更加完善的城乡社区治理体系,成为城市社区治理的发展方向。我国城市社区治理大致经历了以下三个特色分明的发展阶段。

(一)以"单位制"为主、"街居制"为辅的行政管理阶段

从新中国成立至改革开放,是以"单位制"为主、"街居制"为辅的行政管理阶段。随着党的工作重心由农村向城市转移,以及社会主义计划经济体制的确立,"单位制"作为一种不同于以往任何时期城市基层管理模式(如传统社会的街坊、民国时期的保甲等)的新制度,是城市居民参与国家公共事务的新路径,体现着代表最广大人民群众根本利益的人民政权的民主性、进步性,因此,"单位制"成为我国城市基层管理的主要组织形式,也是管理效能颇为显著的基层管理模式。

新中国成立初期,在计划经济体制之下,国家权力通过城市社会成员所属单位有效促进经济发展、调配生产生活资源、稳定社会生活、维持社会秩序、巩固国家政权,形成了城市社区单位制特点,并成为当时基层社会治理的主要模式,单位制之下的社会成员也被称为"单位人"。单位与社会不同,具有鲜明的行政性、封闭性和单一性的特征,不仅是社区治理组织体系的组成单元,而且还具有相应的政治、经济与社会的功能。因此,为了适应计划经济体制,中国共产党在新中国成立初期,积极借鉴新民主主义革命时期对革命根据地建设管理的经验,在城市社区探索实行单位制管理模式。单位具有很强的行政属性,单位内等级有序,并直接隶属于国家管理,本身同时具有相应的行政级别,拥有可以调配和使用社会资源的权利。正是通过单位制的管理方式,国家实现了对城市基层社会成员的有效控制,并包揽了所有的社会治理事务。

在这一模式下,以城市居委会、居民小组(1967—1978年改为"街道革命委员会"等)、"军队大院"、"干部大院"等为代表的城市单位,是国家整合各种社会资源、进行集中分配的重要平台,是单位成员实现社会化的基本渠道,同时也是为单位成员提供教育、医疗、文化等公共服务的有效载体。

各个单位成员在高度统一的空间中，从事各式各样的生产和生活，无论关系网络还是社区文化都体现出极强的同质性，所以，单位成员对单位有着强烈的依附关系。在以"单位制"为主的行政管理阶段，国家通过行政力量实现了对街道、居委会等城市单位的绝对控制，人民群众的生产生活、各类社会生产的正常秩序和城市社区内部及外部的稳定关系得到前所未有的保障，尽管这一模式存在各种各样的问题和历史局限，但其在促进国计民生的发展方面仍功不可没。

对社会事务的管理，不仅通过国家权力在单位内部事务管理中予以强化，而且通过市、区政府和街道办事处向社会各个领域各个层面延伸。新中国成立初期，党中央由于缺乏城市管理的经验，在废除保甲制后，在探索区以下城市管理经验过程中形成了警政合一，设立街道办事处、镇公所、街公所、街政府等不同模式，后经中央考察论证，最终确定选用街道办事处组织形式。1954年12月，全国人大常委会通过了《城市街道办事处组织条例》（已于2009年6月27日废止）和《城市居民委员会组织条例》（已于1990年1月1日废止），确立了以街道办事处和居民委员会为组织形式的基层城市社区组织模式。而且《城市街道办事处组织条例》明确规定：10万人以上的市辖区和不设区的市，应当设立街道办事处，作为市辖区和不设区的市的派出机关。《城市街道办事处组织条例》和《城市居民委员会组织条例》的颁布和施行，不仅规范了政府管理社区的责任和方式，而且保证了地方政府的行政权力能够普遍地延伸到各个社区，形成了街道办事处和社区居委会之间指导与被指导关系的社区治理组织体系，为"街居制"社区的形成奠定了制度根据。

所谓"街居制"社区，是以街道办事处的行政区划为边界，将每个街道办事处的辖区划分为若干个社区，每个社区又以政府划定的居委会的区划范围为边界，实现对居民社区生活的管理。①上述两个条例实施后，全国各地相继完成了街道办事处、居民委员会两级组织的组建工作，街道办事处和居民委员会从此正式地、全面地成为我国城市社区的基本组织，成为我国城市

---

① 刘玉东：《体系、结构与功能：新中国城市社区治理转型研究》，人民出版社2016年版，第35页。

社会管理体制的有机组成部分,承担了为社区居民提供公共管理和服务的职能,很大程度上弥补了单位制管理的不足。

(二)由政府主导向社区自治过渡的服务创新阶段

从改革开放至党的十八大召开,是由政府主导向社区自治过渡的服务创新阶段。随着社会主义市场经济的繁荣和社会结构的变迁,城市社区的管理模式出现重大变化。

社会主义市场经济体制建立后,高度集中的计划经济体制被取代,传统单一的所有制结构遭遇非公有制经济的强力冲击,社会流动越来越频繁,城市社会结构发生了深刻变迁,以行政关系为纽带的"单位制"逐渐失去了存在的土壤,并最终走向解体。与此同时,原本是辅助单位制发挥作用的"街居制"职能得到恢复并迅速发展起来,"街居制"的功能也就与之前有了很大的不同,从"单位制"下的以控制与动员为主变为以稳定与服务为主。[1] 该阶段的"街居制"社区不仅工作对象拓展至辖区内所有的居民和单位,工作任务涵盖城市社会管理方方面面,机构设置和人员编制也进行了大幅扩充。

但是,伴随着改革的深入和社会的转型,我国城市基层管理出现了很多新情况、新问题,"街居制"面临着不少现实难题,主要表现为职能超载、职权有限和角色尴尬。[2] 尤其是伴随着市场化改革和住房体制改革,越来越多的人走出单位,走入市场和社会,大量农村人口在城市化进程中进入城市,街居的内部社会从过去的"熟人社会"转变为"陌生人社会",并且产生了大量的新型社会矛盾纠纷。在这样的背景下,民政部于1986年提出了社区服务的概念,争取更多社会力量参与城市基层社会治理,回应经济社会体制改革进程中城市基层管理服务的需要,并揭开了我国发展社区服务的序幕。1989年,《中华人民共和国城市居民委员会组织法》颁布,城市基层群众自治建设迈上了法治化、规范化、程序化的轨道,同时将"社区服务"以法律条文的

---

[1] 韩巍:《我国城市基层社会管理体制的功能转型》,载《上海行政学院学报》2014年第5期,第31页。
[2] 何海兵:《我国城市基层社会管理体制的变迁:从单位制、街居制到社区制》,载《管理世界》2003年第6期,第57页。

形式固定下来。随着社区服务的推广和深入，逐渐形成了将街道和社区融合的城市基层社会发展思路，为社区制的诞生奠定了基础。

经济体制对城市社会治理体系影响巨大。在计划经济体制下，城市社会的治理体系是单位管理模式，即通过各种各样的单位，来实现资源配置、社会动员、人的需求的满足等多种功能，以维护社会的稳定。也就是说，管好每一个单位，就等于管好了整个城市社会。由于政企不分、政事不分，各种企业、事业单位和社会团体均成为行政附属物或准行政组织，因而单位管理模式的显著特征，就是行政主导和条块分割，在社会管理过程中，存在明显的单一性，即在运行机制上是单一的行政机制，在资源利用上是单一的行政资源，在力量配置上是单一的政府力量。这种单位管理模式是与计划经济体制相适应的，因而能运作并发挥作用。但是，随着社会主义市场经济体制对计划经济体制的替代，单位制逐渐被打破，单位管理模式趋于失效。"单位人"转向社会人，需要有一种新的组织形态来承担社会动员和社会整合功能；政府社会性职能、企业社会性职能等向社会转移，需要一种新的组织形态来承接；各种社会问题和社会矛盾都集中在城市社会的基层——社区，需要建立一种新的城市基层社会管理体系，来缓解社会矛盾。[1] 也是在这样的背景下，社会治理成为社区建设的当务之急。

进入21世纪，民政部发布《关于在全国推进城市社区建设的意见》；2002年，党的十六大报告提出："加强公共服务设施建设，改善生活环境，发展社区服务，方便群众生活。""完善城市居民自治，建设管理有序、文明祥和的新型社区。"[2] 2005年8月，全国社区建设工作会议召开，"和谐社区"成为城市社区新的建设目标，其基本标准为：居民自治、管理有序、服务完善、治安良好、环境优美、文明祥和。2006年，国务院发布了《关于加强和改进社区服务工作的意见》，第一次提出了加强社区服务体系建设的要求。2010

---

[1] 陈伟东：《城市基层社会管理体制变迁：单位管理模式转向社区治理模式——武汉市江汉区社区建设目标模式、制度创新及可行性研究》，载《理论月刊》2000年第12期，第3页。
[2] 《平安中国建设协调小组市域社会治理组第一次会议召开》，载中国平安网（中共中央政法委员会）http://www.chinapeace.gov.cn/chinapeace/c100007/2020-06/15/content_12361256.shtml，访问时间：2020年6月15日。

年,中共中央办公厅、国务院办公厅印发《关于加强和改进城市社区居民委员会建设工作的意见》,把城市社区建设和社区居民委员会建设紧密结合,赋予了社区居民委员会新的历史使命,为进一步推进城市社区建设明确了方向。2012年,党的十八大首次把"社区治理"写入党的纲领性文件。

社区治理是适应社区制发展的产物,自社区建设在全国全面推进,社区治理便成为当前我国基层社会治理最热门的话题,被理论界和实务部门广泛关注。在这一阶段,"小政府、大社会、大服务"是主要治理逻辑,尽管党和政府依然领导着城市社区的发展,但已经打破了政府权力包办一切基层事务的局面,实现了政府权力逐步下放到基层社区的有益探索;社区在群众自治、社区服务、文化建设等方面发挥着日益重要的作用,特别是社区对基层事务的决策权日渐增多,社区的服务意识、服务能力均获得更加广阔的发展空间,居民和社区之间的良性互动关系也进一步凸显。

(三)构建共建、共治、共享的社会治理格局的能力提升阶段

党的十八大以来,是构建共建、共治、共享的社会治理格局的能力提升阶段。党的十八大报告提出:"在城乡社区治理、基层公共事务和公益事业中实行群众自我管理、自我服务、自我教育、自我监督,是人民依法直接行使民主权利的重要方式。要健全基层党组织领导的充满活力的基层群众自治机制,以扩大有序参与、推进信息公开、加强议事协商、强化权力监督为重点,拓宽范围和途径,丰富内容和形式,保障人民享有更多更切实的民主权利。……发挥基层各类组织协同作用,实现政府管理和基层民主有机结合。"[①]2017年,《中共中央 国务院关于加强和完善城乡社区治理的意见》发布,提出:"坚持以基层党组织建设为关键、政府治理为主导、居民需求为导向、改革创新为动力,健全体系、整合资源、增强能力,完善城乡社区治理体制,努力把城乡社区建设成为和谐有序、绿色文明、创新包容、共建共享

---

① 《胡锦涛在中国共产党第十八次全国代表大会上的报告》,载人民网 http://cpc.people.com.cn/n/2012/1118/c64094-19612151-5.html,访问时间:2020年6月15日。

的幸福家园……"① 这是中华人民共和国历史上第一个以中共中央、国务院名义出台的关于城乡社区治理的纲领性文件,标志着社区治理制度建设的主体框架基本确立。由此可见,自推进社区建设以来,我国城市社区治理从东部地区向中西部地区拓展,从大城市向中小城市辐射,从中小城市向新型城镇延伸,社区治理机制不断创新,社区居民自治日益健全,社区服务体系逐步完善,社区发展理念逐渐深入人心。其中所经历的一个又一个里程碑式的历史性事件,推动着我国城市社区治理事业不断开创崭新局面。

党的十九大强调:"打造共建共治共享的社会治理格局。加强社会治理制度建设,完善党委领导、政府负责、社会协同、公众参与、法治保障的社会治理体制,提高社会治理社会化、法治化、智能化、专业化水平。……加强社区治理体系建设,推动社会治理重心向基层下移,发挥社会组织作用,实现政府治理和社会调节、居民自治良性互动。"② 党的十九届四中全会通过了《中共中央关于坚持和完善中国特色社会主义制度 推进国家治理体系和治理能力现代化若干重大问题的决定》,继续指出:"健全充满活力的基层群众自治制度。健全基层党组织领导的基层群众自治机制,在城乡社区治理、基层公共事务和公益事业中广泛实行群众自我管理、自我服务、自我教育、自我监督,拓宽人民群众反映意见和建议的渠道,着力推进基层直接民主制度化、规范化、程序化。""构建基层社会治理新格局。完善群众参与基层社会治理的制度化渠道,健全党组织领导的自治、法治、德治相结合的城乡基层治理体系,健全社区管理和服务机制,推行网格化管理和服务,发挥群团组织、社会组织作用,发挥行业协会商会自律功能,实现政府治理和社会调节、居民自治良性互动,夯实基层社会治理基础。加快推进市域社会治理现代化,推动社会治理和服务重心向基层下移,把更多资源下沉到基层,更好提供精准化、精细化服务。注重发挥家庭家教家风在基层社会治理中的重要作用。

---

① 《中共中央 国务院关于加强和完善城乡社区治理的意见》,载国务院官网 http://www.gov.cn/gongbao/content/2017/content_5204888.htm,访问时间:2020年6月15日。
② 《习近平在中国共产党第十九次全国代表大会上的报告》,载人民网 http://cpc.people.com.cn/n1/2017/1028/c64094-29613660-10.html,访问时间:2020年6月15日。

加强边疆治理，推进兴边富民。"①

在这一阶段，深化社会治理实践、完善社会治理体制、提升社会治理水平成为基层社会治理的新趋向。习近平总书记指出："治理和管理一字之差，体现的是系统治理、依法治理、源头治理、综合施策。"②这就表明，当前的社会治理和新中国成立之后的社会管理有着重大变化。尤其是"共建共治共享的社会治理格局"的提出，标志着我国城市社区治理进入社区共同体为核心内涵的新的发展阶段。在这一阶段，政府逐步厘清了自己和社区、社会组织之间的关系，通过简政放权、政府购买服务等方式激发了基层治理潜能，实现了政府权力和社区、市场、社会权力的平衡，社区治理的法治化、规范化、程序化、科学化水平迅速提升，多元主体参与社区治理成为一大特色，治理模式也呈现多样化发展。而"'党建+'治理模式"在诸多治理模式中脱颖而出，展示出契合时代发展需求、保障人民根本利益、体现中国特色社会主义制度优越性等特征，成为具有典型性和普遍意义的新时代城市社区治理的优秀模式。

三、主要的社区治理模式

"单位制"和"街居制"是20世纪90年代之前我国运用行政力量对城市基层社会全方位管理的体制性设计。随着我国经济体制转轨和政治体制改革，城市社区自20世纪90年代末开始蓬勃发展，社区治理的中心和主体也发生了根本性转变。社区治理成为当前基层社会治理的重要组成。经济社会发展要求不断更新社会治理模式，身处21世纪初期的中国社会正处于一个大发展、大变革、大调整的时代，传统社会治理模式难以适应现代社会治理的需要。为贯彻落实《中共中央 国务院关于加强和完善城乡社区治理的意见》和中共中央办公厅、国务院办公厅印发的《关于深入推进农村社区建设试点工作的指导意见》，民政部先后决定"全国社区治理和服务创新实验区"

---

① 《中共中央关于坚持和完善中国特色社会主义制度 推进国家治理体系和治理能力现代化若干重大问题的决定》，载新华社客户端 http://xhpfmapi.zhongguowangshi.com/vh512/share/6604286?channel=qq，访问时间：2020年6月15日。

② 刘捷：《促进政府从管理型向治理型转变》，载《人民日报》2014年12月16日，第7版。

和"全国农村社区治理实验区"建设工作,探索符合我国特色的城乡社区治理模式。社区治理的重点是社区公共事务,强调多种治理主体彼此分工、协调合作。随着城市社区建设的不断推进和深化,社区治理的重要意义更为突出。关注我国现有社区治理模式的种类,有助于明确未来社区治理的方向和目标。在社区建设过程中,形成了行政主导型社区治理模式、自治型社区治理模式、市场主导型社区治理模式和混合型社区治理模式四类模式。

一是行政主导型社区治理模式。行政主导型社区治理模式具有明显的强政府弱社会性特点,是政府主导、居民响应的社区治理模式,政府对社区治理起到了主导作用,其工作更为直接和具体,将政府职能定位为制定相关制度支持好规范社区的建设与管理,提供物质支持从而引导社区发展方向。[1] 行政主导型社区治理模式强调政府的主导作用,政府直接介入社区治理,治理过程严格遵照自上而下的行政层级关系。例如,上海模式是一种以街道和居委会一体化为特征的、以"行政推进"为特色的社区建设模式,其特点是将社区建设与上海市"两级政府、三级管理、四级网络"的城市管理体制改革结合到一起,将社区定位于街道,并强调依靠行政力量,在"街—居"联动的过程中发展社区事业。[2]

二是自治型社区治理模式。该模式强调社区主导、居民自治,其中的社区治理主体多元且有明确分工,政府不直接介入社区治理活动,公民参与社区治理意识强烈,各类社会组织是此种模式的重要主体。例如,沈阳模式是以组织构建为特征的社区治理模式,是社区自治型社区治理模式的代表,强调社区自我管理,摆脱了单纯依靠党政行政管理的方法来实现社会公共生活的治理,该模式在运作过程中将社区治理融入基层社会管理工作中,创造性地在社区内设立了社区成员代表大会、社区协商议事委员会和社区民众委员会作为社区自治的主体。[3]

三是市场主导型社区治理模式。市场主导型社区治理模式是伴随着新型

---

[1] 李泉:《多元主体参与下的我国城市社区协同治理研究》,经济科学出版社2018年版,第166页。
[2] 滕五晓:《社区安全治理:理论与实务》,上海三联书店2014年版,第25页。
[3] 同上。

商品房小区的出现而出现的，主要在一些小区业主经济水平、文化素质高和生活条件较好的商品房小区通过物业管理服务公司进行专业化、社会化和市场化的管理，为小区业主提供专业化管理和服务，并收取一定的费用。[①] 该模式本质上是企业化社区管理。深圳莲花北社区的社区管理就是该模式的典型代表，《人民日报》2005 年 6 月 7 日第 10 版曾对其进行了报道，并称之为"莲花北样本"，其主要做法就是由物业公司牵头，组织居民共同承担社区的综合管理与服务职能。此外，武汉百步亭花园社区"党的领导、政府服务、居民自治、市场运作"的社区运行机制也强调市场在社区治理中的积极作用。

四是混合型社区治理模式。该模式是既强调政府主导又强调居民自治的社区治理模式，政府、社区组织、社会组织和居民通过互动和协作共同管理、支持社区建设是混合型社区治理模式的主要特点，这种社区治理模式的资金一部分来自政府财政支出，另一部分来自社区居民的缴纳。调研发现，我国社区目前采用混合型社区治理模式的比较多。本书研究对象——红旗社区治理模式，就是混合型社区治理模式的典型代表。

第三节 社区治理现代化

一、当前社区治理面临的困境

城镇化是一个自然历史过程，是我国发展必然要经历的经济社会发展过程。城市化率主要采用人口统计学指标度量城市化的指标，目前一些西方发达国家城市化率已经超过了 80%。国家统计局城市司于 2019 年 8 月 15 日发布了《城镇化水平不断提升 城市发展阔步前进——新中国成立 70 周年经济社会发展成就系列报告之十七》。该报告指出，1949 年年末，全国城市共有 132 个，其中，地级以上城市 65 个，县级市 67 个；建制镇 2000 个左右。至 2018 年年末，城市个数达到 672 个，其中，地级以上城市 297 个，县级市

[①] 何绍辉：《陌生人社区：整合与治理》，社会科学文献出版社 2017 年版，第 88~89 页。

375个；建制镇21 297个。① 报告显示，新中国成立70年来，我国经历了世界历史上规模最大、速度最快的城镇化进程。2018年年末，我国常住人口城镇化率达到59.58%，比1949年年末提高48.94个百分点，年均提高0.71个百分点。② 在城市化过程中，区域内大城市在人才、资本、信息、技术等生产要素方面的聚集能力不断增强。虽然我国的大都市及周边区域人口聚集度与发达国家相比仍有一定差距，但形成了世界范围规模最多的大城市。其中，户籍人口超过500万的城市就有14个。事实证明，城镇化进程加速的同时提升了各类生产要素向大城市聚集的速度。总体而言，大城市的市政基础设施、公共交通设施、邮政通信条件、教育文化事业、社保医疗体系、居住环境、城市文明程度等各项指标的发展水平都要远远高于中小城市和广大农村区域。

与此同时，国内一些率先发展的城市基本完成了城市化进程，开始进入后城市化时代。所谓后城市化时代，是和正在完成城市化进程的城市进行对比的概念，指的是某一区域基本上完成了城市化进程。如果说城市化是正在进行时，那么后城市化则是将来进行时。根据1989年颁布的《中华人民共和国城市规划法》规定，全国有3级城市，即大城市、中等城市、小城市。大城市是指市区和近郊区非农业人口50万以上的城市；中等城市是指市区和近郊区非农业人口20万以上、不满50万的城市；小城市是指市区和近郊区非农业人口不满20万的城市。根据《国务院关于调整城市规模分标准的通知》（国发〔2014〕51号），全国城市划分为五类七档，即小城市、中等城市、大城市、特大城市、超大城市。城区常住人口50万以下的城市是小城市，城区常住人口50万~100万的城市是中等城市，城区常住人口100万~500万的城市为大城市，城区常住人口500万以上1000万以下的城市为特大城市，城区常住人口1000万以上的城市为超大城市。所以，人口不足100万的城市可以笼统定义为中小城市。随着经济社会发展，一些中小城市大体上完成了城市化进

---

① 《新中国成立70周年经济社会发展成就系列报告之十七》，载中国财经网http://finance.china.com.cn/news/20190815/5055373.shtml，访问时间：2019年8月31日。

② 《国家统计局发布报告显示——70年来我国城镇化率大幅提升》，载中华人民共和国中央人民政府官网http://www.gov.cn/shuju/2019-08/16/content_5421576.htm，访问时间：2019年8月31日。

程，进入后城市化时代。

从城市社区发展角度看，后城市化时代的中小城市发展呈现两大结构性缺陷。第一，产业结构布局无法完全适应新型城镇化建设目标。2019年3月31日，《国家发展改革委关于印发〈2019年新型城镇化建设重点任务的通知〉》（发改规划〔2019〕0617号），要求我国大城市未来的发展将以高端制造业和生产性服务业为主，要素成本较低的中小城市发展则以普通制造业为承载主体。并在推动城市高质量发展的"分类引导城市产业布局"部分明确提出，要引导大城市产业高端化发展，发挥在产业选择和人才引进上的优势，提升经济密度、强化创新驱动、做优产业集群，形成以高端制造业、生产性服务业为主的产业结构。引导中小城市夯实制造业基础，发挥要素成本低的优势，增强承接产业转移能力，推动制造业特色化差异化发展，形成以先进制造业为主的产业结构。现实情形是，中小城市发展往往面临经济体量小、企业规模较小、产业链条不完整、产业布局分散、产业结构单一、区域品牌少等现实困境，短期内要想实现新型城镇化建设目标，仍然比较困难。

第二，人口结构变化对一个城市的经济社会发展具有重要作用，其中人口年龄构成是影响人口结构的重要因素，人口年龄结构失衡导致城市发展缺乏活力与动力。人口老龄化包含老年人口在总人口比例中相对增多和社会人口结构呈现老年状态两层含义，国际通常看法认为60周岁以上老年人口在一个国家或地区达到人口总数的10%，或者65周岁以上老年人口达到一个国家或地区人口总数的7%，就意味着该国家或地区处于老龄化社会。有数据预测中国老年人口到2020年将达到2.48亿，老龄化程度达到17.17%；到2025年将成为超老年型国家，届时60周岁以上人口将达到3亿。人口老龄化快速迅猛发展将成为阻碍城市化进程的重要因素，会带来诸如城市劳动力短缺、劳动力成本上升等一系列问题，增加了城市化的经济负担，从而降低城市劳动力的活力，降低城市化进程效率。[①] 在城市化进程中，由于大城市具有较强的资源聚集能力，能够吸引更多的年轻人口，这将使得后城市化时代中小城

---

① 史茜：《浅析人口老龄化对城市化的不利影响》，载《人民论坛》2012年第12期，第158~159页。

市面临更为严峻的人口老龄化问题,中小城市面临庞大的老年群体的养老、医疗、社会服务等方面的需求,压力也将越来越大,这必将给我国经济、社会、政治、文化等方面带来深刻影响。

党的十八届三中全会审议通过了《中共中央关于全面深化改革若干重大问题的决定》,明确了全面深化改革的总目标,就是完善和发展中国特色社会主义制度、推进国家治理体系和治理能力现代化。中共中央政治局2019年8月30日召开会议确定将"研究坚持和完善中国特色社会主义制度、推进国家治理体系和治理能力现代化若干重大问题"作为党的十九届四中全会主要议程。社区是社会的基本单元,在推进国家治理体系和治理能力现代化背景下,城市社区治理体系和治理能力现代化是其应有的组成内容。尤其是一些城市发展进入后城市化时代,由于社区居民、社区力量和利益相关者参与的缺乏,以及政府主导的单一主体的治理模式无法适应治理需要等原因而导致的社区治理低效成为现实问题。所以,必须直面后城市化时代中小城市社区治理面临的两大治理挑战。

一是政府主导的传统社区管理模式呈现乏力状态。实现有效的国家治理,既需要国家权力合理运作与社会自治有效展开,也需要国家权力与社会治理的相互配合与持续合作,而不单单是国家权力的无限扩张。正确认识社区的经济结构、权力结构、组织结构及文化结构,有助于提高社区治理水平。城市社会治理的基础是社区,社区治理水平反映社会治理水平。但由于我国社区建设是在自上而下的改革路径下推动建立的,这决定了党的领导和政府指导在社区建设和发展的过程中的重要作用。在我国社区权力结构中,中国共产党是中国特色社会主义事业的领导核心,也是我国社区权力结构中的领导和核心,作用是总揽全局、协调各方。社区是城市社会的最基层,基层群众自治制度是我国的一项基本政治制度,作为群众自治组织的社区居民委员会对事关社区居民利益的事项有着协调和指导的职责。而且,社区居民自治是推动社区治理的内在动力,也是社区治理的本质特征与重要内容。[①] 但是,

---

① 张永理:《社区治理》,北京大学出版社2014年版,第222~223页。

政府主导的传统社区管理模式中，社区治理体制行政化严重，政府大包大揽一切社区治理事务并对社区治理放权不够，压缩了民主协商的社区治理空间，必然导致社区治理缺乏自治空间，限制社区治理积极性。更重要的是，政府主导的社区治理模式很难有效发挥居民自治作用，难以真正满足居民对社区治理的现实需求。同时囿于政府人力、物力、财力的限制，社区治理现代化水平和社区服务能力难以提升。此外，社区居民与社会组织在社区治理中参与度不高、社区治理人才队伍与资金保障机制不健全也是我国城市社区治理面临的"瓶颈"性问题。政府与社区居民自治之间良性的关系应当是一种互补增益的伙伴关系，社区居民委员会则是社区工作的基本力量。所以，社区治理的首要任务就是要对社区权力结构进行规划和调整，以回归社区居民自治的国家基本政治制度安排。此外，党的十九大报告强调"加强社区治理体系建设，推动社会治理重心向基层下移，发挥社会组织作用，实现政府治理和社会调节、居民自治良性互动"，要求重视和思考居民自治在社区治理体系建设中的重要地位。党的十九大报告提出打造共建、共治、共享的社会治理格局，也为新时代城市社区治理格局的形成指明了方向。城市化程度相对较高、各项基础设施比较完善是后城市化时代的社区发展的一大突出特点，在这样的发展基础之上，形成"小政府、大社会"的社会基础是社区治理不断完善和成熟的前提条件，如何有效满足社区居民需求应成为社区治理模式选择的重心，社区治理模式必须突破政府主导的社区治理模式的"瓶颈"。

二是社区治理公共价值目标面临导向错误。社区是社会的基本组成单位，是人们生活的基本区域，并给予成员一种集体身份和归属感，它的存在和发展对生活于其中的居民有着重要意义，这种意义并由社区所具有的经济功能、教育功能、社会参与功能、感情功能和社会控制功能所决定。[①] 同时，由于社区居民在社区共同生产和生活之中往往有着相同的公共价值追求，所以，社区是最能够产生公共价值的公共领域。公共价值具有"客体的公共效用、主体的公共表达、规范的公益导向"[②] 三个方面的特点，对创新社区治理理

---

① 滕五晓：《社区安全治理：理论与实务》，上海三联书店2014年版，第24页。
② 汪辉勇：《公共价值含义》，载《广东社会科学》2008年第5期，第56~61页。

念、构建治理模式、政府制定社区治理政策、完善公共服务制度等方面有着重要的启示意义。虽然多年社区治理实践积累了诸如精细治理、精准治理等一些基础，但从社区公共价值创造角度反观社区治理实践，不难发现当前我国城市社区治理尚未真正形成"将人民放在主体地位、把公众需求和公众利益、公众满意作为社区治理的先导，搭建多元主体良性合作的网络结构、公共服务过程的精细化、规范化和治理结果的精准化、以公共价值为基础的绩效智力推广"的现代化城市社区治理架构。[①] 换句话说，仍然由行政权力主导的社区治理，无论治理导向设计得多么完美，都无法真正让许多社区自治主体充分发挥积极能动作用，无法真正改善社区居民参与的被动和冷漠的状况。众所周知，增强社区凝聚力、向心力和认同感是社区治理之本。随着社会结构加速转型、城镇化进程深化推进，人口流动性加剧，不同背景、不同职业的人聚集在同一个社区，陌生人社区成为不能回避的问题，这也是大城市社区的一大特点，而在后城市化时代，中小城市的社区结构则相对稳定，并呈现出熟人社区的特点。也就是说，后城市化时代中小城市的熟人社区比城市化的陌生人社区的社区融合要更容易实现。在这种现实背景下，实现后城市化时代中小城市社区治理现代化，在继续关注社区融合基础上更加需要重点关注社区公共价值的取向问题。从现实情况出发，后城市化时代中小城市社区的人口结构趋于稳定，老龄化特点明显，缺乏活力、分层严重的现象成为后城市化时代城市社区面临的重要困境。而且在城乡二元体制下，先发展的城市与后发展的城市之间、大城市与中小城市之间的公共服务落差巨大，地区间发展差距的实质是公共服务规模和质量的差距，这种巨大差距成为制约大中小城市协同发展的突出问题。所以，后城市化时代中小城市社区治理公共价值追求必须实现完成政府工作任务和提升社区自治能力两大目标价值之间的均衡，竭力避免社区公共价值和目标价值导向的冲突。

---

① 徐顽强、李敏：《基于公共价值导向的城市社区治理架构研究》，载《宁夏社会科学》2019年第2期，第131页。

二、社区治理现代化发展方向

2016年10月,习近平总书记就加强和创新社会治理作出重要指示:"提高社会治理社会化、法治化、智能化、专业化水平。"[①]2017年,党的十九大报告再次对"四化"发展方向予以确认,指明了新时代社区治理的发展方向。党的十九届四中全会指出,坚持和完善共建共治共享的社会治理制度,保持社会稳定、维护国家安全,"必须加强和创新社会治理,完善党委领导、政府负责、民主协商、社会协同、公众参与、法治保障、科技支撑的社会治理体系,建设人人有责、人人尽责、人人享有的社会治理共同体,确保人民安居乐业、社会安定有序,建设更高水平的平安中国"。社区治理是国家治理的神经末梢,国家制度产出和治理手段的结果最终都会呈现在该领域。社区治理水平在很大程度上就是国家治理能力的衡量标准,社区因此成为观察国家治理的最好的窗口。[②]实现社会治理现代化离不开社区治理现代化,实现社区治理现代化,必须提高社区治理社会化、法治化、智能化、专业化水平。也可以说,"四化"就是社区治理现代化的发展方向。

（一）社会化

从行政化到社会化,是社区治理的现代转向。所谓的社区治理社会化,是指将社区治理主体、制度、资源、技术等社会性要素嵌入社区治理全过程,实现多种社区治理社会性要素协同共生的过程。当前,我国社区建设是在中国共产党领导下,政府、社区组织和社区成员共同参与和协调互动中展开的。从社区建设实践的角度看,基层党组织、政府行政机构、社区组织、社区居民都是社区治理的重要主体。其中,基层党组织是社区治理的领导主体,政府行政机构是社区治理的推动主体,社区组织是社区治理的自治主体,社区居民是社区治理的根本主体。随着我国经济社会的发展转型,政府和社会的关系以及社会管理体制发生了深刻变化,人民群众利益需求日益分化和多元

---

① 《习近平:完善中国特色社会主义社会治理体系努力建设更高水平的平安中国》,载新华网 http://www.xinhuanet.com//politics/2016-10/12/c_1119704461.htm,访问时间:2020年6月8日。
② 刘玉东:《体系、结构与功能:新中国城市社区治理转型研究》,人民出版社2016年版,第3页。

化，要求社区服务更加注重民生，保障居民人身财产安全，最大限度确保公共利益实现。这就要求整合各类社区治理的人力、财力和物力资源，广泛吸纳社会力量和社会资金参与社区治理，充分发挥社区党组织、行政机构、社区居委会、业主委员会、社区物业管理公司、社区社会组织、辖区单位、公益组织、慈善组织、居民群众等多方主体的治理合力。

（二）法治化

社区治理所要解决的都是和居民群众切身利益相关的问题，是社会治理的最前沿。伴随着城镇化快速发展，越来越多的城市社区呈现出"陌生人社会"的特点，不仅使社区治理面临的挑战增多，而且增加了社区治理的难度。依法治国是我国治国理政的一项基本方略，法律在包括社区治理在内的社会治理中扮演着重要的角色，具有其他社会规范无法比拟的显著优势。因此，加强和创新社会治理，必须聚焦社区治理中的突出矛盾与问题，将社区各项事务纳入法治轨道，实现规范化运行，进而提升社区治理法治化水平。所谓社区治理法治化，是指将相关法律规范作为社区治理的主要方法，确保城乡社区治理参与者严格以法律法规和行政规章为准，积极有序参与社区治理，实现城乡社区治理的规范化、科学化、精细化、组织化。[①] 面对社区治理中法治氛围差、居民群众法治意识淡薄、参与社会治理积极性不高等不符合依法治国要求的突出问题，必须加强法治的引导作用。提高社区治理法治化水平，能够为多元化社区治理主体参与社区治理提供平台保障，为推进社区治理现代化提供制度保障，为有效防范和应对社区治理风险以及避免出现更大不和谐因素提供矫正机制。

（三）智能化

面对社区居民群众各不相同的需求，社区治理必须精细化，"互联网+"、大数据、人工智能等现代科技的普遍应用，为社区治理精细化发展提供了智能依托，社区治理智能化也因此成为现代社区治理区别于传统社区治理的一

---

① 张春照：《新时代城乡社区治理法治化》，载《重庆社会科学》2018年第6期，第90页。

大鲜明特点。因此，社区治理智能化即指运用现代科技手段充分调动多元主体自觉积极参与城市社区治理，促进社区治理手段和水平升级，实现社区治理精细化。智能化重在运用现代科技手段打通各个社区治理主体面临的信息鸿沟，实现数据信息共享，有效降低社区治理成本，并且依托现代科技精准识别社区居民的个性化诉求，为社区居民提供有针对性的公共服务。而且，智能化具有数据量大、类型多、更新速度快等特点，具有数据、信息、图像等即时互动功能，有利于提升城市社区治理决策的科学化水平，有利于强化对城市社区治理精细化的监督。[①] 提高社区治理智能化水平，前提是必须推动社区治理平台与"互联网+"、大数据、人工智能等现代科技的深度融合，在确保信息数据安全的基础上促进数据信息的开放与共享。

（四）专业化

随着经济社会发展，社区居民群众权利意识日益增强，服务需求日益呈现出多层次、多方面、个性化的特征，因此迫切要求加快社区治理专业化发展步伐，以专业社区治理理念引领居民群众广泛参与、以社区治理专业技能回应居民群众各项诉求、以专业的社区服务增进居民群众的福祉。一方面，明确社区治理的标准，以标准化建设助推社区治理专业化。具体而言，就是结合社区治理的现状与需求，加快推进社区治理领域相关标准的制定和修订工作，构建全面配套、层次分明、功能完备、科学合理的社区服务体系；围绕社区公共安全、社区治安、社区矫正、纠纷调解等社区管理领域，以及劳动就业、救助福利、卫生计生、科普教育、文化体育、环境保护、公共法律服务等基本公共服务领域，推进相关基础通用标准、管理服务标准和设施设备配置标准的制定和修订，推进各项管理服务规范化，逐步满足社区居民多层次多样化服务需求。另一方面，以社区治理专业人才队伍建设助推社区专业化。社区治理现代化需要大量既掌握管理、科技、经济等专业知识，又具有信息技术专业和法治思维的人才。加强社区治理专业人才队伍建设，必须

[①] 张锋：《以智能化助推城市社区治理精细化研究——基于上海杨浦区控江路街道的实证分析》，载《城市发展研究》2019年第3期，第6页。

拓宽治理人才来源渠道、改善队伍结构,加强培养锻炼、提高能力素质,严格管理监督、促进履职尽责,强化激励保障、激发队伍活力,培养造就一支数量充足、结构合理、素质优良、作风扎实、精干高效的人才队伍;同时将社区工作者纳入社区治理人才发展规划,制定社区工作者队伍管理办法,建立健全社区各类专业人才的发现和使用机制,选优配强社区"两委"班子成员,聘好社区专职工作人员,支持社区工作者参加社会工作教育培训,建立健全社区工作者职业序列和薪酬体系,完善社区工作者社会保障政策,逐步建立一支素质优良的专业化社区工作者队伍。

三、提升社区治理水平的基本要求

党的十八届三中全会通过的《中共中央关于全面深化改革若干重大问题的决定》认为,改进社会治理方式应"坚持系统治理,加强党委领导,发挥政府主导作用,鼓励和支持社会各方面参与,实现政府治理和社会自我调节、居民自治良性互动"。并且指出:"建立健全居民、村民监督机制,促进群众在城乡社区治理、基层公共事务和公益事业中依法自我管理、自我服务、自我教育、自我监督。"党的十九大报告强调:"要以提升组织力为重点,突出政治功能,把企业、农村、机关、学校、科研院所、街道社区、社会组织等基层党组织建设成为宣传党的主张、贯彻党的决定、领导基层治理、团结动员群众、推动改革发展的坚强战斗堡垒。"党的十九届四中全会专门以"坚持和完善中国特色社会主义制度,推进国家治理体系和治理能力现代化"为主题提出:"必须加强和创新社会治理,完善党委领导、政府负责、民主协商、社会协同、公众参与、法治保障、科技支撑的社会治理体系,建设人人有责、人人尽责、人人享有的社会治理共同体,确保人民安居乐业、社会安定有序,建设更高水平的平安中国。"这些都指明了新时代城市社区治理的基本遵循。

(一)充分发挥党建在城市社区治理中的引领作用

大社会,小社区。提高社区治理水平既是国家治理体系现代化的重要组成,也是国家治理能力现代化的关键一环。要实现政府治理、社会调节、居民自治之间的良性互动，必须解决好靠谁实现及如何实现的问题。社区是党和政府联系、服务居民群众的最后一公里。徒法不足以自行。基层工作千头万绪，"上面千条线，底下一根针"，社区党组织是党组织的"神经末梢"，是党的路线、方针、政策的重要执行者。社区党建是城市社区治理的基础，社区党建水平直接关乎社区治理效果。

充分发挥党建在城市社区治理中的引领作用，首先必须通过党建社区全覆盖发挥好基层党员和党组织的模范带头作用。书记强，党建强。针对基层党建骨干队伍建设，必须选优配强社区党组织书记、拓宽社区党组织书记发展空间、落实社区干部的待遇保障。社区的党组织和党员都是社区治理的重要内生力量，发挥好他们的带头和引导作用有助于凝聚人心，并且能够确保社区治理的执行力，进而提升为民服务水平。

其次，需要构建科学合理的社区治理机制。基层党建与社区治理在主体、任务和目标方面的高度契合性决定了党建引领社区治理的可操作性。[①]然而，各个社区都有自身的特殊性，要实现社区治理精细化、智慧化和现代化，必须结合各自实际情况构建科学合理的社区治理机制，解决好基层党组织沟通不畅等问题。

再次，必须凝聚社区治理多方主体的合力。强化社区治理不可能仅仅寄希望于高昂的行政成本，整合利用好社区内外的所有资源，调动各种主体积极参与社区治理以形成合力显得尤为关键。特别是融合各类社会组织、志愿组织、居民组织的服务，能够有效增强社区治理力量。

最后，必须广泛培植便民、为民、爱民的社区党建文化基础。党的领导是中国特色社会主义的最本质特征，历史和现实因素决定我国基层社会治理同样需要坚持党的领导。居民自治作为城市基层管理的重要环节，自然离不开党组织的核心引领作用。社区党建文化的主要内容是处理好党组织、党员和人民群众间的关系问题，目的是做好群众工作和加强基层政权建设。党建引领是社区治理的路线，贴心为民是党建引领社区治理的价值追求。要真正

---

① 李青文：《党建引领下的城市社区治理机制研究》，载《齐齐哈尔大学学报》（哲学社会科学版）2018年第5期，第36~38页。

落实好党的群众路线和加强基层政权建设，社区党建文化建设的出发点必须落脚于提升社区党建引领社区治理的凝聚力、组织力、服务力之上。

（二）科学界定社区治理各主体的分工与权责

社区治理是我国社会治理的基础。社区在西方国家大多是自发地、历史地形成的，政府的作用较小，目前它们的社区治理也处于相对成熟与健全的状态；改革开放以来我国社区的发展主要是在政府的主导和推动下进行的，是自上而下改革的产物和国家政策推动的结果，社区居民的自治性与发育程度很低。[①] 这就决定我国社区的自然属性较少，而建构性较多的特点。当前社区治理呈现多中心化趋势，政府已不再是社区治理的唯一主体，实现社区治理良性发展首先要科学合理地界定社区治理主体及规范其权责关系。在协同治理格局之下，多元主体有效参与提高社区治理效果的同时，各主体之间基于利益关系的权力冲突和博弈时有发生。要想实现社区治理的良好局面，在基层党组织的领导下，必须科学地配置社区协同治理的政府主体、社区居民自治组织、市场主体和社区居民个体等多元主体的权责，尽可能减少社区治理各主体之间权力的相互冲突，避免管理错位、越权管理、治理无效等现象。

首先，重新定位政府在社区治理中的地位。政府行政属性决定其在社区治理中更多是发挥直接或者间接的管理作用，随着城市管理体制改革不断深化，政府大量行政管理事务在管理权力下放和管理重心下移过程中转移至社区，政府和其他社区治理主体之间关系如何处理直接影响社区治理的效果。采取行政主导型社区治理模式存在两大弊端：一是引导提高其他社区治理主体参与热情难度较大，比如街道办事处和其他政府职能部门在传统社区管理工作中的行政化色彩很浓，其他治理主体因行政权力强制而无法充分发挥作用；二是政府主导性强势行为较难摆脱其社会管理重负，不易提升其他主体以主体姿态参与社区治理的活力，进而很难有效提高社区治理效率。因此，构建适应城市经济、社会、文化发展需要的社区治理模式，有必要明确政府的角色定位和职责。在多元主体参与社区治理的现状下，参与社区治理的政

---

① 张永理：《社区治理》，北京大学出版社2014年版，第43页。

府主体要切实改变权力角色,从行政权力向社会权力过渡,履行服务型政府职能。① 这就要求政府必须及时转变理念,发挥好服务和保障职能,充分保障社会组织发展的主动权,在参与式治理的过程中促进社区治理社会化的实现。

其次,夯实社区治理的自治基础。现实中,一些居民群众对社区事务漠不关心,居民群众参与度不高成为制约社区有效治理的一大难题。民力无穷,人民群众是历史的创造者,"枫桥经验"的本质就是组织群众、发动群众、依靠群众、服务群众的群众工作经验,理想化的自治型社区治理模式有助于充分调动居民群众参与社区治理的积极性。有效破解居民群众参与度不高难题,必须夯实社区治理自治基础,引导居民群众改变传统观念,增强居民群众社区治理的参与度和认同感,提升居民群众参与社区经济建设、民主决策、民主监督的广度和深度。因此,一方面要加强社区治理顶层设计,优化社区治理体制和运行机制,加快社区自治组织的培育和发展,建立健全业主委员会、居民议事会、居务监督委员会等群众自治组织,使居民群众有能力以治理主体身份积极参与社区治理;另一方面要创新社区治理协商形式,充分发挥居民群众在社区治理中的积极作用,扎实推进"民事民提、民事民议、民事民决、民事民办、民事民评"的社区治理机制,有序引导居民群众在社区公共事务中依法自我管理、自我服务、自我教育、自我监督。

再次,发挥好社区社会组织在社区治理中的积极作用。社区社会组织是由街道、社区内的居民或组织根据自身需求而自愿组成的,具有一定的草根性和亲民性,能够为满足居民多样化的社会需求且表达社区诉求而有所行动,尤其在调动居民参加社区公共生活与公共事务、参与社区治理的积极性与主动性方面具有比较优势和一定潜能的社会组织。② 培育发展公益性和专业性社区社会组织,并重视其在社区治理中的作用,有助于推动社区治理社会化、精细化,增强社区治理活力,促进邻里关系和社区融合。这就要求:第一,要积极培育社区社会组织,发挥其在居民群众参与社区治理中的有效载体作

---

① 李泉:《多元主体参与下的我国城市社区协同治理研究》,经济科学出版社2018年版,第103页。
② 李培志:《引导与自觉:城市社区社会组织参与社区治理的路径分析》,载《中州学刊》2019年第6期,第80页。

用,同时对其加大服务、协调、指导和监督,实现各治理主体间的良性互动;第二,建立一套科学合理的社区社会组织有序参与社区治理机制,对社区社会组织进入教育、医疗、养老、助残、救困、就业、治安、纠纷调处、矛盾化解等相关领域开展社区服务工作加强引导,积极建设和谐幸福社区;第三,鼓励和引导市场力量参与社区治理,对其加强规范与监督,合理制定激励机制,以弥补市场主体"市场失灵"时的缺陷。

最后,整合利用好社区治理的其他力量。社区治理是一个系统工程,所有利益相关者都可以是社区治理的主体。因此,除上述社区治理主体外,还应充分整合所有社区治理资源,发挥好其他社区治理主体的积极作用。一方面,调动辖区单位社区治理的参与积极性,建立和完善资源共享、共驻共建的社区治理机制。另一方面,建立健全社区志愿者登记和服务的制度,扩大社区治理志愿者队伍,完善社区志愿服务体系,开展好社区自我服务和互助服务。

(三)明确社区治理的目标与方向

新时代人民美好生活需要日益广泛,不仅对物质文化生活提出了更高要求,而且在民主、法治、公平、正义、安全、环境等方面的要求也日益增长。人民群众美好生活需要的变化对社会治理提出了新挑战、新要求。党的十九大报告在深刻分析我国当前社会主要矛盾基础上提出了打造共建、共治、共享的社会治理格局。党的十九届四中全会的召开更是为加强和创新社会治理指明方向的同时,明确了今后社区治理的方向与目标。换句话说,打造共建、共治、共享的社会治理格局正是社区治理的方向和目标。共建、共治、共享的社会治理格局是"三共"的有机统一。其中,"共建"意即共同参与社区建设,强调通过党委和政府的引导和鼓励,增强企事业单位、社会组织、人民群众及其他社会力量参与社会建设的能力与活力。"共治"就是共同参与社区治理,以保障人民群众根本利益为出发点和落脚点,保障人民群众在社区治理事务中依法实现自我管理、自我服务、自我教育、自我监督,形成人人有责、人人尽责的局面。"共享"就是共同享有社区治理成果,以不断满足人民日益增长的美好生活需要为根本目的，通过共建、共治方式让人民群众共享治理成果。可以说，人人有责、人人尽责、人人享有的社区治理共同体形成正是共建、共治、共享之效。

完善社区治理体系，提升社区治理水平，必须推动形成党委领导下的政府治理和社会调节、居民自治的良性互动格局。强化社区治理工作，重在发展人民民主，培养居民自治。一般而言，民主包括给予性和自生性两种形式。给予性民主表现为既有的基于国家与社会权力关系形成的制度从空间上自上而下地向社会实际生活展开与覆盖的民主。而自生性民主是公民基于基层公共生活形成的法定权利转化为社会权利的过程。我国已经展开的基层民主建设不可能仅仅通过给予性民主实现，实现政府治理和社会调节、居民自治良性互动是加强社区治理体系建设的一大目标，缺乏自生性民主过程训练的居民自治难以推动社区治理朝着更美好的目标前进。基层民主建设主要由城乡人民群众在基层群众性自治组织中，依法直接行使民主选举、民主决策、民主管理和民主监督的权利，对所在基层村镇与社区的公共事务和公益事业直接行使民主权利，依法进行自我管理、自我服务和自我发展的民主自治形式，是我国社会主义民主最基础与最广泛的实践。① 治理主体（平等参与者）、治理客体（社区公共事务）、治理规则（社区成员认同的社区规范）、治理过程（社区治理是实体活动，表现为成员之间的合作互动行为）是社区治理的基本要素。社区治理主体具有多元性和平等性两个特征，治理主体多元性是指包含各种利益相关者，治理主体平等性强调各种利益相关者的平等参与地位。② 因此，居民自治要想达到预期目标，必须进行自生性民主过程的训练，让多种社区治理主体平等参与到社区治理中来。

多元共治是现代社区治理的基本理念，要想打造共建、共治、共享的社区治理格局，如何充分调动社区居民积极性成为当前社区治理亟须解决的难题。利益驱动的分析工具侧重关注居民需求，以居民需求为切入点，围绕居

---

① 谢庆奎、商红日：《基层民主与社区治理》，北京大学出版社 2011 年版，第 232 页。
② 陈伟东、李雪萍：《社区治理主体：利益相关者》，载《当代世界与社会主义》2004 年第 2 期，第 71~73 页。

民群众利益诉求的满足，重在解决关系其切身利益的实际问题，不仅能够使社区居民共享社区治理成果，而且有利于促进社区居民自主参与。要想构建一个有温度和厚度、有凝聚力和向心力的现代城市社区，有必要构建一套立足社区实际、以社区居民需求为中心、实现多方联动和协同、依靠专业力量、强化社区治理的精准精细化、不断提升管理和服务能力的便民服务体系。所以，必须充分发挥基层党组织在社区治理中总揽全局、协调各方的领导核心作用，构建实现共享的共建共治的体制机制，创新和完善利益协调、利益保护机制，建立共享的公共服务体系，不断完善民生保障和公共服务制度，满足居民群众生产生活的基本需要，大力发展人民民主，依法维护社会公平正义，引导居民群众积极参与社区治理，让人民群众有实实在在的获得感、幸福感、安全感。

（四）创新社区治理方法，提高社区治理水平

我国社会结构自改革开放以来发生了很大的变化，以单位制为典型的传统熟人社区随着城市化、工业化和住房市场化的发展日渐被陌生人社区取代，陌生人社区成为当前城市社区发展和演进的主体。这就导致当前城市社区是断裂的，社区公共性弱化，凝聚力不强。重建社区公共性能够弥合断裂性社会，消除空间分离，促进社区空间融合。① 实现党领导下的政府治理和社会调节、居民自治良性互动，全面提升城乡社区治理法治化、科学化、精细化水平和组织化程度，促进城乡社区治理体系和治理能力现代化。2017年6月，《中共中央　国务院关于加强和完善城乡社区治理的意见》（以下简称《意见》）。该《意见》提出了"到2020年，基本形成基层党组织领导、基层政府主导的多方参与、共同治理的城乡社区治理体系，城乡社区治理体制更加完善，城乡社区治理能力显著提升，城乡社区公共服务、公共管理、公共安全得到有效保障"的总体目标。所以，推进社区治理体系和治理能力现代化必须以问题为导向，重建社区原本具有的公共性特征，这是社区治理的重中之重。

---

① 李增元、董晓宇：《现代开放型社会中的城市社区有效治理之道——基于A市"邻居节"的考察》，载《甘肃行政学院学报》2019年第2期，第96页。

党的十九大报告明确指出，加强和创新社会治理，要提高社会治理社会化、法治化、智能化、专业化水平。促进社区治理体系和治理能力现代化，创新社区治理方法，提高社区治理社会化、法治化、智能化、专业化水平，既是新时代提升社区治理现代化水平的客观要求，又是推进社区治理创新的基本途径。具体而言，社区治理社会化就是广泛发动社会各方力量共同参与社区治理，强调社区治理的民主性，改变政府包揽一切的职能错位，让居民群众充分表达自己的主张和利益诉求，实现共建、共治、共享的社区治理格局；社区治理法治化是以法治思维和法治方式化解群众矛盾纠纷、维护群众权益，既强调法治在社区治理中的保障作用，又强调社区治理的规范性，让居民群众在参与社区治理过程中，既依法有序表达其诉求，又依法理性维护其合法权益，实现社区治理的"三治"融合；社区治理智能化是将现代科技作为推进社区治理现代化的重要手段，利用"互联网+"、大数据及其他信息化手段提高社区治理能力和效率；社区治理专业化强调社区治理的专业性，要求社区治理方法符合社区治理内在规律和特点，基本方式就是通过专业化分工，让专业化人才解决社区治理中出现的专门问题。

习近平总书记强调："基层是一切工作的落脚点，社会治理的重心必须落实到城乡、社区。"[①] 社区是社会的基本单元，提高社区治理社会化、法治化、智能化、专业化水平，必须准确把握社区治理的工作重点。着眼于人民群众日益增长的美好生活需要，社区治理应重点关注以下方面。第一，加快社区经济发展。充分利用社区区位优势和有利条件，整合社区经济资源，培养和吸纳经济人才，拓宽社区经济发展形式，发展特色社区经济。第二，预防和化解社区社会矛盾。加快完善社区社会矛盾排查和预警机制，构建科学完善的多元矛盾纠纷化解机制，真正将非诉讼机制挺在诉讼前，从源头上预防和减少社会矛盾。第三，加强社区服务体系建设。完善主要包括综合服务、社区福利、社会保障、医疗保健、劳动就业、社区文体、司法援助、社会治安、教育科普以及社区老年人协会等内容的社区公共服务机构管理体制机制，加

---

① 习近平：《社会治理的重心必须落实到城乡、社区》，载人民网 http://politics.people.com.cn/n1/2016/0305/c1024-28174494.html，访问时间：2020年11月9日。

快推进社区综合服务设施建设，拓展社区服务功能，提升社区服务专业化水平，为居民群众提供更加优质、高效、便捷的公共服务。第四，健全公共安全体系。建立健全安全生产责任体系，健全预警应急机制，完善立体化社会治安防控体系，及时排查化解安全隐患，确保人民群众生命财产安全。第五，培育凝聚社区认同的和谐社区文化氛围。倡导中华民族邻里和睦的传统美德，培育和谐的社区文化，营造睦邻友好的社区氛围，丰富和谐邻里创建活动的形式和内容，增强社区文化的凝聚力和创造力，打造团结、互助、平安、文明、和谐的现代社区。

四、社区治理现代化的基本遵循

通过对我国城市社区治理历程的梳理，可以发现，在新时代的历史方位中，在社会主要矛盾从"人民日益增长的物质文化需要同落后的社会生产之间的矛盾"转化为"人民日益增长的美好生活需要和不平衡不充分的发展之间的矛盾"的背景下，"构建共建共治共享的社会治理格局"成为城市社区治理创新和发展的主要目标，也是我国基层社会治理的趋向。"构建共建共治共享的社会治理格局"，在推进社会治理现代化的今天，可以"更好体现人民群众主人翁地位，更好满足人民群众多层次、差异化的需求，不断增强人民群众获得感、幸福感、安全感。"[①] 这一趋向明确了社区治理现代化的基本遵循。

（一）始终坚持党的领导

党的领导是中国特色社会主义最本质的特征，是中国特色社会主义制度的最大优势。2016年2月4日，习近平总书记在对开展"两学一做"学习教育的指示中指出："做好基层基础工作十分重要，只要每个基层党组织和每个共产党员都有强烈的宗旨意识和责任意识，都能发挥战斗堡垒作用、先锋模范作用，我们党就会很有力量，我们国家就会很有力量，我们人民就会很有力量，党的执政基础就能坚如磐石。"党建工作是基层社会治理的重中之重，创新基层社会治理，根本在于通过加强党的建设，把党的领导深深根植于人

---

① 陈一新：《坚持和完善共建共治共享的社会治理制度》，载《学习时报》2020年1月20日，A1版。

民群众之中，夯实执政基础，发挥党与人民群众的智慧与合力。

在城市社区治理中，党的领导特别是以党建促治理的作用非常重要。2017年，《中共中央 国务院关于加强和完善城乡社区治理的意见》（以下简称《意见》）顺利出台，《意见》将"坚持党的领导，固本强基"作为首要原则，进而提出："充分发挥基层党组织领导核心作用。把加强基层党的建设、巩固党的执政基础作为贯穿社会治理和基层建设的主线，以改革创新精神探索加强基层党的建设引领社会治理的路径。加强和改进街道（乡镇）、城乡社区党组织对社区各类组织和各项工作的领导，确保党的路线方针政策在城乡社区全面贯彻落实。推动管理和服务力量下沉，引导基层党组织强化政治功能，聚焦主业主责，推动街道（乡镇）党（工）委把工作重心转移到基层党组织建设上来，转移到做好公共服务、公共管理、公共安全工作上来，转移到为经济社会发展提供良好公共环境上来。加强社区服务型党组织建设，着力提升服务能力和水平，更好地服务改革、服务发展、服务民生、服务群众、服务党员。继续推进街道（乡镇）、城乡社区与驻社区单位共建互补，深入拓展区域化党建。扩大城市新兴领域党建工作覆盖，推进商务楼宇、各类园区、商圈市场、网络媒体等的党建覆盖。健全社区党组织领导基层群众性自治组织开展工作的相关制度，依法组织居民开展自治，及时帮助解决基层群众自治中存在的困难和问题。加强城乡社区党风廉政建设，推动全面从严治党向城乡社区延伸，切实解决居民群众身边的腐败问题。"①

（二）坚持以人民为中心

人民是历史的创造者，是真正的英雄。人民对美好生活的向往，就是我党的奋斗目标。2016年7月1日，习近平总书记在庆祝中国共产党成立95周年大会上的讲话中强调："人民立场是中国共产党的根本政治立场，是马克思主义政党区别于其他政党的显著标志。党与人民风雨同舟、生死与共，始终保持血肉联系，是党战胜一切困难和风险的根本保证。""全党同志要把人

---

① 《中共中央 国务院关于加强和完善城乡社区治理的意见》，载国务院官网 http://www.gov.cn/gongbao/content/2017/content_5204888.htm，访问时间：2020年7月1日。

民放在心中最高位置，坚持全心全意为人民服务的根本宗旨，实现好、维护好、发展好最广大人民根本利益，把人民拥护不拥护、赞成不赞成、高兴不高兴、答应不答应作为衡量一切工作得失的根本标准，使我们党始终拥有不竭的力量源泉。"①2019年1月15日，习近平总书记在中央政法工作会议上强调："要贯彻好党的群众路线，坚持社会治理为了人民，善于把党的优良传统和新技术新手段结合起来，创新组织群众、发动群众的机制，创新为民谋利、为民办事、为民解忧的机制，让群众的聪明才智成为社会治理创新的不竭源泉。要加大关系群众切身利益的重点领域执法司法力度，让天更蓝、水更清、空气更清新、食品更安全、交通更顺畅、社会更和谐有序。"②2019年5月31日，习近平总书记在"不忘初心、牢记使命"主题教育工作会议上的讲话中指出："守初心，就是要牢记全心全意为人民服务的根本宗旨，以坚定的理想信念坚守初心，牢记人民对美好生活的向往就是我们的奋斗目标，时刻不忘我们党来自人民、根植人民，永远不能脱离群众、轻视群众、漠视群众疾苦。"③

人民是历史的创造者，是真正的英雄。在最广大人民群众的支持和拥护下，中国共产党不仅通过艰苦卓绝的斗争赢得了新民主主义革命的胜利，实现了民族独立与人民解放，建立了新中国；而且，在社会主义建设时期和改革开放以后，党始终与全国各族人民同心同德、患难与共，取得了一个又一个辉煌成就，稳步实现国家富强和人民幸福；特别是党的十八大以来，党带领人民迈入新时代，实施"全面建成小康社会、全面深化改革、全面依法治国、全面从严治党"的治国方略，经过不懈努力，无论是制度建设、经济建设、文化建设、社会建设等各个方面都发生了巨大变化。所以，人民是我们党执政的最大底气。人民立场是中国共产党的根本政治立场，这是马克思主义政党区别于其他政党的显著标志。人民性是马克思主义最鲜明的品格，也是以

---

① 《习近平同志在庆祝中国共产党成立95周年大会上的讲话》，载人民网 http://politics.people.com.cn/n1/2016/0701/c1024-28517259.html，访问时间：2020年7月1日。

② 《习近平出席中央政法工作会议并发表重要讲话》，载新华网 http://www.xinhuanet.com/politics/2019-01/16/c_1123999899.htm，访问时间：2020年7月1日。

③ 《习近平在"不忘初心、牢记使命"主题教育工作会议上的讲话》，载新华网 http://www.xinhuanet.com/politics/leaders/2019-06/30/c_1124690900.htm，访问时间：2020年7月1日。

人民为中心思想的集中体现。尽管中国特色社会主义事业日新月异，我国的社会主要矛盾也发生巨大变化，这些都促使治理理念、治理方式、治理水平、治理体系等方面与时俱进，做出重要改变，但是，坚持以人民为中心，一切为了群众，一切依靠群众，一切服务人民，尊重人民的主体地位，发挥人民的首创精神，实现好、维护好、发展好最广大人民的根本利益，始终是一切治理工作最坚定的初心。

（三）支持多元主体参与

在我国基层社会治理实践中，居民委员会是城市的基层群众性自治组织，这一定位为宪法所确认。《中华人民共和国宪法》第111条第1款规定："城市和农村按居民居住地区设立的居民委员会或者村民委员会是基层群众性自治组织。居民委员会、村民委员会的主任、副主任和委员由居民选举。居民委员会、村民委员会同基层政权的相互关系由法律规定。"包括居民委员会在内的基层群众自治制度是我国的一项基本政治制度。不断改进和发展基层民主，畅通民主渠道，健全基层选举、议事、公开、述职、问责等机制，充分保障人民群众在城市社区治理中自我管理、自我服务、自我教育、自我监督，持续丰富城市社区治理实践，有助于巩固中国特色社会主义政治建设的基础。

随着经济社会的飞速发展和深化改革的全面推进，人民群众在参与基层群众性自治组织之外，也广泛参与各项社会公益事业，在处理各项基层公共事务中发挥了重要作用。除了居民委员会，城市社区纷纷建立协商议事委员会、业主委员会等具有辅助性、补充性协商治理职能的社会组织，人民群众和各个城市社区因地制宜、因时制宜建立的具有服务性、公益性、互助性特征的社区服务志愿者组织更丰富多彩。城市居民通过这些遍布社区的基层群众性自治组织参与治理，使社会主义民主协商、民主监督、民主决策和民主管理更加完善。城市社区治理也因此形成了以居民委员会为主，其他主体共同参与的特色鲜明的自治形式。党的十八大以来，中央对多元主体参与基层治理给予了有力的支持。《中共中央 国务院关于加强和完善城乡社区治理的意见》指出：要"统筹发挥社会力量协同作用。"具体要求包括："制定完善孵化培育、人才引进、资金支持等扶持政策，落实税费优惠政策，大力发展在城乡社区开展纠纷调解、健康养老、教育培训、公益慈善、防灾减灾、文体娱乐、邻里互助、居民融入及农村生产技术服务等活动的社区社会组织和其他社会组织。推进社区、社会组织、社会工作'三社联动'，完善社区组织发现居民需求、统筹设计服务项目、支持社会组织承接、引导专业社会工作团队参与的工作体系。鼓励和支持建立社区老年协会，搭建老年人参与社区治理的平台。增强农村集体经济组织支持农村社区建设能力。积极引导驻社区机关企事业单位、其他社会力量和市场主体参与社区治理。"

（四）弘扬中华优秀传统文化

党的十八大以来，建立在文化自信基础上的中华民族伟大复兴成为时代的最强音。习近平总书记指出："一个国家的治理体系和治理能力是与这个国家的历史传承和文化传统密切相关的。解决中国的问题只能在中国大地上探寻适合自己的道路和办法。数千年来，中华民族走着一条不同于其他国家和民族的文明发展道路。我们开辟了中国特色社会主义道路不是偶然的，是我国历史传承和文化传统决定的。我们推进国家治理体系和治理能力现代化，当然要学习和借鉴人类文明的一切优秀成果，但不是照搬其他国家的政治理念和制度模式，而是要从我国的现实条件出发来创造性前进。"[①]2019年1月，习近平同志在致中国社会科学院中国历史研究院成立的贺信中强调："当代中国是历史中国的延续和发展。新时代坚持和发展中国特色社会主义，更加需要系统研究中国历史和文化，更加需要深刻把握人类发展历史规律，在对历史的深入思考中汲取智慧、走向未来。"[②]

上述论断充分说明了弘扬中华优秀传统文化、汲取传统治理资源，对构建具有中国特色、中国气派、中国智慧的市域治理模式特别是城市社区治理

---

① 《习近平在中共中央政治局第十八次集体学习时强调 牢记历史经验历史教训历史警示 为国家治理能力现代化提供有益借鉴》，载国务院官网 http://www.gov.cn/xinwen/2014-10/13/content_2764226.htm，访问时间：2020年7月1日。

② 《习近平同志致中国社会科学院中国历史研究院成立的贺信》，载新华网 http://www.xinhuanet.com/politics/leaders/2019-01/03/c_1123942672.htm，访问时间：2020年7月1日。

模式的重要意义。早在夏商周时期，中国就已经开始了基层政权建设的探索，此后，无论是大一统中央集权制的著名王朝，还是处于割据、对峙时期的地方政权，均无一例外地重视基层政权的建设，历代的政治家、思想家对基层社会治理也有不少体现理性思维的论断。

总体而言，中国古代基层社会治理的经验主要体现为以下四点。一是"民惟邦本，本固邦宁"。"民惟邦本，本固邦宁"是贯穿于中华五千年文明演进历程中的一条颠扑不破的历史规律。民是国家最基本的构成元素，不仅承担着各式各样的生产活动，为国家提供各项赋税钱粮，也是广大官吏群体和军队的主要来源，是实现国家治理、社稷安稳的根本力量。历代著名的思想家、政治家莫不以巩固民本为治国理政之要务，并不断阐发、充实民本思想。管子强调："政之所兴，在顺民心；政之所废，在逆民心。"[①] 荀子提出："君者，舟也；庶人者，水也；水则载舟，水则覆舟。"[②] 这些都深刻影响着历代重民政策的制定与落实。

二是"德治优位，贤能治理"。自汉武帝罢黜百家独尊儒术之后，主张德治、仁政、贤人政治的儒家思想成为中国古代长期奉行的统治思想，在基层社会，重视选贤举能，倚重开明乡贤、里老等治理一方，不断鼓励和促使乡贤、里老导民向善、以德化民，是基层持续稳定的重要因素。

三是"家族本位，伦理法治"。在对治国理政经验教训的总结中，孟子提出："徒善不足以为政，徒法不能以自行"[③]，说明仅仅依靠德化，难以稳定社会秩序，确保民生安乐；而只凭法律手段，也不能实现惩恶扬善、安民富民的治理效果。因此，古代统治者在制定国策之际均注意综合发挥道德的感化作用和刑罚的制裁作用。在基层社会中，德法交织，而且由于传统的社会结构以家庭、家族为本位，是建立在情感、伦理和道德基础上的熟人社会，因此形成了独具特色的伦理法治模式。基层普遍依据国法制定乡规民约，在处理基层事务时注意实现天理、国法、人情的统一。

---

① 《管子·牧民》。
② 《荀子·王制》。
③ 《孟子·离娄章句上》。

四是"调处息争,致力和谐"。随着儒家思想的深入人心,以和为贵、亲仁善邻、团结互助、和睦共处、患难相济等成为中华民族的品格,也是基层治理文化的重要内容。儒家提倡无讼思想,所谓"听讼,吾犹人也,必也使无讼乎"①。在这样的文化背景下,百姓多以"和为贵、忍为上",尽量避免人际关系的恶化,以极力减少诉讼成本对生产生活秩序的影响。因此,以亲邻、族长、乡贤、里老等为中间人和主持者的民间调解广泛流行,官府对民间调解也大力支持。

虽然时移世易,今天的基层社会治理不能和中国古代的基层治理一概而论,但发掘和弘扬体现中华民族集体智慧和理性思维的优秀治理文化,推动其创造性转化,创新性发展,则是构建新时代城市社区治理模式的必由之路。在弘扬中华优秀传统文化的基础上,发展具有深厚历史底蕴与鲜明时代特色、彰显人民群众创造力的中国特色社会主义治理文化,也是构建共建、共治、共享的社会治理格局的应有之义。

(五)重视典型经验示范意义

2019年10月,党的十九届四中全会召开,"枫桥经验"首次以中共中央全会审议通过的形式写入《中共中央关于坚持和完善中国特色社会主义制度推进国家治理体系和治理能力现代化若干重大问题的决定》,这是"枫桥经验"由基层社会治理样本上升为党和国家制定政策、作出决策的重要依据和基本经验的标志,同时意味着"枫桥经验"成为凸显中国特色社会主义制度优势、体现国家治理体系和治理能力现代化方向的基本经验。作为全国政法综治战线的一面旗帜和基层治理的典型,新时代"枫桥经验"是习近平新时代中国特色社会主义思想的重要组成部分。党的十八大以来,新时代"枫桥经验"在继承传统、与时俱进中实现以"党建统领、人民主体、三治融合、四防并举、共建共享"为主要内容,以构建自治、法治、德治相融合的基层社会治理体系和打造共建、共治、共享的社会治理新格局为目标的伟大创新,为其在全国范围内的推广发展积累了丰富的实践基础和经验智慧。2020年3月

---

① 《论语·颜渊》。

30日，习近平总书记在浙江安吉调研时指出，"发源于浙江的'枫桥经验'，它在各个时期都是适用的"；2020年4月23日，习近平总书记在陕西调研时，继续强调"加强和创新社会治理，坚持和完善新时代'枫桥经验'"；2020年5月16日，中共中央国务院下发了11号文件，提出"以坚持和发展新时代'枫桥经验'为基点，加快推进社会治理现代化，开创平安中国建设新局面"。

新时代"枫桥经验"之所以被誉为基层治理的范本，就在于其符合当前中央有关基层社会治理的决策以及经济社会发展的规律。首先，为了群众、相信群众、发动群众和依靠群众是新时代"枫桥经验"的核心要义。形成于20世纪60年代的"枫桥经验"是浙江省绍兴市诸暨枫桥的干部群众创造的，一系列行之有效的矛盾化解方式和人民内部矛盾解决办法，反映出人民群众在面对基层问题时的聪明才智和首创精神。新时代"枫桥经验"同样产生于中国特色社会主义基层治理实践中，是党和群众运用集体智慧共同处理基层问题的重要成果。其次，党的领导、人民主体地位、多元主体参与、共建、共治、共享等现代治理元素在新时代"枫桥经验"中体现得淋漓尽致，新时代"枫桥经验"不仅没有脱离党的领导和群众路线，反而结合时代需要发展和增强了党的领导和群众路线。再次，新时代"枫桥经验"弘扬了中华优秀传统文化，对于享誉中外的调解文化即法治的"东方经验"大有发展。新时代"枫桥经验"中，各式各样的调解组织发挥着不容小觑的积极影响，体现出调解文化立足国情，融汇古今，交融中西的新特征，对维护基层治理秩序，确保人民安居乐业也大有裨益。最后，新时代"枫桥经验"更加注重自治、法治、德治的融合，而且善于运用法治思维和法治方式解决涉及群众切身利益的矛盾和问题，充分发挥数字治理、智慧治理的作用，进一步丰富了全面深化改革、全面建成小康社会、全面依法治国的实践。这些因素综合交织，使新时代"枫桥经验"高度符合市域社会治理现代化的发展趋势，也更容易发挥典型经验的示范意义。

第四节 "红旗经验"的形成历史

改革开放以后，随着社会经济转型，单位制度逐渐解体，原来由政府和企业承担的社会职能逐步向社区转移。与此同时，城市人口不断增加和生活水平的提高，也向增强社区功能提出了新要求。在这一背景下，中国政府开始了社区建设的新探索。

从1985年起，民政部开始倡导和推动社区服务工作，第一次把社区概念引入实际生活，1987年社区服务开始在全国推广。由于是民政部主导，所以社区服务最初是以民政对象为服务主体。20世纪90年代初期，学术界和民政部借鉴国外"社区发展"概念，提出了"社区建设"口号。自此，"社区服务"的提法延伸扩展为"社区建设"，而"社区建设"基本等同于国际社会流行的"社区发展"概念。[①] 这一时期，社区建设的主要内容是将社区服务范围扩大到所有市民。经过一段时间的试点工作后，2000年11月发布《中共中央办公厅 国务院办公厅关于转发〈民政部关于在全国推进城市社区建设的意见〉的通知》，随后社区建设开始在全国推广。中央政府在全国城市推动社区建设工作，通过投入公共资源来强化"属地管理"，使社区这个概念为中国公众所认识。[②]

培养和选树先进典型，利用典型示范推动工作开展，是我党的优良传统、政治优势和宝贵经验，也是加强党的基层组织建设的重要方法。"红旗经验"的形成不是一蹴而就的，它是红旗社区党总支书记李秋莲同志自2002年4月到陕西省铜川市王益区红旗社区工作以来，通过10多年团结带领社区干部，在不断顺应时代发展要求，创新社区党建、优化社区服务、促进社会治理的生动实践中探索出的经验。"红旗经验"的形成经历了三个阶段，创造出三种

---

① 华伟：《单位制向社区制的回归》，载《战略与管理》2000年第1期，第39页。
② 黎熙元、陈福平：《社区论辩：转型期中国城市社区的形态转变》，载《社会学研究》2008年第2期，第192~217页，第246页。

经验，其每条经验的基本内涵和外延总是随着时代发展和社区党建发展而变化，但其最为核心的本质未变，都是围绕如何充分发挥社区党组织领导核心作用、服务居民群众、创新社会治理开展的。

第一阶段：起始阶段（2002—2011年）——以党建引领服务群众为重点，探索形成"3+3+X"社区服务模式（也称"李秋莲模式"）。

伴随着全国社区建设大势，王益区从2002年4月开始全面建设社区，红旗社区随之成立。组建初期，李秋莲被组织选派到刚刚成立的红旗社区，担任社区居委会副主任。当时社区仅有3名工作人员，办公地点是一间调剂来的不足6平方米的废弃配电房，一套破旧的办公桌椅就是全部的家当。当时，社区建设刚起步，没有现成经验。李秋莲她们干的头一件事，就是"揣着亲手绘制的表格，挨家挨户走访辖区单位和居民，不厌其烦地询问、记录、核对，用最'笨'的办法掌握辖区单位基本情况及居民住房、收入、就业、子女就学等第一手资料"。① 谁家的水管该修了，谁家的电表坏了，谁家有家庭矛盾了……解决这些群众琐事成为社区工作的主要任务。

2004年11月，中共中央办公厅转发《中共中央组织部关于进一步加强和改进街道社区党的建设工作的意见》（中办发〔2004〕25号）（以下简称《意见》)，该《意见》提出了街道、社区党的建设工作的指导思想和目标要求，进一步明确了街道、社区党组织的主要职责，提出了坚持把服务群众作为街道、社区党组织的重要任务。该文件的出台，标志着社区建设从民政部主导的以社区服务工作为主要内容，上升到基层政权建设的高度，也为如何加强社区党组织建设提供了遵循。在此《意见》的指导下，李秋莲同志带领下，红旗社区党支部开始了以服务群众为重点的社区服务方式探索。

红旗社区地处市中心闹市区，聚集着住户5500余户、人口1.6万余人，是铜川市区居住人口最密集、人员构成最复杂、社会治安综合治理难度最大的社区之一。面对人居庞杂的社区，单靠三两个人的力量要服务好居民群众

---

① 姜峰：《（最美基层干部）陕西铜川王益区红旗社区党支书——李秋莲："群众的笑容让我打心底踏实"》，载《人民日报》2014年1月23日，第16版。

显然不可能。2004年，红旗社区建立了铜川首家社区党员网络化管理体系，按照"便于管理、便于服务"的原则，以辖区单位、居民小组、商务楼宇、社会组织等为单位，将管辖区域划分为8个大网格，在每个大网格中建立1个党小组，由离退休党员、无职党员或社区干部担任网格党小组组长和网格负责人，专门负责同一网格内的党员的联系管理、纠纷调解、群众服务等事务；再按楼宇数、居民数将8个大网格划分为29个楼栋小网格，在每个小网格中确定1名党员中心户，协助网格党小组组长做好各项工作。[①] 同时，将单元网格内各类协管人员、居民小组组长、到社区报到的在职党员、志愿者以及辖区内物业公司等纳入服务团队，共同参与服务，构建了以社区党支部为领导核心的大网、网格党小组为管理主体的中网、党员中心户和服务团队为工作支撑的小网，即三级网格组织管理体系，实现了党建工作与社会治理的无缝对接。

"3"线——"电话服务线、短信群发线、网络沟通线"三条专线。

随着电话、手机、互联网等发展的加速，红旗社区在进行信息化服务方式探索中，先后建立了"电话服务线、短信群发线、网络沟通线"三条专线，以畅通民意诉求渠道。将社区工作人员、党员中心户及辖区24家单位和86家商业网点服务信息全部收集整理，建立服务资源信息库，向社区居民下发便民服务手册，对外公布24小时服务热线电话，即1168服务热线，为社区居民提供"114式"服务。建立辖区居民手机信息库，将社区的服务业务、就业、养老、家政等生活信息及宣传教育引导资料以短信形式告知群众，提高社区服务的效率。开通了全市首家社区网站，及时发布社区工作动态、服务信息等，居民有什么意见建议或需要社区协调解决的问题，可通过社区QQ群等向社区反映。

"3"站——"一厅式"社区服务站、志愿者服务站、小区服务代办站。

2010年，借鉴银行等窗口单位办事服务方式，红旗社区在全市建成了第

[①] 中共铜川市王益区委组织部：《陕西铜川市王益区：打造城市基层党建"红旗模式"引领社会治理》，载中国共产党新闻网 http://dangjian.people.com.cn/n1/2019/0415/c420318-31030482.html，访问时间：2020年11月7日。

一家"一厅式"社区服务站,集中设置了党建、计生、医保等8个服务窗口,配置了社区服务信息电脑自动查询系统,设立了服务台、悄悄话室等,为社区居民提供全方位服务。为了进一步方便群众办事,红旗社区广泛在辖区建立志愿者服务站和小区服务代办站,推行"上门式""代理式"等服务,延伸服务网络,实现了群众动嘴、社区服务人员跑腿,切实方便了群众办事。此外,还建立首问负责、限时办结反馈、回访评议、责任追究等制度,对受理的民情事务,按照即办件、承诺件、上报件、建议件和退办件五种类型分类办理,并以电话回复、短信回复、当面或上门告知、信函回复四种方式向群众反馈办理结果,加强对民事办理的跟踪问效,使居民群众反映的社情民意和办理的事务不出社区就能得到有效解决。

"X"——"你有多少需求,社区就能提供多少服务"。

为了满足不同群众的服务需求,红旗社区最初探索出了"3+3+5"的便民服务模式,其中两个"3"即联系沟通3条线、便民服务3个站,"5"则是指"居家老人日间照料中心、家政服务中心、下岗职工再就业餐馆、垃圾清运队、妇女技能培训工作室"5个服务实体。在进一步的探索实践中,红旗社区党支部在上述5个服务实体基础上,逐渐组建发展成二十多个各类组织,并为广大居民群众提供"从摇篮到轮椅"式的服务,在社区这个小平台上搭建了为民服务的大舞台,至2012年,"3+3+X"服务模式最终形成。

2011年8月2日,时任陕西省委常委、省委政法委书记宋洪武在红旗社区调研时,亲切地把这种社区管理创新模式称为"李秋莲模式",要求在全省推广。2011年11月10日,《陕西日报》一版头条刊载《社会管理创新在社区的生动实践——记铜川市王益区红旗社区党支部书记、社区主任李秋莲》的长篇通讯,对红旗社区"3+3+5"服务模式进行专题报道。2011年11月28日,中宣部新闻局第796期《新闻阅评》以《社会管理社区化、社区服务社会化——陕西日报推介社区管理创新的"李秋莲模式"》为题,对"李秋莲模式"给予高度评价。党的十七大提出"建立健全党委领导、政府负责、社会协同、公众参与的社会管理格局"。该文章指出,"《陕西日报》报道的

"李秋莲模式"正是践行这一指导思想的重要成果。他们以社区党建为统领，不断创新和丰富社区的社会管理，实现了社会管理社区化、社区服务社会化，使社区真正成为居民共建、共享的幸福家园。"

第二阶段：发展阶段（2012—2014年）——以构建区域化党建工作格局为重点，探索"网格化大联动"社区党建模式。

2009年11月，中组部、民政部等部门在河南省郑州市联合召开全国街道社区党的建设工作经验交流会（以下称"郑州会议"），以"三有一化"为重点，部署安排街道社区党组织建设工作，"有人管事""有钱办事""有场所议事""构建城市基层区域化党建工作格局"成为社区党建工作的新目标。"郑州会议"以来，各地认真贯彻中央有关要求，全面推进街道社区党建"三有一化"建设。陕西省于2010年开始，在全省开展"文明社区、和谐家园"活动，扎实推进社区"三有一化"。铜川市大胆改革创新，以社区党组织"升级晋档、评星定级"活动为抓手，高标准推进社区"三有一化"工作。2010年，红旗社区在市、区两级政府的大力推动下，社区活动场所也由原址迁到红旗街道幸福阁小区，面积由过去的不足6平方米达到现在的1100多平方米，社区工作人员由3人增加至17人，社区党支部升格为社区党总支。在实现"三有"的基础上，社区党总支积极在构建区域化党建工作格局进行大胆探索，主要有两方面创新。

一方面，着力提升网格化管理水平。在完善三级网格组织的基础上，加强居民信息的掌握，通过拉网式排查，建立翔实的基础台账，一人一表、一户一档、一幢一册，动态式、全覆盖掌握居民流动、辖区单位和商业网点变更、居民家庭婚丧嫁娶等各类信息。同时针对人在户在、人在户不在、户在人不在的实际情况，因人因户制宜，分门别类管理，提供不同服务。特别是把社区内的空巢老人、残障人士、低保家庭、社会矫正人员等群体作为重点服务对象，人对人、点对点搞好服务，从源头上消除了社会治理的短板。为了增强治理"张力"，将卫生计生、社会保障、环保、水务等十个部门的管理服务纳入同一网格，推行网格员一岗多责制，变过去网格员分头管理为一名网格员专职负责社保、民政、安监、综治等十个领域工作，实现了"十网合一"。每一个网格员要负责政策法规宣传、社情民意信息、维护稳定安全、邻里纠纷调解、环境卫生监督五个方面，对网格内每个住户家庭成员基本情况、经济状况和网格内就业情况等要达到"三知三清"，还要日常服务做到居民生活有困难、工作失业和个人工作生活发生重大变故等"六必访六必报"。正是这些穿梭在大街小巷的网格员，用扎实、细致、及时的信息收集与上报，有效发挥了网格化管理在社会治理中的重要作用。①

另一方面，建立联动式共建机制。这一时期，铜川市"四创"（即创建国家卫生城市、全国绿色模范城市、省级园林城市和省级环保模范城市）工作进入关键期。为了加强与辖区单位的联系沟通，形成"社区是我家、建设靠大家"的格局，红旗社区党支部创新开展以"党建工作联创、共建红色家园，社区服务联做、共建爱心家园，环境卫生联抓、共建优美家园，文体活动联办、共建快乐家园，社会治安联防、共建和谐家园"为内容的"五联共建五彩家园"活动，有力推进社区党组织与辖区单位共驻共建、共治共享。五联共建机制在推进"四创"工作中发挥了大作用，构建形成了区域化党建工作新格局。

2012年10月17日，时任陕西省委书记赵乐际在红旗社区调研时指出，要总结推广红旗社区经验。随后，省市区委组织部门有关人员相继到红旗社区调研，对其经验进行总结，最终形成了以"网格化管理、'3+3+X'服务、联动式共建"为主要内容的"网格化大联动"党建工作模式。红旗社区的经验做法荣获了2012年度陕西省组织工作创新奖三等奖、铜川市组织工作改革创新奖二等奖。2014年10月红旗社区"网格化大联动"党建工作被中组部确定为"全国基层党组织书记工作案例"，并拍摄成专题片予以推广。

第三阶段：形成阶段（2015年至今）——以构建城市基层党建工作新格局为重点，探索城市基层党建"红旗经验"。

---

① 参见中共铜川市王益区委组织部：《陕西铜川市王益区：打造城市基层党建"红旗模式"引领社会治理》，载中国共产党新闻网 http://dangjian.people.com.cn/n1/2019/0415/c420318-31030482.html，访问时间：2020年11月15日。

进入21世纪，随着经济转型加快、人口流动加速、社会结构多元、群众需求多样和信息化传播方式的深刻变化，为有效解决社区人少事多、服务力量不足、传统管理服务方式不能顺应形势发展和群众期盼等难题，红旗社区党总支大胆探索创新，2015年启动了智慧社区建设，运用"互联网+"技术提升管理服务水平。拆除了传统的"一厅式"社区服务平台，建立"红旗社区一站到底"网络服务平台，设立"我要了解、我要办理、我要说"三大板块，让群众通过网络就能随时随地了解社区工作动态、服务事项、办事流程等，打通为民服务最后一公里。建立居民信息"服务管理系统"，将辖区所有党组织、企事业单位、学校医院、社会组织等信息，养老、就业、保险等10类100多项公共服务和社会管理事项数据以及社区居民信息，全部录入服务管理系统，做到辖区网格信息格不漏房、房不漏户、户不漏人、人不漏项，达到信息实时更新、一网通用、多方共享。设立自助终端服务窗口，将居民群众日常办理的低保申请、廉租房申请、各类证明等制式表格录入系统，居民只需一张身份证就可在社区自助终端机办理所需事项，各种证明、表册自动生成，实现了"一证办理、一站通办"。建立网格化管理信息系统，为每一名网格员和社区工作人员配备一部移动终端设备，每天不间断深入网格开展巡查，大到哪里有险情、有突发事件，小到哪个小区新入住了哪些人、哪里有了"野广告"等，网格员和工作人员都能够在第一时间知晓、第一时间处置、第一时间通过移动终端设备上报网格化管理平台，社区指挥中心接到信息后，立即响应，及时安排人员现场处置，重大事件在第一时间向街道、区级平台上报，切实做到了重大舆情信息不搁置，小事化解不出网格、大事不出社区。2017年，红旗社区依托王益区智慧党建平台，创设"指尖课堂"、建立"网上支部"、推行网上办事、进行智慧管理，党员群众跨过"一部手机的距离"，就能够与社区党组织随时随地进行沟通交流。至此，红旗社区率先在全省建成第一家"智慧社区"，管理服务实现了智慧化，"信息跑路"代替了"群众跑腿"，使得社区管理服务更快捷、更精准、更智慧，月均受理服务事项比原来增加了4倍。

2017年7月，经党中央同意，中组部在上海召开全国城市基层党建工作经验交流座谈会，总结推广上海等地基层党建工作经验，分析城市发展面临的新形势，提出推进城市基层党建创新发展的举措。座谈会上指出，要充分发挥街道社区党组织领导作用，有机联结单位、行业及各领域党组织，构建区域统筹、条块协同、上下联动、共建共享的城市基层党建工作新格局，全国城市基层党建工作掀开新篇章、迈向新征程。

此次座谈会召开后，各地加大推进城市基层党建工作，积极探索党建引领城市基层治理路径。在这一过程中，王益区以红旗社区为试点，在抓好网格化管理、智慧化服务的同时，进一步丰富完善红旗社区"联动式"共建机制，着力构建区域统筹、条块协同、上下联动、共建共享的城市基层党建工作新格局，并重点在以下三个方面着力探索实践。

第一，开展共驻共建，打造党建共同体。红旗社区党总支进一步建立健全社区党建工作联席会议制度，定期召开由网格党小组、包联单位、辖区各企事业单位、社会组织等参加的党建工作联席会议，共议社区发展大计，研究解决社区党建工作中出现的新情况、新问题。红旗社区先后与包联社区的市区部门、辖区企事业单位、社会组织等32个单位签订了共驻共建协议，组成了社区党建联盟，共建项目14个，促成了一批驻区单位公共文化、体育等活动场所和设施面向社区群众开放，弥补了社区服务资源的"短板"，提升了社区服务功能。

第二，着力丰富完善联动式共建机制。坚持把开展"五联共建五彩家园"活动，作为提升共驻共建质效的抓手和实践载体，把解决好下岗职工再就业、改善人居环境、提升居民幸福指数作为着力点，充分发挥驻区单位和社会组织的优势，动员各方出资出力、建言献策，共同解决下岗失业人员再就业难题，共同参与"四创"和平安社区建设等工作，推进街道社区、单位、行业党建互联互动，凝聚了推进城市基层党建的合力，充分发挥社区党组织领导核心作用。

第三，强化党建，引领社会治理。为有效引导辖区社会组织积极参与社区服务，壮大社区服务力量，红旗社区将1100多平方米的办公场所中的900

多平方米用于服务居民群众活动，先后建立了老年大学、多功能议事厅、舞蹈排练厅、琴棋书画室、志愿者服务站等群众活动和居家养老服务场所，为41个总计3000多人的社会组织和29支由1600多名党员志愿者组成的服务队伍经常性开展议事活动提供场所，让他们成为社区大家庭的一员。红旗社区坚持从政治引领入手，定期组织学习党的路线方针政策和习近平总书记系列讲话，引导他们听党话、跟党走；指导各类社会组织建立健全活动章程，列出170余项群众需求清单让其认领，引导他们定期开展邻里纠纷调解、治安巡逻、帮扶济困、助学助残、关爱孤寡老人等活动。同时按照业缘、趣缘、地缘等要素，广泛组建医疗救助、物业服务、家政服务等社会组织，引导他们无偿或低偿为居民服务，有序参与基层治理。通过社区党组织引领，使辖区各类组织找到家的感觉，团结在社区党组织的周围，真正让党旗在社区飘起来，让党支部的威信树起来，让为民服务的口号响起来，让党员像一盏明灯在居民心中亮起来。红旗社区也创造了连续19年无一例非正常上访的业绩，群众满意度连续8年位居全市前列。

2017年9月16日，中组部组织二局领导来王益区红旗社区调研，对"红旗经验"给予了高度评价。随后《中国组织人事报》记者对红旗社区经验进行了深入采访。2017年10月30日、11月1日《中国组织人事报》分上下篇对红旗社区城市基层党建工作经验进行专题报道。2017年中组部《全国基层组织建设工作情况通报》第34期以《红旗社区党旗红》为题，专题刊发了红旗社区经验，指出红旗社区经验，是上海会议精神的生动诠释，为中小城市基层党建提供了社区样本和典型范例。2017年11月29日，陕西省委组织部《陕组通报》第10期印发《红旗社区党旗红》典型经验，在全省进行推广。2018年1月11日，中共铜川市委下发《关于在全市城市基层党建工作中推广"红旗经验"的通知》，要求在铜川全市推广红旗经验。2019年8月7日，时任陕西省委书记胡和平在红旗社区调研，听取社区关于智慧党建、网格化管理和"一站到位"服务群众情况介绍，对社区党组织认真践行初心使命、加强精细化管理服务的做法给予充分肯定，要求推广红旗社区经验，推动城市基层党建工作再上新台阶。此后，王益区委组织部进一步总结提炼，将"红旗经验"核心内容概况为"网格化管理、智慧化服务、联动式共建"三句话。2019年9月20日，由中组部组织二局指导，中国浦东干部学院、人民网、中国共产党新闻网、中国组织人事报社等举办的全国城市基层党建创新案例征集评选活动结果揭晓，《铜川市王益区：打造城市基层党建"红旗模式"引领社会治理》荣获"全国城市基层党建创新优秀案例"。

近年来，红旗社区先后荣获"全国民主法治示范社区""全国妇联基层组织建设示范社区""全国科普示范社区""全省和谐社区建设示范社区"等80多项荣誉。

第五节 "红旗经验"的基本特点与本质特征

红旗社区位于陕西省铜川市王益区中心区域，面积0.4平方公里，服务人口1.6万多人。辖区人口密集、破产企业多、下岗职工多，各种社会矛盾突出，曾是全市社会治理难度较大的社区之一。那时如何充分发挥社区党组织在推进城市基层党建、加强社会治理中的核心引领作用？成为红旗社区党总支面临的主要问题。近年来，红旗社区党总支坚持组织群众、宣传群众、凝聚群众、服务群众的宗旨，奋力而为、主动作为，积极探索以"网格化管理、智慧化服务、联动式共建"为主要内容的大联动大共建机制，逐步走出了一条党建领航、优化服务、促进和谐的社区党建引领城市基层党建、促进社会治理的新路径。

在红旗社区党总支探索的大联动大共建机制中，"网格化管理模式"是其治理能力走向精细化的开端。在社区党总支的引领下，红旗社区通过多级网格的设立来延展社区党建的"触角"，并按照便于管理和服务的原则，将社区分为数个大网格，每个大网格又分为数个小网格，同时在网格内设立党小组，以党小组为中心着重解决网格内的联系管理、纠纷处理和服务群众等事项，实现了"无缝衔接"和全方位服务居民。同时，网格化管理也使得红旗社区的党建工作和社会治理能够结合在一起，充分使辖区群众感受到了社区服务水平的提高。"智慧化服务"则使得红旗社区的党建工作和居民服务工作更为便利快捷。通过利用互联网数字信息技术优势，红旗社区开发了集"宣传教育、服务交流"于一身的一体化智慧党建平台，既能够更加便捷高效地进行社区党建活动，还能更为全面地提高社区服务居民群众的智慧化水平。同时，社会治理水平的提高还离不开各个治理主体的共同努力，在红旗社区党总支的组织和带领下，社区积极探索出"联动式共建"的治理机制。聚合辖区各单位党支部，搭建"党建联盟"，签订共驻共建协议，形成治理共同体。此外，社区还建立了"老年大学和志愿者服务站"等公益性场所，积极鼓动居民群众为社区治理建言献策，全面提高社区的基层党建、社会治理和区域发展水平。红旗社区所探索的基层党建引领社会治理路径，是基层社会治理良好的未来发展趋势。

一、基本特点[①]

（一）坚持党建领航

以城市基层党建引领基层治理，是新时代城市基层党建工作的新要求，也是"红旗经验"的本质特征。红旗社区党总支坚持党的群众路线，积极探索以"网格化管理、智慧化服务、联动式共建"为主要内容的大联动大共建机制。统筹行政资源延伸党建工作"触角"，明确网格员职责要求，实现党建工作与社会治理的无缝对接，增强了社区治理合力。通过智慧党建大数据平台加强了社区党务管理、居务管理和综合环境治理，有效提升了社区治理的信息化、精细化、便捷化、智能化水平。通过开展共驻共建活动，主动服务辖区单位和各类组织，联络社会各方面的基层组织协同作战，形成了党建工作联创、社区服务联动、环境卫生联抓、文体活动联办、社会治安联防为内容的"五联共建"的互联互动的党建格局。

[①] 本部分内容参见张永林：《铜川市王益区红旗社区：党建领航城市社区治理 切实提升人民群众幸福感》，载人民网http://dangjian.people.com.cn/n1/2019/1106/c117092-31441257.html，访问时间：2020年8月15日。

（二）坚持贴心为民

"红旗经验"的核心要义是坚持和发展党的群众路线，从而团结群众、凝聚人心。红旗社区党总支坚守为民服务的初心，始终把提升群众的获得感、幸福感、安全感作为价值取向，视群众如亲人，始终把群众的需求放在心上，不断创新群众工作方式方法，给予群众人性化关爱，为群众提供常态化、优质化的保姆式服务，赢得了社区居民的广泛认可，巩固了党的执政根基。

（三）坚持创新服务

在服务社区居民的日常工作中不断创新服务形式是提升社区治理水平的动力源泉。红旗社区党总支紧跟时代步伐，在守正中破解服务群众过程中遇到的难题，把群众的期望作为创新服务群众形式的目标。积极总结社区治理工作经验，创新社区治理服务群众工作新模式。比如，充分运用"互联网+"技术，根据"拆柜台、搭前台、建后台"的思路，让"信息跑路"替代"群众跑腿"，创新管理服务方式，建设起"智慧社区"信息化管理服务平台，着力搭建便民为民"高速路"。

（四）坚持"头雁引领"

"头雁引领"在"红旗经验"的形成过程中发挥了关键作用。"火车跑得快，全靠车头带"，书记强，党建强。基层党建强，基层治理方能强，群众才能自觉地热爱党、跟党走。基层党组织干部的水平和能力在很大程度上对基层党建质量起决定性作用。王益区委组织部积极推动建立了社区干部到红旗社区挂职和跟班学习机制，培训社区干部近万人次。红旗社区成为广大党务工作者汲取经验、探索创新的实践大课堂，成为培养社区干部的"摇篮"。

（五）坚持多方联动

通过多方联动凝聚各方智慧和力量参与社区治理，是"红旗经验"形成的重要保障。单靠社区党组织根本无法充分实现社区治理效果，推进社区治理，需要各方联动。红旗社区党总支从共同目标、共同需求、共同利益入手，发挥领导核心作用，协调各方力量，整合各类资源，大力培育发展壮大社会组织,引导他们参与社区治理,定期开展便民为民服务,以社区党组织这一"大齿轮"驱动社会组织"小齿轮",推进社区与驻区单位、各类社会组织联动共建、共治、共享,形成了基层治理人人参与、人人尽责、人人受益的社区治理格局。

二、本质特征

党建引领是"红旗经验"的本质特征。社区是党和政府联系、服务居民群众的最后一公里。社区党组织是党组织的"神经末梢",是党的执政根基,也是党的路线、方针、政策的重要执行者。社区党建是城市社区治理的基础,社区党建水平直接关乎社区治理效果。"红旗经验"的成功实践再次证明,社区党组织是宣传党的主张、贯彻党的决定、领导基层治理、团结动员群众、推动改革发展的坚强战斗堡垒,是促进政府治理、社会调节和居民自治良性互动的中坚力量。因此,要想提高社区治理水平,充分发挥党建在城市社区治理中的引领作用是基本前提。"红旗经验"是社区治理的党建经验,不仅契合党的十九届四中全会关于加强和创新社会治理的精神实质,而且实现了尊重、帮助和关爱群众的社区治理目的,创造了连续十余年"零上访"记录,形成了人人参与、人人尽责、人人受益的社区治理格局。它以城市基层党建引领社区治理实践,在把握和明确社区治理方向和目标的同时,调整和优化社区治理结构,积极引导各类社区治理主体有序参与社区治理实践,提升社区治理的能力和水平。其核心是处理党和人民关系问题的经验,是党建为民的具体经验。红旗社区的积极探索,为后城市化时代中小城市社区治理的出路提供了方向指引,尤其是在完善"党委领导"的社区治理体系、推进社区治理体系和治理能力现代化方面,有着重要借鉴意义。

第二章　党建融入网格化治理

党的十八届三中全会首次引用了社会治理的概念，提出全面深化改革的总目标是"推进国家治理体系和治理能力现代化"。在党的十九大报告中，习近平总书记进一步指明了治理体系和治理能力现代化的发展目标和前进方向，深刻阐明了新时代创新基层社会治理的总要求和重大意义。基层社会治理是整个社会治理的核心，基层社会是社会治理的关键支撑，是国家治理的重要基石。[①] 在我国当前社会治理愈加精细化和标准化的趋势下，推行"精确划网、分格而治、统筹资源、协同共进"的网格化基层社会治理新机制，无疑是提高我国城乡基层社会治理水平的良好路径。网格化社会治理通过统筹多方协作、创新管理服务方式和下沉治理资源等方式，实现基层社会治理从粗放型向精准化的转变，实际上满足了我国作为后发型现代国家在发展转型过程中的治理需求，是我国迈向更高社会治理水平路程中的实践先行。

此外，在通过网格化治理提高我国基层社会治理水平的过程中，基层党组织的领导和建设发挥着关键作用。将基层党建融入网格化社会治理，通过强大的组织和凝聚功能，助推提升基层城乡社区网格化的覆盖率和对城乡居民的服务能力，充分发挥基层党组织的坚强战斗堡垒作用。而相应地，网格化所实现的精细化治理也有助于强化党在基层的领导和厚植党的执政基础，网格化社会治理和基层党建是相辅相成、互相成就的。"将党建融入网格化治理、党建引领基层社会治理"的发展模式是新时代党和政府加强党的领导及提升基层社会治理水平的不二选择。

---

① 牟盛辰：《治理现代化视阈下新时代"枫桥经验"创新进路研究》，载《公安学刊》2018年第3期，第19页。

在党和国家关于创新社会治理发展战略新要求的指引下，铜川市王益区党委立足自身实际，通过一系列实践措施，创新基层网格化社会治理机制，发挥各级党组织在社区运行中的强大组织引领和宣传教育作用，构建"小网格大党建"的网格化工作格局，探索出了一条党建引领下以网格化大联动推进基层社会治理的新路径。

第一节　王益区网格化社会治理

一、网格化治理的运行机制

网格化治理是一项社会治理的创新工程，它将城市治理与社会服务等社会治理的基本内容有机糅合起来，把城市社区划分为一个个更小的单位，通过更加精细化的治理服务来提升社会治理水平，是社会治理的新形式。网格化治理在我国最早出现于2004年北京东城区所开展的"创新社会管理新模式"项目，时任北京市该区区委书记的陈平认为："新模式有效降低了管理成本，节约了政府管理资源，产生了较大的经济效益，并且有利于城市管理问题的及时发现和快速处理。"[①] 这一极具创造性的模式一经提出和试行，即获得了我国政府和社会各界的广泛好评，被称为我国社会治理理论研究和实践发展的新方向。

在铜川市王益区，最早采用网格化治理的是"全国社会管理综合治理先进集体"之一的红旗社区。在时任红旗社区党总支书记李秋莲的带领下，红旗社区按照"便于管理"和"便于服务"的原则，将社区划分为八个大区域，每个区域建立一个党小组，由党员干部担任组长，并按楼宇数和居民数将八个区域划分为数十个小网格，每个小网格确定一名党员中心户，协助区域党小组组长工作，构建出以"社区党组织为领导核心的大网，党小组为治理中心的中网，党员中心户为支撑的小网"的网格化社区治理体系。红旗社区对

---

① 陈平：《网格化：城市管理新模式》，北京大学出版社2006年版，第223页。

于社区网格化治理的探索实践不仅充分发挥了党组织强大的组织和引领作用，并且将党的领导优势转化为社会治理效能，极大地提升了红旗社区服务社区的效率和覆盖面。为响应党的十八届三中全会关于提升我国治理体系和治理能力现代化的号召以及提高本地区社会治理水平，2016年，铜川市王益区委开始在全区推广红旗社区的网格化社会治理模式，将辖区数十个社区和乡镇全部编制到网格化治理体系中，开展构建全区统一的网格化治理体系建设工作。

（一）"网格覆盖、条块融合、无缝定界、责权明晰"的网格划分方式

根据"网格覆盖、条块融合、无缝定界、责权明晰"的原则，王益区将辖区内人、地、物、情、事全部纳入网格化管理。同时采用一个平台、四个层级、多个部门参与的"1+4+X"网格化管理模式。截至2018年，王益区已有一级网格1个，为区网格化管理指导中心，主要负责全区"网格化"日常管理工作；二级网格7个，为全区所有镇、办，负责本辖区"网格化"管理以及重大事件的协调处置工作；三级网格46个，为社区、村，负责本辖区各网格点信息的汇总、上报工作；四级网格392个，为网格信息员，负责本网格区域的日常巡访、政策宣传、事件发现上报等工作。在各网格开始运行后的每一年，区政府便民服务管理中心会精心组织、周密安排专业人员全面走访调研全区网格分布及工作情况，对划分不合理或不符合实际发展需求的网格进行调整，并重新划分网格员管理区域，明确网格职责，实时更新数据。王益区所建立的四级网格制度真正做到了"横向到边、纵向到底、网中有格、格中有网"的网格地域图，社会治理和服务达到了全面无死角的覆盖面和精准度。

（二）"一站式"服务居民的价值取向

基层社会治理需要"在治理实践中坚持以人为本、服务为先，注重关口前移、源头治理，把解决民生问题、提高服务水平作为出发点和落脚点，以人民满意为根本标准，以群众工作为基本方法，从源头上、根本上解决社会

领域的各种问题，促进社会长治久安"。①全心全意为人民服务是党和国家始终践行的宗旨，也是王益区委、区政府和广大网格工作人员一直以来的根本遵循。通过整理记录居民基本信息档案、标准化服务内容、转变工作作风等方式，王益区各社区网格工作人员致力于为群众提供"从摇篮到轮椅"的保姆式全方位服务。一方面，社区制作打印居民基础信息表，表内涉及计生、医保、社保等28项内容，保证每家每户信息采集的完整，并且，网格管理员还自制了每栋楼的档案，使得重点家庭一目了然，便于有针对性地开展管理服务工作。另一方面，各社区积极落实区委要求的"三活""四清""五必报"管理服务内容，将基础档案建成"活户籍、活档案、活地图"；对网格内的民情要掌握到"家庭情况清、人员类别清、区域设施清、隐患排查清"；对网格内动态要做到"不安全因素必报、公共设施损坏必报、群众诉求必报、突发事件必报、人口动态必报"，充分达到基础档案规范化，管理服务标准化。同时区委、区政府还坚持推进管理人员责任化。每位社区网格员都将巡查作为日常工作，坚持每天巡查，实现人到网格中去，在网格中察民情、访民意、解民忧、促和谐，成为发现、受理、处置、协调、报告第一人。对于网格工作中的任何问题都由该负责人第一时间按时处理，对于能够现场解决的问题现场解决，不能解决的问题需与社区其他负责人碰头，共同协商解决。在2020年新冠肺炎疫情肆虐期间，对于集中隔离无法外出的密切接触者的生活需求，王益区各社区及时做好配送药物、食品等生活必需品的服务，并在隔离点配备专业心理医生，对隔离人员进行心理疏导和沟通。对有育龄人群和高龄老人的特殊家庭，各社区网格工作人员通过电话问候、张贴海报等形式进行关爱，充分体现了为人民服务的价值取向。

实行网格化治理以后，每位社区网格员都有了自己的一份"责任田"，促使他们经常深入群众，了解和听取居民的意见建议，使社区工作重心下移，居务信息的来源更多，情况掌握更全面，消除了机关化工作现象，把工作的触角延伸到网格，延伸到一家一户。及时了解居民的需求，及时解决一些矛

---

① 李德：《从"碎片化"到"整体性"：创新我国基层社会治理运行机制研究》，载《吉林大学社会科学学报》2016年第5期，第94页。

盾和问题，有效地避免了工作"盲区"和"真空"，极大地提高了网格工作人员为人民服务的标准和水平。

（三）"全方位、多层面"的网格化治理制度设定

管子有言："求必欲得，禁必欲止，令必欲行。"制度和机制是事物存在和运行的基本遵循，社会治理体系和网格组织管理工作制度也不外如是。基层社会治理现代化需要遵守基层社会治理的内在逻辑，并从制度供给的角度，提供充足资源。①受基数、经费以及其他因素的限制，我国网格化社会治理体系中基层网格员的文化程度和专业工作素养不高的现象普遍存在。而作为整个网格系统中的基础单元，基层网格员的工作是至关重要的，因而对网格化治理进行全面的制度机制设定就更为必要。

在长期的探索实践中，王益区不断制定、完善基层网格员的各项制度机制，努力通过制度设计来引导网格员的工作行为和提高网格化治理的规范化程度。如规定网格员的定期巡访制度，网格员需积极主动收集居民计生信息，建立健全居民信息基础台账，做到网格内全体居民至少每季度循环走访1次，及时更新基础信息。同时还要每周对人口计生重点户登门访视，对访问中发现的人口变动信息及时收集、核实、变更，入户登记已婚育龄妇女的婚姻、孕产、节育措施落实情况等信息，走访采集网格内出租屋居住人员信息情况。通过走访巡查，保证网格化服务规范高效，准确收集人口信息并及时反馈给社区。制定周例会制度和分析研判制度，网格员通过周例会制度将每周民情日记上的人口变更信息等情况进行汇总，报送社区，确保社区能及时掌握人口动态信息；向社区居委会反映每周发生的居民自治类、行政服务类、矛盾纠纷类问题；及时协调处理上报信息，明确职责，熟悉责任区，做到细化管理服务、规范服务程序。然后通过分析研判制度对各方面的社情民意进行梳理分类，落实责任人办理，确保社区信息底子清、情况明、动态准、处理快。

---

① 汪世荣：《"枫桥经验"视野下的基层社会治理制度供给研究》，载《中国法学》2018年第6期，第5页。

此外，为适应不断发展变化的新形势，进一步完善社区网格化管理和深化基层体制改革，也为了充分调动网格员在网格化工作中的积极性，更好地落实网格员工作，确保网格化治理深入有序开展，王益区还制定了网格化管理督查制度。由区领导担任考核组组长，以客观如实地反映网格化管理运转现状，确保考核结果的公信为原则，对各社区及各级网格负责人进行一季一考核，年度评比考核与社区工作目标考核一并实施。考核内容包括网格化治理的运转情况，各类信息是否全面、准确、及时，处置各类问题的实效情况，贯彻落实上级布置的各项工作等内容。对于考核不合格的单位和个人给予批评，并督查其积极整改问题后的成效。各项工作制度的制定和完善，充分调动了王益区网格员在网格化工作中的积极性，提高了网格员的工作水平，有效确保了网格化治理深入有序开展。

（四）"互联网+"网格化信息建设

随着信息科学技术的发展和网络应用的日渐普及，大数据现已处于当代社会科学各领域研究的"舞台中心"，为社会治理的理论研究和实践创新开辟了广阔的分析视角和实践空间。2015年国务院印发的《促进大数据发展行动纲要》（国发〔2015〕50号）明确要求将大数据应用于社会治理创新中，为有效处理复杂社会问题提供新的方法。在信息时代来临、社会日益开放的背景下，提升信息治理水平，促进基层社会治理信息化，是完善社会治理体系，实现治理能力现代化的必由路径。① 运用网格化大数据信息建设推动社会治理精细化，成为我国各地域加快社会治理现代化的"潮流选择"。

在信息化建设方面，王益区首先进行网络平台的设立，做强网格信息化建设。在规范化上岗的同时，王益区网格化管理指导中心整合一、二、三、四级网格员微信群，建成全区网格化服务综合业务微信群，负责日常工作交流和信息上传下达。其次是开发信息管理系统，网格化信息管理系统于2016年11月正式应用，集信息收集、传达、处置和考勤等功能于一体，安装在智

---

① 冯卫国、荀震：《基层社会治理中的信息治理：以"枫桥经验"为视角》，载《河北法学》2019年第11期，第73页。

能手机中，功能强大，携带、使用方便，网格信息化的应用极大地提高了工作效率，增强了工作、服务的透明度。在移动系统 App 客户端中，网格员通过手机实现了网格业务的移动处理，主要提供了居民基础信息采集、居民健康采集、居民就业采集、居民犯罪采集、房屋采集、企业信息采集、事业单位信息采集、事件跟踪、事件上报、任务消息、服务查询、考评、台账等功能，极大地提高了网格治理工作效率和治理效能。通过日益完善的电子政务系统，在推进更加方便群众的在线服务同时，还能做到权力运作有序、有效、"留痕"、"规矩"，极大促进政府与民众的沟通互联，构建新型政民关系和畅通民主协商渠道。① 据王益区便民服务中心 2018 年关于网络化的报告文件所显示，自网格组织管理系统信息化工作开展以来，王益区四级网格员共采集、更新各类信息 26 万余条，上传各类事件 36 052 件，事件处置率达 100%，完成上级下达的各类任务 275 件，任务完成率达 99%，开展各类宣传活动 1300 余次，充分显示了运用"互联网+"技术的网格化社会治理体系的优越性。

二、网格化治理体系的基层架构：网格员系统

精细化和精准化是当前我国各地区提升基层社会治理能力和水平的主要发展方向之一，而增能基层治理单位，赋予基层组织较大的自主权则是实现社会治理精细化和精准化的应有之义。党的十九大报告提出"加强社区治理体系建设，推动社会治理重心向基层下移"，基层组织与人民群众联系最为密切，是政府与人民群众之间沟通的桥梁，充分发挥基层社区和乡村在治理过程中的能动性，对于实现社会治理精细化和精准化、解决社会矛盾具有重要意义。将公民重新拉入社会公共事务决策之中，不是简单原始的民主回归，而是在公共决策的"现代性和技术理性"之上增加"公共性和民主性"，共同构成现代社会科学民主治理的基本要素。② 这里所说的公民，不仅指广大城乡社区的居民（村民），也包含基层治理单元中无以计数的网格员们。在网格

---

① 松泽：《基层社会治理要善用大数据》，载《人民日报》2016 年 11 月 11 日，第 5 版。
② 杨武松：《公民在国家治理中的作用及制度维护》，载《河北法学》2015 年 1 月第 1 期，第 67 页。

化治理体系中，自上而下的各级网格员是网格组织管理系统里最基本的构成，是庞大治理机器中的"螺丝钉"，制定完善各级网格的具体职能和网格员的奖惩考核机制，是运行好治理机器的关键因素。铜川市王益区立足实际，结合自身对网格化治理体系的探索经验，制定《各级网格员工作职责及考核办法》并严格落实，大大提升了网格化社会治理服务城乡居民的质量和精准度。

（一）十网合一：科学设定网格员工作职责

铜川市王益区委在汲取红旗社区网格化治理探索经验的同时，又创造性地从纵向上和横向上分别对网格员的具体职责加以精确规定，做到"纵横交错,全无遗漏"地为居民提供服务。同时将政府各部门与网格员系统直接对接，大幅度提高了资源利用率和政府部门的工作效率。

在纵向上，依据更好地为人民服务和提高工作效率两大原则，王益区对四级网格员系统的管理工作职责进行了精准合理的配置。其中，一级网格为区级网格化管理指导中心，由常务副区长任中心主任，指导中心设在区便民服务中心，设立专门办公室，全面负责全区网格化治理工作。其工作职责主要有：一是对全区网格化治理工作进行全面的安排部署；二是协调全区涉及网格治理业务各部门对网格事件的处理；三是负责培训指导各级网格员对网格化信息管理系统的应用；四是负责对各级网格员进行管理、督促检查及考核等。二级网格负责人由各乡镇、各街道专职副书记担任，指定专人负责本级网格治理具体工作。其工作职责主要有：一是按照属地管理的原则，层层签订目标责任书，承担本辖区网格化治理和目标任务落实工作；二是指导本辖区各社区、行政村开展网格化治理和服务群众各项工作；三是负责对下级网格进行指导、监督和考评，做好网格节点上的问题处理等。三级网格为各社区、行政村，网格负责人由各社区、行政村主要负责人担任，完成所在网格内各项治理服务工作。其工作职责主要有：一是牢固树立为人民服务思想，配合网格内安监、卫计、民政、人社、水务、国土、环保、农林、综治等部门，指导网格信息员开展相应工作；二是做好党和国家的各项方针政策、法律法规的宣传，做好日常巡查、检查指导工作；三是负责对辖区内日常性事务及突发事件及时处理、汇总、上报，并做好相关记录等。四级网格员为各网格点信息员，是整个网格化治理系统的基石。其职责主要有：一是要努力做到"四知四能"[知网格概况、知居民家情、知社（村）情民意、知求助对象；能走访调查、能宣传发动、能解决矛盾、能赢得信任]；二是负责抓好党和国家各项方针政策和法律法规的宣传执行，引导广大居民自觉遵法、守法、用法，提升居民道德素质；三是负责对网格内常住人口、流动人口，单位、商业网点等基本信息进行采集汇总、及时更新；四是做好每天在网格内巡查和入户走访一次；五是认真做好网格化工作记录，每天填写"民情日记簿"，准确记录每天走访、服务、巡查等情况，做好民生服务工作等职责。

在横向上，王益区整合区安监、环保、综治等十余个部门网格化治理业务，依托统一的综合管理以及数字化平台，构建成"一网多能、条块融合，治理与服务为一体"的网格化治理服务体系。网格员需要在自己所负责的网格范围内完成各个政府部门所分配的工作，具体而言包括：（1）综治方面：需完成民事纠纷、兵役登记，重点人群管理，治安隐患、信访苗头，宣传平安建设知识等工作。（2）应急管理方面：需完成安全生产法律法规和日常安全常识宣传，安全生产事故，安全生产（经营）许可证号的录入等工作。（3）民政方面：需完成社会救助政策宣传及末端公示任务，私设聚会点发现上报处理及外来传教人员情况调查，群众急难事件发现上报处理，流浪乞讨人员发现上报处理，灾情发现上报处理等工作。（4）公安方面：包括对辖区涉毒人员信息进行采集，配合派出所了解辖区涉毒情况，消防安全巡查，消防宣传，组织居民开展消防应急疏散演练，治安事件上报处置等工作。（5）市场监督方面：需对辖区内食品从业人员是否办理并公示健康证、店内卫生环境是否清洁干净、是否有销售过期食品药品以及是否有在产品中掺杂、掺假行为进行监督并及时报告市场监督管理局。（6）环保方面：需对辖区内居民进行环保宣传教育，做好环境日常问题巡查，并对日常性环境问题和突发环境事件进行上报处理等。除上述工作之外，网格员还需完成其他政府部门交付的各项工作。各政府部门也会根据分配给网格员的任务量来对网格员进行财政补贴，同时派驻工作人员协助网格员，确保工作保质保量完成。

（二）网格员培训制度

为确保网格员能够保质保量完成工作，各部门还会定期组织网格员进行相关工作内容的培训。针对网格化治理所分别承担的十个部门的职责，区委、区政府为网格员编写了各方面的业务能力培训教材资料，为网格员完成自身工作提供了充分保障。对于那些受教育程度低、文化水平不高的网格员，还会为他们专门"开小灶"，尽力提高网格员的自身素质和业务素养。

在内容上，王益区政府各部门对网格员所进行的培训紧紧结合网格化治理体系和自身业务特点。如在劳动保障监察方面，通过劳动保障法律、法规、政策及《劳动法律和就业创业政策常识综合实用读本》中的内容来对网格员进行教授，提高其业务能力。同时在日常工作中，定期在各个网格配备一定数量的监察工作人员，对网格员进行相关业务的实践培训，明确其职责和任务，包括信息采集和监控网格内用人单位招用工、劳动合同、工资支付、劳动条件、社会保险等方面的信息及情况。帮助各社区落实好"执法重心下沉、关口前移、监察体系延伸、把矛盾化解在基层"的劳动保障监察"两网化"治理核心，实现"横向到边、纵向到底、责任明确、跟踪及时"的覆盖城乡用人单位的劳动保障监察执法网。

在安监方面，对网格员进行国家安全生产法律、法规、规章、国家标准、行业标准和安全生产方针、政策及上级指示、文件精神等知识的宣传教育，确保各网格的网格员熟悉和掌握所辖网格区域内的生产企业、商业网点等的安全设施、特种设备等的基本信息。经常性地、及时地将网格内的基本信息进行整理，确保数据信息库基本信息真实、准确。并定期派工作人员协同网格员完成网格内安全生产网格化巡查、纠正一般性生产安全事故隐患以及生产安全事故抢险和应急救援等工作。此外，区农林、国土、水务、环保等部门也会对网格员按时做一些基础业务的培训，以提高各社区网格员的业务能力和网格化治理机制的运转效率。

（三）网格员的奖惩考核机制

基层网格员的日常工作重要而又烦琐，且由于经费限制，基层网格员的薪酬待遇普遍不高。因此，制定完善基层网格员的考核奖惩机制，引导调动网格员对工作的热情就显得极为重要且迫切。王益区以相关法律法规和文件规定为基础，制定出针对四级网格员的具体考核办法，同时完善各种激励方法。奖惩考核机制充分激发了基层活力，对于网格管理系统的良好有效运行发挥了重要作用。

王益区对四级网格员的考核是在百分制的基础上实行扣分制，各方面所占的分值比重也经过科学的评估，包括考勤情况20分、工作开展情况60分、会议情况10分、守法情况10分，工作开展情况还包括巡查情况、信息上报情况和纠纷处置情况三个小项。

各方面的扣分标准主要有：（1）考勤情况：四级网格员每天入户巡查不少于6小时，上午、下午必须在网格化管理App终端签到登记，缺一次扣1分，超过10次扣除当月绩效补贴。（2）工作开展情况：社区网格员每个工作日必须佩戴工作牌到自己所在的网格巡查，并做巡查记录，将网格内变化的信息、巡查网格时所收集的信息和解决的问题（事项）及时上传到网格化管理平台，重点加强辖区各类环境污染排查力度，一经发现，及时上报社区和网格化管理指导中心，记录不准确、不真实，发现一条扣2分，没有记录，扣除当月绩效补贴，并予以辞退；四级网格员必须动态掌握网格情况，及时收集社情民意，凡涉及环境污染、矛盾纠纷、刑事案件、安全隐患、重点人员、重大社会活动等方面信息，必须在第一时间上报街道（社区）和网格化管理指导中心，上报不及时一次扣2分，因为上报不及时，发生重大事故或严重不良影响的扣除当季度绩效补贴，并予以辞退；网格员在接到"群众求助、矛盾纠纷调解、突发事件处理"事项指令后，必须在5分钟内赶到现场提供帮助服务，发生纠纷未赶到现场，一次扣5分。（3）会议情况：社区网格员要准时参加街道和社区召开的网格员工作例会，做好详细的会议记录，缺勤一次扣1分。（4）守法情况：社区网格员应严格遵守宪法和法律，严格按照规定的权限和程序认真履行职责,严禁泄露网格内采集的各类信息或工作秘密,严禁利用工作之便,为自己或他人谋取私利。发现违法情况一次扣10分,扣除当季度绩效补贴,并予以辞退,没有违法情况得10分。

对于考核结果,王益区网格化管理指导中心每季度会根据每月考核情况,按照一定比例确定季度优秀网格员,年终在每个镇办评选出1名年度优秀网格员,并予以表彰,对于不合格的则要进行通报批评。王益区针对四级网格员的奖惩考核机制,提高了基层网格员的工作积极性和责任感,更好地发挥了网格员的能动作用。

三、王益区网格化治理的制度特点

网格化社会治理结构在我国基层社会治理的兴起离不开治理理念的更新和信息技术的全面进步,有学者认为网格化治理的主要着眼点是在"技术、社区资源及公共服务之间建立起契合关系"[①]。当前我国社会治理新阶段中对"改粗放为精细、改管理为治理"的现实需求促使治理理念更新,同时与飞速发展的信息技术发生"碰撞",使得传统基层管理体制受到了新理念和新技术的双重革新,网格化治理体制就此形成。相应地,在当前城乡社区基层治理体系的实践过程中,网格化治理也呈现出了与传统基层管理体制不一样的特点。结合对铜川市王益区网格化社会治理运行机制的考察与建构,基本上可以呈现出以下特征。

(一)全覆盖式治理

传统的基层管理体制主要是以社区为最小的管理单位,在管理水平不高的地域是由街道办或是村委会直接管理所辖区域,这种管理方式在以往粗放型管理的背景下有其自身的局限性。一方面,各管理单位各自管理辖区,容易发生"只扫门前雪"的现象,对于那些由于地理位置等原因处于两个单位所管辖区域之间的中间地带可能没人管,对于两个单位稍有重叠的管辖区域

---

① 田毅鹏、薛文龙:《城市管理"网格化"模式与社区自治关系刍议》,载《学海》2012年第3期,第25页。

又可能会出现管理权的争议问题；另一方面，社区等基层管理单位主要职责是落实党和政府的政策法令和处理辖区内的问题，而对于那些需要多方合作才能解决的问题缺乏横向的合作和交流，使问题的解决变得困难，效率也比较低下。

网格化社会治理根据网格覆盖、条块融合等原则，将社区划分为一个个无缝衔接的网格，使网格成为最基本的治理单元。通过网格进行治理和服务，在明确各级之间职责权限的同时，进行多网融合，增加了各个部门和社区之间的横向联系，使得纵向的"条"和横向的"块"进行融合，形成了一张纵横交错的治理网络，有效解决了传统管理体制中"两不管"和管理重叠的问题。整合多部门业务，构建"一网多能"的服务体系，也提高了政府部门的工作效率，使城乡社区的居民能够享受到更高效的服务。

（二）多级治理结构

传统基层管理体制实行的是"区县—街道办（镇）—社区（乡村）"式的三级管理结构，由这一结构来对基层居民（村民）实现精确的管理服务仍然较为困难。当前基层的复杂性要求基层治理"构建多层治理制度体系，充实社会规范制度内容，并将之作为解决社区环境卫生、社区治安、社会消防等矛盾纠纷，维护社区和谐稳定的主要依据"。[①] 在网格化社会治理体系中，更为细化的网格治理层级成为直面居民生活的治理单元，每个网格所负责的区域较小，在相同的时间精力等成本投入下能够收获更大的治理服务回报。在网格化治理中，网格员甚至能精确记录其负责区域内大多数群众的姓名及其基本家庭情况，网格员与辖区居民们长时间的相伴，也使得治理和服务更具"温情化"。在贯彻落实党和政府政策法令这方面，相较于传统管理体制下由社区进行宣传和落实的情况，网格员对自己负责的区域更为熟悉和了解，落实政策法令会更加顺畅高效。另外网格员也能够根据自己区域的特殊性，落实政策法令的过程中针对性地对一些政策进行重点宣传和引导，完善本区域的治理缺陷。

---

① 汪世荣：《"枫桥经验"视野下的基层社会治理制度供给研究》，载《中国法学》2018年第6期，第19页。

（三）资源共享，流程优化

网格化社会治理的主要优势之一就是实现了信息资源的共享机制，在社会分工愈加专业化的今天，政府各部门工作的完成也需要更加全面的居民信息来支撑。网格化治理通过统一的数字化信息平台将网格员收集到的居民详细信息进行集中上传，各部门根据工作需要自行下载。这不仅提高了政府部门的工作效率，也使得政府部门的工作人员不必再花费时间一次次地收集居民信息，减少了工作量和冗杂信息。依托数字化信息平台，政府各部门的业务办理也被集中起来进行一体化整合和建设，省去了各种业务办理的中间环节，提高了业务办理的效率和专业化程度，居民办理业务的过程更加透明。在网格化治理体系下，政府部门的工作流程得到大幅优化，居民在办理业务的过程中也享受到了"一站式"的服务质量，实现了"双赢"的治理格局。

第二节　基层党建强化网格化社会治理

党的十九大报告指出：要以提升组织力为重点，突出政治功能，把企业、农村、机关、学校、科研院所、街道社区、社会组织等基层党组织建设成为宣传党的主张、贯彻党的决定、领导基层治理、团结动员群众、推动改革发展的坚强战斗堡垒。[1] 坚持党的领导是中国特色社会主义的本质特征，没有党的领导，就不可能有我国今天的成就。基层社会治理也离不开党的领导，"党的基层组织作为基层社会治理的关键，是加强和创新基层治理最基本、最直接的力量"。[2] 只有以基层党组织为核心，坚持党建引领，发挥党的强大组织领导作用，才能实现基层多元治理主体的互联互动，各个治理单位才能团结在一起，共同解决治理过程中遇到的难题。以"精细化、标准化"为治理理

---

[1] 曾万明：《坚持以提升组织力为重点　统筹推进基层党组织建设》，载人民网 http://dangjian.people.com.cn/n1/2018/0118/c117092-29772278.html，访问时间：2020 年 11 月 20 日。

[2] 孙健：《党建引领基层治理创新研究——以珠三角地区实践探索为例》，载《中共珠海市委党校珠海市行政学院学报》2019 年第 2 期，第 5 页。

念的网格化治理体系更需要坚持党建引领,没有基层党组织的领导,精细化就会成为空谈,网格化社会治理就变得僵化死板,且缺乏凝聚力。通过在网格划分、信息化建设等网格化治理的运行机制中嵌入党建工作的方式,将基层党建融入网格化治理体系中,不仅可以促进基层党组织的自身建设,夯实党的执政基础,更能够优化提升基层社会治理的水平和高度,为我国治理体系和治理能力现代化建设的实现提供强有力的政治保障。

铜川市王益区在建立健全网格化社会治理运行机制和各项基本制度的同时,通过加强社区和网格各治理单位的党组织建设,延伸党建"触角",将基层党建融入网格化治理体系中,构建出"网格化大联动"的党建工作模式,以党建推动基层网格化治理的创造性发展。

一、党建网格化工作格局的打造

"基础不牢,地动山摇",我们党历来就十分重视基层党组织的建设工作。根据不同历史时期的任务和要求,充分发挥基层党组织的战斗堡垒作用,是我们党在长期的革命、建设与改革开放实践中不断取得胜利的一条宝贵经验。[①] 当前基层党建虽仍然扎实,但已有新问题、新挑战出现,基层精细化社会治理的不断推进也迫切呼唤着基层党组织有更加坚强的领导和更加全面的引领。把党建与社区治理相融合,就必然形成你中有我、我中有你的局面,社区工作通过党的建设得到推动和促进,党的建设也因社区工作得到监督和改进,做到党建工作与社区工作全覆盖。[②] 新形势下要求基层党建工作和基层社会治理工作相融合,实现治理与党建的"双赢"。将基层党的建设工作内含于网格化治理体系中,发挥基层党组织强大的组织领导能力,结合网格化社会治理本身"条块融合、无缝覆盖、精准治理、动态调整"等优势,进行组织结构再造和服务流程优化,在全新的制度框架下打造"党建网格化"的工作格局。

---

① 徐中:《中国共产党的执政方略研究》,人民出版社2008年版,第196页。
② 张艳国、李非:《"党建+"在城市社区治理中的独特功能和实现形式》,载《江汉论坛》2018年第12期,第128页。

(一)科学规划网格党组织设置

网格党组织主要包括网格党小组和由社区内辖区单位组建的网格党组织,二者都是以网格化社会治理依据条块结合等原则划分的网格为基础建立的。根据网格内的党员数量和分布状况,在各个网格内成立党支部或党小组,将所在区域内的退休党员和流动党员吸纳进去,在所在社区党总支的领导下,全面开展基层党建工作。同时以网格党组织或网格党小组为核心,团结网格内退休职工和热心志愿者,积极配合网格员进行网格内的工作,共同服务社区网格内的居民群众。对于网格员本身也是党员的,网格员要在日常生活中经常性地对社区居民宣传党的各项政策主张。对于少数还不是党员的网格员,社区党总支要积极发掘培养工作努力、表现优异的网格员,发展其成为党员,进一步壮大党在基层的实力及影响力,为开展全方位、多层次的区域性基层党建新格局奠定基础。另外,在社区辖区内商业企业单位、行业协会以及其他非公经济组织较为集中的区域,设立具有"产业集聚"特色的网格党组织,这一做法是城市基层党建组织结构再造的一大特色。这一网格党组织的设立不是严格按照地域标准,因而加强了城市基层党建的覆盖面,也有利于加强对特定产业行业的集中领导。此外,这一网格党组织具有"产业集聚"的特色,更加便于城市党建资源在横向上的互联互通,打造交流高效、资源共享的党建平台。网格党组织的设置在很大程度上提升了基层党组织与人民群众的联系能力和基层社会治理的水平。

以铜川市王益区红旗街街道为例,红旗街街道按照王益区制定印发《关于进一步加强网格党小组建设工作的通知》的规定,以社区党组织为核心,以现有社区网格为载体,依托辖区单位、居民小区、商务楼宇等,在辖区网格中全面建立网格党小组,其中包括7个单建网格党小组、36个联合网格党小组。由离退休党员、无职党员或社区干部担任网格党小组组长或网格负责人,负责网格内的党员的联系管理、纠纷调解、群众服务等事务。红旗街街道从场所设置、制度建立和活动内容等方面入手,不断推进网格党小组规范化建设。同时将单元网格内各类协管人员、居民小组长、到社区报到的在职党员、志愿者以及辖区内物业公司等纳入服务团队，建起以"社区党组织—网格党小组—党员志愿者"为架构的服务队伍，共同参与服务。实际上构建了以社区党组织为领导核心的大网、网格党小组为治理主体的中网、党员中心户和服务团队为工作支撑的小网全覆盖网格组织治理体系，变过去"上面千条线、下面一根针"为"上面千条线、下面一张网"，延伸了党建工作"触角"，实现了党建工作与社会治理的无缝对接。此外，王益区还制定印发《关于向非公企业和社会组织党组织选派党建指导员的通知》《非公企业和社会组织党组织建设方案》《关于推荐非公企业和社会组织党组织第一书记的通知》等文件，选派党建指导员到非公企业、社会组织及已部分建立的党组织中开展指导工作。按照"宜单则单、宜联则联"的原则，采取"非公工委领建、部门党委抓建、党群中心孵化"的方式，设立单位党组织和非公企业党支部，全面提升了党组织和党的工作覆盖率。非公党组织和社会组织党组织成立后，积极承担社会责任，"援助"社会治理。截至2020年，各党组织先后开展送医下乡、送教送学、助力高考、捐资助学等社会服务活动43次，160余家非公企业、20余家社区组织投身到全区脱贫攻坚战中，此外各党组织在抗击新冠肺炎疫情期间累计捐资捐物达200余万元，在治理服务工作中做出了巨大贡献。

（二）党建信息化助推网格化治理

在当今信息高速流转的数字化社会中，城市基层党建的信息化建设是创新基层党建的基本举措。习近平总书记在2012年就曾指出："各级党委要高度重视信息化发展对党的建设的影响，做到网络发展到哪里党的工作就覆盖到哪里，充分运用信息技术改进党员教育管理、提高群众工作水平，加强网络舆论的正面引导。"[①] 运用大数据、云端存储等新兴互联网技术，将社区基层党建大数据存入网格化信息综合平台数据库中，通过网格党组织和社区网格工作人员的工作联动和资源共享，加深基层党建与基层社会治理的融合度。网格化治理框架下的基层党建信息化建设，一方面是指开发建立适用于基层党建的软件应用，将党和国家政策法令的上传下达、党员的管理、重要事项

---

① 中共中央文献研究室编：《十七大以来重要文献选编》（下），人民出版社2013年版，第690页。

的通知等党建事务统一归纳，使这一软件应用平台成为监督、考核、激励党员及其工作的有效载体。同时开展热心党员群众志愿者服务记录工作，推动基层网格化社会治理的多元主体参与。另一方面通过在党建数据库中录入社区各网格内在职党员、流动党员和退休老党员的数据信息，针对他们各自的特殊性制定为居民群众服务的不同项目和激励机制，实现党建资源在治理网格中聚集。网格党小组要积极接受社区党总支的领导，依托统一的数字化平台，助推党建网格和治理网格深度融合，形成信息共用、资源共享的党建网格化工作格局。

铜川市王益区通过政府购买服务，运用数字化技术，在网格化信息综合平台的基础上开发出了集党建和网格化治理于一体的软件应用，它在王益区基层治理的过程中发挥出了重大作用。首先，辖区内各网格的在职党员和流动党员在该软件上进行登记，并进行"三会一课""两学一做"等主题党日的学习教育活动。这一软件可以将党员服务居民群众的事项记录下来，居民、网格员也可以通过这一软件对日常生活中随手遇到的社区网格内的环境、治安以及其他问题进行上报，然后由工作人员根据事件发生地附近的党员、网格员和志愿者的情况具体调配。其次，在党建网格数据库中建立信息档案，消除社区治理"盲点"，各片区网格党小组对社区所有居民、驻区单位以及各工商户进行拉网式登记，并建立基础性台账，全面掌握服务对象类别和需求，做到格不漏房、房不漏户、户不漏人、人不漏项，并实行一人一表、一户一档案、一幢一册，特别是将区域内的空巢老人、残障人士、低保家庭、社会矫正人员等群体作为重点服务对象，做到信息底子清、情况明，服务有重点、工作有方向。通过信息档案的建立，网格化治理真正消除了"盲点"。最后是通过党建网格信息化平台构建社区居民联系沟通"3条线"，设立便民服务热线，将社区工作人员、党员中心户及辖区24家单位和86家商业网点服务信息全部收集整理，建立服务资源信息库，编印成《便民服务手册》，逐户发放到居民手中。对外公布24小时服务热线，为居民提供"114式"服务，让社区居民一"号"在手、方便无忧。开通短信群发线,建立社区居民手机信息库，将社区的服务就业、养老、家政等生活信息及宣传教育引导等资料以微信文件的形式告知群众，保证群众对社区事务的知情权，提高社区服务的针对性和有效性。如 2011 年因日本福岛核泄漏事故影响，市场一度出现抢购食盐现象，社区联系有关部门确认食盐库存充足后，及时通过信息化平台向社区居民说明情况，很快平息了食盐抢购风波。建立社区网站，及时发布社区工作动态、服务信息等，让居民足不出户就能知晓有关事务办理的政策、程序等。同时，居民有什么意见建议和需要社区协调解决的问题，可通过 QQ 群、民情信箱、留言簿等向社区反映。党建网格化信息平台使王益区网格化社会治理更加精准、近民和有针对性。

（三）党建提高网格化治理服务水平

包括网格化治理在内的诸多基层社会治理方式方法，其创新治理理念和治理机制的根本目的就在于能够更好地为基层人民群众服务，提高基层人民群众的幸福感和获得感，这与我们党"全心全意为人民服务"的宗旨是不谋而合的。为人民服务既是基层党建和基层社会治理的"共同纲领"，也是二者能够融合的前提条件。以网格化社会治理为基础，在社区设立党群服务中心，完善各项制度，使社区内各网格党员为居民提供的服务"固定下来，流动起来"。同时针对辖区内孤寡老人、孕期妇女等特殊群体，开展多种多样的结对帮扶活动，发挥党员的先锋模范作用，吸引辖区内的热心志愿者加入进来，形成组织化、规范化的服务居民团体，携手社区网格共同提高对辖区居民的服务水平。

铜川市王益区通过吸纳辖区各网格的在职党员、流动党员和退休党员，在社区设立或大或小的党群服务中心，并将党群服务中心进一步细化为为民服务"3 个站"，完善各项为民办事制度，不断提高服务水平。通过建立为民服务"3 个站"，构筑立体服务网络。"3 个站"为：一是建立"一厅式"社区服务站，设置了党建、医保等 8 个服务窗口，配置了服务信息电脑自动查询系统，设立了服务台、悄悄话室等，让前来办事的群众不出大厅就能享受到周全的服务；二是建立志愿者服务站，组建了以党员为骨干的 109 人的志愿者服务队，广泛开展调解邻里纠纷等服务，为居民排忧解难；三是建立小区服务代办站，推行为民服务代理制，对无时间、无能力到社区办理各项证件以及所需要服务的人员，由网格党员中心户代其到社区办理，实现了群众动嘴、社区服务人员跑腿，切实方便了群众办事。例如，仅2009年的一个季度，小区服务代办站就为76名育龄妇女代办了一胎生育报告单和代领了预防出生缺陷的斯利安药品，为19名残障人士办理了残疾证，为107名老人代办了80周岁高龄补贴，为215名群众代办了有关证明件等。再如，王益区云梦堤社区创新党建服务形式，打造"一点通"服务网站，联合19个网格内的党员、网格员，通过"六访到户"形式，精准服务离退休干部；组建"580"服务队覆盖社区多个网格，搭建"580"网上预约平台，实现网上预约、上门服务的系统化服务模式；还有"一键呼叫"等针对老年人的应急机制，充分满足不同群体的服务需求。

此外，王益区还建立健全各社区党员为民办事制度，做到为民服务"一站通办"。为确保群众反映的社情民意和申办的事务不出社区就能得到"一站式"解决，建立了首问负责、限时办结反馈、阳光办理、责任追究等制度。对于受理的民情事务，按照即办件、承诺件、上报件、建议件和退办件五种类型进行分类办理，并以电话回复、短信回复、当面或上门告知、信函回复四种方式向群众反馈办理结果。对能够及时办理的归入即办件，及时办结反馈；对需经领导审查批准或现场勘查，当场或当天不能办结的事项归入承诺件，由承办人向当事人作出公开承诺，3天内办理反馈，涉及面较广的事项，需要同其他部门协调、调查处理的，在5天内解决并回复，最长时限不超过10天；对社区权限范围内无法办理、需要呈报上级批准的事项归入上报件，由社区无偿代为办理，上级审批后进行反馈；对不属于社区办理的事项归入建议件，耐心细致做好解释说明，建议或协助群众到有关部门单位办理；对于因法律法规、政策限制、不能受理的申请事项归入退办件，及时告知申办人，并做好解释说明。同时，通过电话回访、上门询访、信函回访等形式，加强对民事办理的跟踪问效，做到事事有回复、件件有着落，让前来办事的群众不出社区就能享受到周全便捷的优质服务。为民服务"3个站"提升了社区党组织服务水平，畅通了党组织和党员联系群众、服务群众的渠道，实现了党组织与群众双向互动"无缝对接";通过建立首问负责、限时办结反馈、阳光办理、责任追究回访评议等制度,使居民群众反映的社情民意或办理的事务不出社区就得到了"一站式"解决,有效提高了社区党组织服务效率和水平。

(四)落实党员责任制保障网格化治理

在建立健全社区网格各项为居民群众服务制度的同时,制定"另外的制度"来保证这些制度的实施同样重要。在明晰社区网格党员工作人员职能权限的基础上,落实党员责任制,使其所负责的区域成为他的"责任田",提高党员工作人员的工作积极性和责任感。完善对网格工作的监督考评机制,通过区委、区政府定期派工作人员到社区巡视、社区定期派工作人员到网格检查等方式,实现党员工作人员责任的落实和网格化社会治理的正常运转。

王益区通过落实党员包干责任,增强社区治理"张力"。实行网格党员工作人员一岗多责制,要求网格负责人员当好"五大员"(政策法规宣传员、社情民意信息员、维护稳定安全员、邻里纠纷调解员、环境卫生监督员),做到"三知三清"(知道网格内每个住户家庭成员基本情况、经济状况、遵纪守法情况;清楚网格内就业情况、重点人员情况、困难群体状况)和"六必访六必报"(居民生活有困难必访、工作失业必访、家庭有矛盾必访、生病住院必访、重大节日必访、有孤寡老人必访;联系户家庭和个人工作生活发生重大变故必报、联系户有关建议意见必报、居民发生邻里纠纷必报、发现公共基础设施损坏必报、发生安全隐患必报、发现不稳定因素必报)。同时落实检查挂钩制度,社区到网格进行检查指导的工作人员,其绩效与该网格负责人的成绩挂钩,实行责任捆绑,风险共担。由此形成人人有责任,个个有担子,切实增强了网格化管理的张力和实效。

二、党建引领网格化联动式共建

党的十八大报告提出基层社会治理"要发挥基层各类组织协同作用,实现政府管理和基层民主有机结合"。与传统基层管理"单位制"中由基层群众所在单位直接管理居民不同,在当前网格化社会治理框架下,社会治理的主体是多元有序的,包括党委、政府、居民自治组织、辖区单位以及各社会组织等。并且当前基层社会治理中的利益关系和利益需求也渐趋多元化，因而在社区开展网格化治理的过程中需要多方治理主体的参与，以满足不同主体之间的利益诉求和实现利益分配的平衡。另外，多元治理主体在网格化治理过程中的互联互通，也能达到优势互补、取长补短的效果，从而完善提高网格化社会治理的治理效能。在这一共建共治的大趋势下，坚持党建引领、推进基层党建工作则完美承担了联动式共建的治理任务。在设立网格党小组的基础上，通过社区党组织、网格党小组、辖区各行业协会党组织和各单位党组织之间的互联互通，在社区、辖区各单位和各社会组织中建立起联动机制，开展社区网格联合治理、党员学习教育和组织建设等领域的全面合作，全方位推进基层大党建工作和网格化社会治理的"联动式共建"。

在不同的单位、行业和社会组织中，党的领导是共产党员的普遍遵循和共同信仰。在网格化社会治理中，各机构单位的党组织和党员是将一个社区的各部分串联起来的纽带，是社区联动共建的发动机。红旗社区通过开展党支部书记交流会、党建联席会和各单位党组织之间的民主生活畅谈会等形式的活动，将社区网格内各部分的力量集中起来，实现信息共享，共同解决社区各网格内的治理难题。同时将这种社区辖区各单位党组织开展深度合作、共同议事等制度固定下来，实行长效化，也可以加强各单位对社区建设的责任感和对社区的归属感。在日常生活中，红旗社区定期召开由社区工作人员主持的各网格党小组之间的工作会议，交流彼此之间的工作心得，对于各网格内难以处理的问题进行共同讨论等。众人拾柴火焰高，社区辖区内的各单位、各网格之间的党建联席会，使得红旗社区的各部分力量都能够参与到社区网格的治理过程中，为社区治理水平的提高添砖加瓦。

以基层党建促进网格化社会治理的联动式共建不仅体现在社区网格党小组和各单位党组织的日常联络和共同议事上，更体现在基层党建资源在红旗社区各部分之间的流转和整合上。在传统的"单位制"基层管理体制中，各单位党组织基本上"各自为战"，彼此之间缺少沟通和交流，更不用说协同共建，党建资源往往只在内部"消化"。而党建网格化社会治理相较于传统管理体制来说，其最大的优点就在于通过合纵连横、条块覆盖将社区网格内各单位、行业协会及社会组织等机构的党建资源进行整合集聚。"集中力量办大事"是我国特色社会主义的最大优势之一，红旗社区的党建网格化治理模式将辖区各单位的人力、物力和财力在整个社区范围内进行"大循环"，使党建资源真正落实到社区治理中，为社区建设贡献力量。2020年王益区在新冠肺炎疫情防控治理中，党建网格化治理就发挥出了强大的资源整合能力。为严密防控疫情扩散，王益区充分发挥社区党组织的统筹协调作用，建立了区、镇（街道）、社区党组织、网格党小组及驻区单位党组织四级联动工作机制，密织全域防控网。王益区育才社区党总支整合社区党员干部、网格员党小组、包抓单位党组织和党员志愿者等力量，设立疫情监测点16处，将辖区分为29个责任区，划定责任人，严格管控人员车辆的出入。新兴社区成立由社区党组织、网格党小组、包联单位党组织和街道派驻党员组成的抗疫临时联合党支部，在辖区6个监测点内对出入的人员车辆进行登记消毒，筑牢社区抗疫防线。

三、王益区党建网格化社会治理的成效评估

铜川市王益区"党建网格化"基层社会治理模式，即是在网格化社会治理的精确化和标准化优势的基础上，将基层党建工作融入其中，由基层党建工作来引领网格化治理，通过基层党组织集结多元治理主体的力量来提高基层治理水平。王益区自开展党建网格化工作格局以来，取得了许多傲人的成绩，王益区"打造城市基层党建'红旗模式'"更是荣获全国城市基层党建创新优秀案例。在党建网格化的治理框架下，王益区的基层社会治理水平也呈直线攀升，在居民生活的满意度、社区治理工作和基层党建工作方面都有不俗的成效。

（一）增加了居民的幸福感、认同感和参与感

民生问题是党和国家工作的关键领域，人民群众满意度是检验党和政府工作的最大标准。王益区自实行党建网格化社会治理模式以来就十分重视辖区民生问题的解决，借助网格化治理平台整合辖区内包括教育、医疗、社会

保障和文化体育等民生资源，完善辖区居民生活服务体系。网格员和社区工作人员在日常的工作巡逻中，遇到居民解决不了的问题会立即处理或上报社区，由社区派专人解决，居民在日常生活中遇到问题也会积极向社区和网格工作人员求助。自王益区实行党建网格化治理以来，为辖区居民解决了大量社区环境、治安等生活难题，像水管滴漏、下水道堵塞等琐事更是不计其数，大大增加了居民的幸福感和生活满意度。另外，社区在进行网格化治理过程中也极为重视辖区居民的意见建议，每一位居民都可以到社区党群服务站寻求帮助。社区在进行治理问题的民主决策时也会邀请居民代表参加，听取他们的看法。这既增加了社区居民对社区事务的参与感，也强化了居民的公民意识，更对社区的治理大有裨益。

（二）促进社区治理多方参与格局的形成

王益区在整个基层社会治理过程中都十分重视调动多方力量的参与，发挥多元治理主体的优势。通过基层党组织来整合辖区的人力物力等硬件资源和教育文化等软件资源，通过党建来统领辖区各单位、社会组织、辖区居民以及热心志愿者共同参与社区治理，推动社区的和谐。例如，在社区的每个网格内都建立的志愿者服务站，同时组织以党员为骨干的志愿者服务团队，固定和流动相结合，保证为居民提供无遗漏的全覆盖式服务。还通过联动式共建让辖区单位党组织、党员、志愿者和广大居民群众共同参与社区建设，形成了"党建一起抓、服务工作一起做、环境卫生一起抓、文体活动一起办、社会治安一起防"的联建共建机制。真正做到了"大家的事情由大家决定"的多元共治治理格局，加快了王益区基层社会治理的现代化建设和民主程度。

（三）夯实了党在基层的执政基础

党建网格化治理模式在王益区的实践，除极大地提升了王益区的基层社会治理水平外，最主要的成效就是推动了基层党建工作的开展和夯实了党在基层的执政基础。社区通过辖区各单位和各社会组织中的党组织来实现治理资源的集聚，这在客观上加深了社区党总支和社会各领域党组织之间的联系，打破了行业壁垒，包括党建联席会和民主生活畅谈会等各种形式交流，实际上推动了基层各单位党建工作之间的优势互补，提升了基层党建水平。在社区各个网格内成为网格党小组和在特定行业领域内成立"跨界"党组织，以及在党建网格化社会治理过程中将表现优异、政治立场坚定的网格工作人员和热心志愿者发展为新的党员等措施，都对厚植党在基层的执政基础起到了极大的助推作用。党建网格化工作模式的实施，增强了党在基层的组织力和影响力，扩大了党在基层的覆盖面，网格化社会治理某种意义上可以说成为基层党建工作的全新载体。

第三节 王益区党建网格化治理理论的探索

基层社区党建和社区治理是我国当前城市基层工作的两大焦点，这两项工作关系着党执政基础的稳固和国家治理体系及治理能力现代化的实现。理论是实践的先导，党建网格化治理理论的发展完善是社区党建和社区治理工作能够做好的关键前提，这一理论主要是以社区党建理论和社区治理理论为基础建立的。其中，社区党建理论是关于基层社区党的组织、制度、思想、作风等方面建设，以及社区党组织在领导居民自治、社区治理、社区服务、社区文明等方面建设的系统化的思想和理论；[①] 社区治理理论作为国家治理和社会治理的基础性工程，是基层社会治理理论的重要组成部分。社区党建理论和社区治理理论之间不是孤立的、分离的，而是相互联系的、互补的。在实践中，城市基层社区的党建工作和治理工作相互渗透，通过基层党组织来更好地领导基层社区治理工作的完成，社区治理水平的提高也反哺基层的党建工作。党建网格化治理理论既包含城市社区基层党建理论，又包含城市社区治理理论，是二者的有机结合。同时它也是社会治理观念和实践发展到新阶段、新形态下的一种新型治理理论，既为新形势下城市社区的基层党建工

[①] 张大维：《中国共产党城市社区建设的理论与实践研究》，华中师范大学2010年博士学位论文，第117页。

作提供了指导，也为社区治理的发展指明了方向。

在推行党建网格化治理的过程中，王益区坚持"以党建促进治理，以治理反推党建"的理论导向来进行辖区内的治理实践，以社区党组织为核心，结合网格党小组和各行业企业、事业单位党组织，通过党建引领，并运用信息技术等多种治理手段，不断解决辖区内的矛盾难题。王益区党建网格化治理的一系列措施，在提高治理水平的同时，更丰富和发展了党建网格化治理理论的内涵。其具有普适性和一般性的做法，也为其他具有相同特质的城市推行党建网格化治理提供了经验和借鉴。

一、党建网格化治理的核心本质：坚持党的领导

坚持党的领导是中国特色社会主义的最本质特征和最根本属性，习近平总书记在系列重要讲话中指出："坚持中国共产党这一坚强领导核心，是中华民族的命运所系。中国共产党的领导，就是支持和保证人民实现当家做主。我们必须坚持党总揽全局、协调各方的领导核心作用。"[①] 在我国，凡涉及国计民生的事都离不开党的领导，只有坚持将党的领导贯彻到每一项工作中，才能实现党和国家的长治久安、中国特色社会主义事业的蒸蒸日上。基层社会治理这一重大工程自然也不例外，在治理过程中严格服从党的领导，充分发挥党的强大组织、领导和凝聚作用，是提升基层社会治理水平和实现治理体系及治理能力现代化的本质保证，同时也是党建网格化治理理论的基本遵循。在党建网格化治理的扎实推进中坚定不移地践行党的政策指示，凸显基层党组织的强大政治和组织引领作用，贯彻党的群众路线等，是王益区网格化治理不断完善的重要法宝。

（一）坚持党的政治领导

党的政治建设是党建的一个永恒话题，涵养政治生态、提高政治能力和把握政治方向是党历久弥新、不断取得胜利的重要保障。在党建网格化

[①] 习近平：《在庆祝全国人民代表大会成立六十周年大会上的讲话》，人民出版社2014年版，第6~7页。

治理理论中，发挥党的强大政治引领作用是基层党组织首先要做的事情，也是基层党组织领导基层社会治理的建设中必须遵循的原则。对于党中央所作出的关于社会治理的重要决策部署，基层党组织要不打折扣地坚决执行，在政治道路和政治立场上同党中央保持一致。在王益区推行的党建网格化治理模式中，社区党组织、网格党小组和各单位党组织充分发挥党的强大政治协调、引领和服务等功能，推动党建网格化治理模式新阶段的突破。

在基层社会治理中坚持党的政治领导，体现出基层党组织在治理过程中的政治核心作用。其主要包含以下三项政治功能。一是政治引领功能，作为基层社会治理建设中的"引路人"，基层党组织要在多方面发挥对其他单位机构的强大引领作用。王益区包括区委在内的各级党组织在本级治理建设中都是最主要的领导核心，承担着引导社会治理和传达上级决定指示的任务。各级党组织在治理决策中也极为注重对多元治理主体的政治方向引领，有意识地将毛泽东思想、邓小平理论和习近平新时代中国特色社会主义思想等重要理论贯彻在治理建设中。二是政治传导功能，民心是最大的政治，人民立场是中国共产党的根本政治立场，这是马克思主义政党区别于其他政党的显著标志。基层社会治理水平提高的标准不是有多少治理手段，治理手段有多么现代化，而是人民群众满意不满意，方便不方便，广大居民群众的意见是至关重要的。基层党组织是上级党组织和人民之间沟通了解的桥梁和纽带，既是上级党组织政策的传达者，也是人民群众诉求的表达者。在治理过程中，王益区各级党组织将"传达者"和"表达者"这两个角色诠释得十分到位，在贯彻落实好上级党组织政策的同时，通过建立反馈平台、到群众家中回访等方式，及时表达居民诉求，畅通了辖区党组织和人民群众之间的沟通机制。三是政治监督功能，对各级党组织和党员自身作风的监督可以防范和化解可能出现的各种风险，更好地推进治理进程。王益区通过上级党组织巡视监督、同级和各单位党组织互相监督的党内监督机制以及群众举报等党外监督机制，全方位防止可能出现的腐败或妨碍治理的行为。

（二）坚持党的组织领导

强大的组织领导能力，是党在革命、建设和改革过程中不断发展壮大并最终取得各项斗争胜利的关键因素。列宁曾言："工人阶级的力量在于组织。不组织群众，无产阶级就一事无成，组织起来的无产阶级就无所不能。"[①] 加强党的组织领导，强化党的组织力、凝聚力，是党和国家继续取得中国特色社会主义事业伟大胜利的重要力量源泉。对于基层党组织而言，加强自身组织建设、提高自身凝聚力是引领基层社会治理水平不断提升的必然要求。习近平总书记也多次强调基层党组织要以提升组织力为重点，团结动员群众，领导社会治理。王益区严格践行习近平总书记要求，以多种措施提高辖区党组织的组织建设程度，在实现自身发展的同时，发挥基层党组织强大的组织功能来促进社会治理。

王益区通过坚持党的组织领导、提高基层党组织凝聚力，推动党建网格化治理进程，主要体现在两个方面：一方面是设立党建联席会议制度，聚合多元治理主体，形成社区党组织、网格党小组和辖区各单位党组织共同治理的党建网格化共建共治格局。定期召开的联席会议，使得社区辖区内的各个党组织既可以互相交流自身建设的经验，也能够群策群力，共同探究社区网格化治理规律和破解社区治理中的难题，党建联席会议制度实际上是集党建与社区治理建设于一体的平台。另一方面是整合基层党内外的治理资源，王益区通过设立网格党小组等方式创新基层党组织设置机制，实现了基层党组织的组织结构再造。同时设立社区在职党员、流动党员和退休党员按时报到和自愿服务制度，使基层党员对居民的服务贡献以社区党群服务站为中心向四周辐射，最大限度地调动各社区的党内资源。对基层党外资源的整合则主要体现在各社区社会组织、各单位治理资源的聚集，通过社区党组织、网格党小组与各单位党组织之间的协调联动，再加上网格化的组织调动和衔接，使各个社区不同单位机构的人、物和信息等治理资源得到系统合理的优化整合，更好地为网格化治理提供物质保障。

---

① 列宁：《列宁全集》（第14卷），人民出版社1988年版，第121页。

(三)坚持贯彻群众路线

群众路线是党的根本工作路线,其核心即"一切为了人民,一切依靠人民,从群众中来,到群众中去"。群众路线不仅是党在革命时期赖以取得胜利成果的重要历史经验,更是党在中国特色社会主义事业的建设和改革时期所遵循的生命线。随着我国社会的不断发展,群众路线的理论内涵不断得到丰富,在不同时期又会得到不同的诠释。习近平总书记指出:"人民是我们党的工作的最高裁决者和最终评判者。如果自诩高明,脱离了人民,或者凌驾于人民之上,就必将被人民所抛弃。任何政党都是如此,这是历史发展的铁律,古今中外概莫能外。"[①] 在人民群众对美好生活的要求日益提高,社会治理渐趋精细化的新时代,王益区推行党建网格化基层社会治理新模式即是发展党的群众路线理论,践行群众路线宗旨的鲜明体现。

基层社会治理的最终落脚点在于人民,王益区党建网格化治理中的群众路线精神表现为对人民群众的全面服务、教育和引导上。从起初对党建网格化治理的初步探索到现在的卓有成效,始终都体现着以人民为中心的理念和为人民服务的宗旨。无论是各社区毫无缝隙的网格划分、落实网格员的责任田、"十网合一"的多项服务整合,还是网格党小组的设置、党建信息化综合数字平台的建立,都体现着以王益区委为核心的各级党组织服务群众、便利群众的理想信念。各社区党组织带领网格党小组积极地向居民群众宣传党的最新政策部署及社会主义核心价值观等内容,在教育和引导居民群众的同时,也起到了贯彻党的群众路线的重要作用。王益区不断从对党建网格化治理的做法和内容等的探索中理解群众路线的实质,又将其对于群众路线的理解应用到新的实践中,真正做到了"从群众中来,到群众中去"。

(四)强化基层党建,引领社会治理

基层党组织是党的坚强战斗堡垒,是党的全部工作和战斗力基础,肩负着宣传、引导、团结和教育民众的重要任务。习近平总书记指出:"基层党组

---

① 习近平:《在纪念毛泽东同志诞辰120周年座谈会上的讲话》,载人民网 http://politics.people.com.cn/n/2013/1227/c1024-23953939.html,访问时间:2020年11月20日。

织建设是一项牵涉面广、工作量大、复杂艰巨的系统工程,必须坚持不懈地抓紧抓好,结合实际抓实抓牢,务实求变,接续创新,才能让广大党员满意,让千万群众满意。"① 在新时代中,党中央关于加强基层社会治理建设的政策部署赋予了基层党组织新的责任和使命。党的十九大党章修正案提出了关于"加强党对基层社会治理领导和引导"的新举措:将领导基层社会治理纳入街道、乡、镇党的基层委员会和村、社区党组织的职能定位中,从原来"领导本地区的工作"扩展为"领导本地区的工作和基层社会治理"。② 在严格遵循党中央的领导、贯彻落实党中央方针政策的前提下,充分发挥基层党组织连接人民群众和上级党组织的纽带和节点作用,并运用多种方法措施加强基层党组织的自身建设,以增加自身战斗力,引领基层社会治理。同时社会主义新阶段对基层党建有了新的要求,"在基层党组织的建设中,党建重点正逐步从过去的建立和覆盖全方位的基层党组织,发展到着重提升组织力、发挥好基层党组织的政治功能和社会功能,即从强调覆盖面的'建党',到强调质量和功能的'党建'"。③ 将基层党建融入基层社会治理、引领基层社会治理,不仅可以将基层社会治理的建设推向新发展、新高度,也对基层党组织的自身建设大有裨益,这也是党建网格化社会治理理论的应有之义。

在党建网格化治理进程中,王益区以强化基层党建来引领社会治理的探索,主要是沿着以下几条基本路径不断前进。首先是以社区党组织为社区治理的领导核心,引领社区辖区内网格党小组和其他单位机构党组织进行共同治理和建设。社区党组织作为与社区居民直接接触的"党的触手",有其自身的治理优势。社区党组织能够"充分利用街道、社区党组织熟悉的社情民意、善于组织协调的优势和一切可利用的资源,为社区单位和居民群众服务,实现由过去的以条为主、条块分割向条块结合的网格化方向转变"。④ 发挥社区党组织在社区治理中的领导核心地位,团结网格党小组和其他党组织,综

---

① 《习近平点出加强基层党组织建设的关键》,载人民网 http://politics.people.com.cn/n1/2018/0717/c1001-30152190.html,访问时间:2020年11月20日。
② 《中国共产党章程》,人民出版社2017年版,第22页。
③ 张兰、刘建军:《网格化党建带来哪些新突破》,载《解放日报》2018年7月10日,第10版。
④ 王炳林:《市场经济条件下党的基层组织建设研究》,人民出版社2008年版,第164页。

合运用社区各类治理资源，以党建总领全局，以党建推进治理。其次是基层党建理念的不断更新，新的历史时期赋予了基层党组织新的内涵和理念，但基层党组织作为坚强战斗堡垒的作用始终不变。王益区委及各级党组织在传承基层党组织坚强战斗堡垒理念的同时，不断汲取新媒体平台、"互联网+"、社区服务和治理等新理念，并将其应用至基层党建中，更好地推进党建网格化治理的进程。最后是组织结构的再造和调整，为适应网格化的社会治理格局，王益区进行了网格党小组的设立和在各行业企业中成立非公党支部等一系列的党组织的适应性调整，形成了以社区党组织为核心，各网格党小组、各单位党组织及各非公党支部共建共治的"众星拱月"式的党建网格化社会治理新格局。

（五）充分发挥党员先锋模范作用

基层党组织是党最基本的构成，党员则是党"肌体"中最微末的"细胞"，广大党员队伍坚定的党性修养和社会主义信念是党能够永葆青春的重要保障。习近平总书记提出："基层党组织必须坚强，党员队伍必须过硬。[①]"在基层社会治理的伟大工程中，基层党员承担着践行党的方针指示和团结带领群众不断前进的关键任务，对基层社会治理的进程具有至关重要的作用。必须充分发挥党员干部的模范带头作用，引领广大群众共同参与社会治理。

王益区通过创新组织设置不断发展壮大辖区内的党员队伍，使辖区内各基层党组织拥有了强大的组织优势和力量源泉。在党建网格化治理过程中坚持以人民为中心和为人民服务的治理理念，使李秋莲、贺占宁和王梦辰等一大批优秀的党员先锋模范纷纷涌现，并带动了更多党员和优秀群众志愿者参与到网格化社会治理中去。基层党组织和党员干部队伍的壮大，使人民群众的利益诉求和对社会治理的意见建议能够更快、更准确地向社区党组织反映，问题和矛盾的解决变得更为高效，同时对上级党组织所作出的关于社会治理的决策部署也能够更好地完成，网格化社会治理水平得到了大幅度提升。

---

① 《习近平回信勉励浙江余姚横坎头村全体党员》，载《人民日报》2018年3月2日，第1版。

二、党建网格化治理的实现路径：创新治理理念和方法

在党建网格化治理理论中，坚持党的领导、以基层党建引领基层社会治理是整个理论体系的顶层设计，具有顶层决定性和整体关联性，是治理理论的方向引领，而治理理念和方法的创新实施是党建网格化治理理论的基层落实。在党建引领的框架下通过创新治理技术和理念来推动治理水平的提升，是新时代基层社会治理的必然要求，二者犹如一体两面，缺一不可。在党建网格化治理进程的推进中，王益区始终坚持贯彻落实上级党组织的决策指示，以基层党建引领社会治理，同时又注重对治理理念和治理方式的改革创新，不断实现辖区社会治理程度的新突破。

（一）树立正确的发展理念

在长期的治理实践中，王益区引导辖区各级党组织和各治理主体树立准确合理的发展理念，并将治理理念贯彻到党建网格化社会治理的全过程中。在社区党组织、网格党小组、其他治理主体和广大居民群众心中坚定胜利的信念和正确的理念，这对治理过程中克服重重困难发挥了重要作用。王益区所贯彻的治理理念，首先是坚持一切从实际出发、实事求是的理念。在全国多地都大兴社会治理热潮的情况下，王益区并没有急于求成，或是对照其他地区治理情况，制定统一标准，而是循序渐进，根据自身城乡社区和街道的分布特点以及不同辖区经济状况、基础设施等条件，先在一些社区开展试点研究，随后再按计划分批次地在全区进行推广，并在网格化治理的推广过程中不断地进行自我改进和自我完善。对于各行业协会、企业的非公党支部和网格党小组的组织结构设置及一些人员编制上的调整也是采取按步骤推进的策略，稳妥中体现有序，避免出现混乱。另外，铜川作为典型的后工业化城市，面临环境和人口老龄化两大城市治理难题。王益区在网格化治理过程中充分考虑到这两个因素，将环境问题作为治理重点，对流经王益区内的漆水河实行各单位包干责任制，力求恢复"绿水青山"。针对人口老龄化问题，王益区加快基层设施的建造，在各社区设立老年人服务中心，并广泛征集志愿者为老年人服务，提高老年人的生活保障。在基

层社会治理中,王益区坚持一切从实际出发,因地制宜地提高居民群众的生活水平。

其次,王益区始终将以人民为中心的理念作为党建网格化治理的落脚点,坚持为广大居民群众提供更好的服务。随着社会的发展和进步,人民群众对物质生活和精神生活的需求也越发多样化。王益区以居民群众需求为出发点,及时关注居民诉求,完善相关的配套设施,在为居民提供基础服务的同时,满足群众的多样化需求,促进辖区居民的全面发展。在治理过程中,王益区也十分重视辖区居民的意见建议,通过问卷调查和随机走访等方式广开渠道听取民意,充分发挥居民群众的主体性,鼓励广大居民群众积极勇敢地表达自己的利益诉求。各项决策部署的贯彻落实以及是否发挥成效,也是以居民群众的意见为主要参考标准,全面贯彻以人为本的治理理念。

最后,王益区坚持不断创新,勇于进取的理念。党建网格化社会治理在王益区的推行,既是一次勇敢的尝试,也是一项创新的工程,并无多少先例可循。对于网格化治理实践中已经出现的或未来可能出现的各种难题和风险,往往需要大胆假设,小心论证以寻求问题的解决,这时勇于创新、不断进取的理念就具有重要的作用。在网格化治理的探索中,王益区充分发扬创新精神,在治理体制、治理方法等多方面寻求创新突破,解决了大量治理难题,将网格化治理工作不断推向更新的高度。

(二)治理技术的深度革新

治理技术是党建网格化治理理论总体框架下的具体填充,是在党建引领和正确治理理念引导下的技术落实。新理论需要新措施来保证顺利实施,传统社区管理体制的僵化性和政府主导性决定了它不能适应新时代的党建网格化治理理论,因而必须在多方面对传统的社区管理体制进行革新和再创造,推进基层社会治理,做到社区善治。王益区党建网格化治理的实践并不是对传统社区管理体制的小修小补,而是聚焦于基层治理的运行机制、组织机构和治理方式等多层次的改进,实现基层治理范式的创新。

王益区党建网格化治理模式对治理技术的创新主要包括治理服务方式、

组织结构、运行机制和工作流程等方面。一是治理服务方式的创新。王益区在治理模式中将过去多部门的信息资源统一集中于一个共享的数字化信息综合平台中,由四级网格员统一收集居民信息并上传,各部门根据自身需要自行下载,这既提高了工作效率,又避免了重复收集居民信息对居民造成不必要的麻烦和资源的浪费。党建网格化信息平台的设立,做到了政府提供服务的精准化,实现了由粗放式管理到精确化治理的转变;实施党建网格化治理后,四级网格员和网格党小组在日常巡逻中能够更有效地解决和上报网格内发生的矛盾和纠纷,王益区对于各社区和各网格内的综治、环境及其他问题掌握得更为清晰,也更易于根据不同社区和网格的特殊情况制定相应的对策,实现了由静态管理到动态治理的转变;在对居民的服务上,网格化治理一改过去"等居民上门"的方式,变为由社区及网格员主动上门宣传政策,提供服务,实现了由被动管理到主动服务的转变。

二是组织结构的创新。与传统社区管理体制"各自为政"以致出现"三不管"地带的现象不同,王益区网格化治理通过将整个辖区划分为一个个网格,实现了横向到边、纵向到底的治理格局。横向上各个网格无缝衔接,守望相对,共同解决治理问题,并且多部门的业务在每一个网格中都能够得到网格员的落实,这打通并整合了各个部门的职能,也使得部门之间的协作变得更为容易。纵向上形成了"区—街道办—社区—网格"的四级治理结构,治理更加贴近群众,四级网格员在反映居民诉求和落实上级政策方面相较之前都具有了更大的优势,真正形成了"上面千条线,下面一张网"的网格化治理体系。

三是运行机制的创新。良好的运行机制是党建网格化治理能够高速有效运转的制度保障,王益区通过建立完善资源整合机制、民情日志及分析研判机制和监督考评机制,来保障党建网格化治理的深入推进。首先是资源整合机制,王益区一方面以基层党建为基础,以社区党组织为核心,统筹整合各社区网格党小组和各单位、行业党组织,实现党内资源向网格化治理靠拢;另一方面依托统一的数字信息化综合平台,做到信息的集中采集分享和矛盾问题的集中解决,实现党外治理资源的整合。其次是民情研判机制,由社区定期召开民情分析会议,各网格党小组、社区辖区各单位党组织在参会的同时将休会期间收集到的社情民意进行提交并讨论,随后将讨论结果落实到具体责任人负责办理,确保对辖区居民的诉求底子清、情况明、动态准、处理快。民情研判机制使社区网格和居民之间的沟通变得更为高效,极大提升了社区服务居民的实效性。最后是监督考评机制,对于任何一种模式或体系的运行来说,适当的监督考核都是必不可少的部分。王益区通过完善党内监督机制和各级网格化的监督机制来实现对党建网格化运行各个部分的监督,并将居民群众的评价作为考评的重要参考标准。多条监督渠道并举,保障网格化治理的运行。

四是工作流程的创新。在工作流程方面,为避免过去群众"一事多跑""一跑再跑"的现象,王益区对政府各部门的业务流程进行了精简优化,同时在各社区设立便民服务站,便民服务站中的数个服务窗口聚合了各个部门的业务,居民无论办理什么业务都可以在社区就近办理。另外,王益区还将多种业务由线下转为线上,居民在办理这些业务的时候可居家办理。对于无法开展线上办理的业务,也会有网格员、网格党小组成员和热心志愿者等上门讲解协助,居民足不出户即可办理大部分业务。王益区各方面治理技术的革新大幅便利了群众的生活,真正贯彻了"人民是基层社会治理的落脚点"的理念和承诺。

第四节 王益区红旗社区的智慧党建探索

智慧党建建设,在信息化发展的当今社会显得尤为重要。党的十八大以来,在以习近平同志为核心的党中央领导下,全党高度重视党建工作,各级党委按照习近平总书记的要求,"坚持从巩固党的执政地位的大局看问题,把抓好党建作为最大的政绩"[1],扎实抓好党建工作。从区块来划分,党建工作

---

[1] 杨德山:《把抓好党建作为最大的政绩》,载人民网 http://theory.people.com.cn/nl/2016/0727/c40531-28587242.html,访问时间:2021年12月29日。

可以分为两个大区块，一个是农村党建，另一个是城市党建。新中国成立后，城市基层党建大致经历了三个阶段。一是"居委会党建"阶段。从20世纪50年代初开始，党在城市基层居委会设立党组织，开展党的工作。二是"社区党建"阶段。1986年，引入"社区"概念，基层党组织建设转向"社区党建"。三是"城市基层党建"创新发展阶段。①

自从1994年中国全功能接入国际互联网以来，伴随着互联网等信息技术的蓬勃发展，社区党建的信息化、智慧化建设典型也如雨后春笋般在全国涌现。习近平总书记在2012年全国组织部长会议上指出，"要高度重视信息化发展对党的建设的影响，做到网络发展到哪里，党的工作就覆盖到哪里，充分运用信息技术改进党员教育管理，提高群众工作水平"。截至2020年3月，我国网民人数已超过9亿。互联网正在越来越深刻地改变着人们的生产和生活，也给党建工作带来交流方式平等化、获取信息便捷化、教育形式新颖化、组织结构扁平化和政治参与大众化五大改变。②党的建设也顺应了时代发展潮流，不断推进党建信息化，创新党的政治建设、思想建设、组织建设、作风建设、纪律建设和制度建设模式，用互联网思维重新思考基层党建工作，推动基层党建传统优势与信息技术高度融合，以"互联网+"加强党员管理、党建宣传和党员培训，推进全面从严治党，密切党群关系。2016年7月，中共中央办公厅、国务院办公厅印发《国家信息化发展战略纲要》，提出信息化要服务党的执政能力建设。2017年1月，全国组织部长会议提出要推动基层党建传统优势与信息技术高度融合。2019年，中共中央办公厅印发的《关于加强和改进城市基层党的建设工作的意见》中明确要求，一是要整合各级党建信息平台与政务信息平台、城市管理服务平台等，实现多网合一、互联互通，促进党建工作与社会管理服务深度融合；二是要推广"互联网+党建""智慧党建"等做法，利用大数据做好党建工作分析研判，利用微信、微博、移动客户端等新媒体，丰富党建工作内容和形式，巩固和扩大党的网上阵地。总之，

---

① 中共海淀区委党校课题组：《海淀区党建工作研究报告（2019）》，社会科学文献出版社2019年版，第1页。

② 金江军：《领导干部的互联网思维》，党建读物出版社2018年版，第166页。

要广泛应用现代网络信息技术，增强城市基层党建整体效应。

王益区红旗社区从2002年成立以来，社区党总支坚持党建领航，充分发挥党组织在社区建设中的统筹引领作用，历经"'热线+短信+网络平台'——库二系统—智慧党建"这样三个阶段，不断创新工作理念，改进工作方法，努力提高社区管理服务的信息化水平，书写"互联网+"时代基层党建的社区样本。在红旗社区模范作用的发挥之下，铜川市以红旗治理模式为典型，积极总结红旗社区的优秀治理经验，在全市社区推广红旗社区治理经验中的一些具有普适性的做法，全市的基层社会治理水平逐渐提升。在互联网迅速发展的时代，红旗社区对居民各项服务的信息化路径探索也逐渐成熟。

一、建立"热线+短信+网络"服务平台，实现社区信息化服务1.0版

为了便于与社区居民的沟通与交流，红旗社区首先搭建联系居民三条热线。首先，设立了便民服务热线网。将社区工作人员、党员中心户及辖区单位和商业网点服务信息全部收集整理，建立服务资源信息库，向社区居民下发便民服务手册，对外公布24小时服务热线电话，为社区居民提供"114式"服务，让辖区居民一"号"在手、方便无忧。其次，开通了红旗社区居民短信服务平台，摸底掌握了辖区内3000余名居民的手机联系方式，建立了居民手机信息库。将社区的服务业务、就业、养老、家政等生活信息及宣传教育引导资料以短信形式告知群众，保证群众社区事务的知情权，提高社区服务的效率。最后，建立了网络交互平台。开通了全市首家社区网站，及时发布社区工作动态、服务信息等，让居民不用出家门，只要敲敲键盘就能知晓有关事务办理的政策、流程等。同时，居民有什么意见建议和需要社区协调解决的问题，可通过社区QQ群、民情信箱、留言簿等向社区反映。

"热线+短信+网络"服务平台虽然是社区信息化服务1.0版，但现代科技管理模式使得居民想咨询要办理的事务能通过三线顺利完成，社区也可实现无缝隙的数字化管理与服务。因此这一阶段的信息化服务在单机版服务居民的基础上，更加注重双向互动。

二、建立"一库二系统"服务平台,实现社区信息化服务2.0版

铜川市在2009年被国务院确定为全国第二批资源枯竭型城市,这个因煤而兴的城市,下岗失业人员数量在不断增加。而红旗社区所在的红旗街道办正处于下岗工人聚集生活的地区,在城市转型发展的过程中,红旗社区外来流动人口增多,人口老龄化问题也逐年加剧。随之带来的就业服务、社会保障、综治安全等问题不断出现。"以前,办个手续,社区干部给居民说了需要哪些材料,有的居民年龄大,记不住,往往得跑好几趟。在楼道张贴的办事通知,上班族早出晚归不留意看,等看到就晚了。"与此同时,社区工作长期"人管人、累死人",社区干部疲于奔命,百姓却有不少怨言。[①] 针对这一问题,在红旗社区初步探索发展的网格化治理模式的基础上,铜川在全市74个社区逐步构建起街道—社区全"网格化"服务体系。网格治理框架下的各社区党组织按照习近平总书记指示,充分发挥组织在城市管理服务、凝聚居民群众、化解社会矛盾、构建和谐社区、推动城市经济社会发展中的领导核心作用,以"网格化"体系为抓手,做强社会治理,服务好辖区群众,进一步促进党群关系。各社区党组织构建以党总支为核心的大网、网格党小组为管理主体的中网、党员中心户和服务团队为工作支撑的小网的"三级网格组织"管理体系。红旗社区在社区党总支书记李秋莲的带领下,更是走出了自己的"红旗模式",实现党建工作与社会治理的无缝对接。由于红旗社区等一批先进典型在全省社区党建工作中产生重要影响,中组部社区党建西北片区座谈会针对铜川市的经验做法展开了专题研究。

2014年,红旗社区党总支提出,积极运用互联网技术为居民服务。2015年,社区拆除了"一厅式服务"的接待平台,委托相关机构研发了包含居民信息数据库、内网服务系统、外网服务系统的信息化服务平台,变"前台"为"后台",节省大量人力物力,收集社情民意,实现了社区党组织力量下沉,用"信息跑路"代替"群众跑腿"。

[①] 孙忠法:《"红旗"为什么这么红——陕西铜川市红旗社区:城市基层党建的社区样本》,载《中国组织人事报》2017年11月1日。

（1）建立居民信息数据库。组织网格员进格入户开展拉网式摸排登记，逐一采集人、地、物、组织等相关信息，做到格不漏房、房不漏户、户不漏人、人不漏项。用时3个月，将社区内居民的信息全部采集录入数据库，达到信息实时更新、一网通用、多方共享。

（2）建立内网服务系统。为社区网格员配备手持移动终端设备，每天入格巡查，全方位收集民情民需，并通过内网服务系统对社情民意进行现场采集、实时传送、当即响应、马上处置，做到矛盾纠纷、居民需求、治安防范、环境卫生、舆情信息等"一机揽尽、全网解决"。将居民的诉求和困难消化在家门口，并对行动困难的家庭进行代办服务。每名网格员同时承担人社、民政、卫计、综治等9个部门的网格任务，负责约120户500人的管理服务工作。2017—2019年，社区共调处各类纠纷115件，调解成功率达到98%以上，防止矛盾激化率达到100%，协议履行率达到100%。自社区成立后的17年来，社区未发生一起刑事案件、群体性事件和非正常上访问题。

（3）建立外网服务系统。将养老、就业、社保等10大类100多项公共服务和社会管理事项录入社区信息管理系统，并纳入外网服务范围，通过居民信息数据库自动比对，实现了审核前移。居民只需一张身份证就可在自助终端机办理所需事项，各种证明、表册自动生成，一站式办理率达到98%以上，办结率达到95%以上，基本实现了"一证办理、一站通办"。

随着城市管理体制改革的不断深化，社区党组织承担的服务群众、加强管理的任务日益繁重，担负的凝聚人心、维护稳定的任务更加艰巨，为此铜川市探索建立四级党建工作网络架构。于2016年形成了以社区党支部为领导核心，以网格党小组为主骨架，以党员中心户为工作连接点，"街道党委—社区党支部—网格党小组—党员中心户"的四级党建工作网络架构，建立网格党小组1206个，推进网络化服务。全面推行社区网格责任人一岗多责制，以网格党小组为核心，以网格内党员为骨干，整合网格内的居民小组长、治安中心户、计生中心户、协管人员等各种工作力量，形成网格化管理机制，确保小事不出网格、大事不出社区。牢固树立区域化理念，充分挖掘社区党建的力量资源，不断推行"网格化管理、网络化服务"，逐步建立区域化合作共建、综合协调的体制。

三、建立智慧党建平台，实现社区信息化服务3.0版

智慧党建是通过运用物联网、云计算、移动互联网、大数据、人工智能等新一代信息技术，提高党建工作的自动化、智能化程度。发展智慧党建，有利于提高党建工作效率，提高党建科学化、精准化水平。[①]2019年9月20日，《铜川市王益区：打造城市基层党建"红旗模式"引领社会治理》入选全国城市基层党建创新优秀案例，铜川市委、市政府坚持深挖"红旗经验"精神内涵，将"红旗经验"从复制型向创新型转变，全面提升融"智慧党建、智慧服务、智慧治理"于一体的"红旗经验"。

（1）搭建指尖课堂。红旗社区所在的王益区"智慧党建"平台实时推送学习内容，党员通过"给权限+积分化"的管理，确保全区269个党委和党组织、5124名党员通过网上学院可打破地域和时空限制，进行"点单式"自主学习，在时间碎片化的今天，只需一部手机或一台电脑，就能实现随时随地学习。

（2）建立网上支部。社区党组织将支部建在网络上，实现党的组织生活线下为主，线上为辅，同步互补的新格局。针对流动党员管理难题，设置了"三会一课"、掌上组织生活等板块，党员可跨越时空，实现党务办理，能远程参与网上组织生活并进行互动交流、发表意见建议、参与调查评议，接受组织的教育、管理和监督。但个别具有庄严仪式的党建内容不宜完全实现网络化。此外，党费收缴是以线上为主，线下为辅。

（3）实时数据分析。通过一张电子地图可查询党员的履职、承诺兑现、在职党员进社区服务等情况。同时，对党员队伍建设状况进行智能化的统计、分析、研判，用分析结果指导线下工作，实现线上和线下的融合管理、优势互补，为全面准确考核党员提供依据。

（4）实现服务O2O（线上到线下）模式。随着依托互联网的产业线上线下一体化等新场景、新应用和新业态的不断涌现，红旗社区各级党组织在党

---

① 金江军：《领导干部的互联网思维》，党建读物出版社2018年版，第175页。

建引领社区服务模式的创新谋划中,坚持以辖区居民为中心,探索出一条互联网线上线下服务一体化的新路。

在线上通过"两微一站",实现服务端的移动"扫码化"。线上服务即实现通过微博、微信公众号和社区"一站到底"服务官网进行服务。随着手机成为互联网终端的标配,国人也走进了"人手一机"的移动互联网时代。扫二维码已成为街头巷尾的"新常态"。红旗社区于2013年率先建立微信公众号。过去辖区老人在高龄补贴认领过程中,必须到社区现场的做法已成为历史。如今,群众只需用手机扫一扫社区微信公众号二维码,把身份信息上传即可办理。这在平均老龄化率高达18.8%的红旗社区是一项惠民创举,辖区高龄老人及其亲属无不多加称赞。

2012年,在线下首创"3+3+X"服务模式,实现社区服务联动。在"热线+短信+网络"服务平台社区信息化服务1.0版的基础上建立线下"3+3+X"服务模式,即联系沟通"3条线"(电话服务线、短信群发线、网络沟通线),便民服务"3类站"(社区服务站、小区服务代办站、志愿者服务站)和"X"(群众有多少需求,社区就能提供多少服务)。通过居民数据在网络上的互联互通,社区以居民需求为导向,通过市场化运作,建立便民服务网点12个,为群众提供"从摇篮到轮椅"的常态化保姆式服务;创办社区家政服务中心等5家就业实体,帮助160多名下岗失业人员找到了就业门路,基本消除辖区零就业家庭。此外,组建41个各类协会组织,实现社会治安联防、环境卫生联抓、文体活动联办的社区服务新格局。

截至2020年年初,铜川市建成了以红旗社区"智慧党建"平台为模板的"智慧党建平台",以手机等移动互联网终端为实现载体,对各社区党组织开展活动、全体党员参加活动、志愿者开展扶贫济困活动、党建活动场所建设、计划任务完成情况等,进行实时全面掌握和纪实公开。围绕建设服务型党组织要求,把服务群众作为社区党建工作的出发点和落脚点,通过智慧党建平台扩大服务领域和范围,充分挖掘和合理利用社区资源,推进为民代理服务,构建"10分钟服务圈",方便社区居民生产生活,全面提升城市基层党建信息化水平。截至2020年5月,全市共创建"智慧社区"18个,区县建立"智慧党建"平台 3 个。铜川共创建"红旗"式社区 60 个，占全市社区总数的 83%。技术有"瓶颈"，服务无止境。随着社区党建信息化建设步伐加快，"智慧党建平台"要不断地在整合服务资源上想办法、在强化服务功能上下功夫。

四、红旗社区"大数据"智慧党建的反思及超越

在移动互联网时代之前，人类记录的数据以文字图表等结构化数据为主，数量种类和价值均有限，且增长缓慢。相比今天，可称其为"小数据"。随着互联网技术的迅猛发展和移动互联网的普及使用，其产生的文字、图表，尤其是音视频、图片、网络日志、地理位置信息、购物记录、搜索记录等非结构数据迅速增长，这些数据不仅规模惊人，已达 EB 级规模，而且以 TB 级的速度增长。如果对这些数据合理利用，通过互联网和云计算技术进行存储和运算，可以实现对事物的描述、规定、分析、挖掘乃至决策、预测等功能，因此它们呈现出容量大、增速快、种类多、价值高的特征。[①] 因此，大数据即需要云计算等基于互联网的新处理模式才能具有更强的决策力、洞察力和流程优化能力的海量、高增长率和多样化的信息资产。[②] 那么，当前以红旗社区这个"老典型"为代表的基层社区在以"互联网+"和大数据助力党建工作中，还有数个方面值得反思和提升。

（一）思想观念方面

一是认识不到自己已身处大数据时代。大数据早已悄然来到我们身边，但在部分社区基层党务工作者看来，大数据仅仅停留在国家顶层设计层面，距离组织生活和自己的日常工作还很遥远。实际上，大数据不仅是国家战略，更是一种创新技术、一种基础设施、一种生产要素、一种战略资源、一种科技产业，也是一种治理技术。[③]

二是认识不到大数据对社区党建工作的积极作用。铜川市 72 个社区的基

[①] 陈潭：《大数据驱动国家治理的未来图景》，载《光明日报》2018 年 4 月 9 日，第 11 版。
[②] 马兆林：《一本书读懂大数据（全彩图解版）》，人民邮电出版社出版 2014 年版。
[③] 陈潭：《大数据驱动国家治理的未来图景》，载《光明日报》2018 年 4 月 9 日，第 11 版。

层党务工作者中的大部分是三四十岁的中青年人，对于通过人力、计算机和智能通信设备结合网络技术完成党务工作都能接受并熟练运用，但对于通过大数据来推动基层党建工作和社区治理的积极意义还缺乏认知。主要体现为以下两个方面：

第一，大数据对党内民主决策监督有积极意义。在20世纪八九十年代到21世纪初期，党员与党组织信息和党务活动依托计算机初步实现了电子信息化，告别了党建信息的传统印刷时代；之后随着互联网的迅速崛起，党务管理和组织生活逐渐依托技术实现了网络化。[①] 社区党建工作在经历这两个发展阶段后，已经积累大量的党务数据。如果使用得当，这些一手数据会对基层党建工作产生积极促进作用。例如，红旗社区通过网络可动态查询和实时分析党总支每位党员的基本情况，这正是基于其庞大的数据信息库。若是能够在对数据进行脱敏处理的前提下，通过云计算与大数据技术，实施数据深度挖掘与分析，其结果对党组织内部的科学民主决策与民主监督必将产生积极影响。对这一点，社区基层党务工作者还没有完全看到，并深入理解。第二，大数据对社区治理有积极意义。习近平总书记指出，贯穿社会治理和基层建设的红线是加强基层党的建设、巩固党的执政基础。红旗社区党总支就是以党建领航作为贯穿社区各项工作的红线，统领社区治理与服务群众。当前社会正处在利益格局深层次调整的改革攻坚期，群众利益诉求呈现出多元化和精细化的趋势。大数据正好呼应了这一点，有利于解决实时挖掘居民需求动态、及时预测防控风险的问题。

尽管红旗社区在通过网格化管理化解矛盾纠纷、实现基层群众自治方面成绩斐然，但这更多的是依靠人力来解决。而利用互联网、物联网、云计算等技术，可以主动采集与居民切身利益密切相关的大数据，了解群众利益诉求，在可能的矛盾纠纷出现前及时干预，做到变事后被动治理为事前分析预测，主动引导，防止事件发生，将社会矛盾遏制在萌芽状态。红旗社区基层工作者们更多地还是把矛盾调解放在以人力为主导的预防方式

[①] 李潇：《从"+互联网"到"互联网+"：网络时代城市基层党建的重构与转型》，载《求实》2017年第9期，第24~26页。

上，尽管通过"一库两网"的方式进行提升，但仅仅将数据视为技术层面的内容。

（二）机制创新方面

红旗社区作为铜川市智慧社区建设的"领头雁"，在党建工作互联网化和智慧化程度方面，在全市乃至全省名列前茅。但由于党建数据涉及党员个人和党组织两个方面，在大数据采集和共享方面，必须依赖从上到下的制度化建设，社区党总支自身很难在大数据建设的体制机制创新方面有所作为。那么红旗社区在以大数据助力打造基层党建工作升级版的具体实践中，哪些方面可以有所作为呢？

第一，树立大数据思维，聚焦基层党建新资源。大数据是互联网发展到当今时代的产物，是信息化发展的新阶段。习近平总书记指出，"大数据发展日新月异，我们应该审时度势、精心谋划、超前布局、力争主动"。[①] 因此，作为基层党务工作者，要认识到我们所处的大数据时代，进而在工作中树立大数据思维。其核心就是以数据为中心来思考问题。社区党组织应以支部掌握的所有数据为资源，聚焦党建工作的新角度。

第二，从样本分析到整体考量。传统数据分析是在抽取样本，进而进行概率统计的基础上进行的，而大数据是在互联网、云计算等技术的支撑下实现对庞大而宏观的整体数据的把握。因此相较于传统分析，大数据技术对数据信息可以实现更加准确、完整的认知与描述。借助大数据，基层党组织可以更加深入全面地了解党员的整体情况。如浙江杭州打造"智慧党建"，以云计算和大数据技术推进党建工作智慧化，通过对海量数据的挖掘，更精准地分析研判党员的道德品行、工作实绩、能力素质、气质特点、发展潜力等，提高识人用人的精准度，增强干部任用调配的实效。[②]

第三，树立共享数据理念。大数据作为互联网发展的新阶段，具备互

[①] 《习近平：审时度势精心谋划超前布局力争主动 实施国家大数据战略加快建设数字中国》，载人民网http://cpc.people.com.cn/n1/2017/1210/c64094-29696484.html，访问时间：2020年12月1日。

[②] 李潇：《从"+互联网"到"互联网+"：网络时代城市基层党建的重构与转型》，载《求实》2017年第9期，第24~26页。

网的基本属性。开放和共享作为互联网的核心属性，亦是大数据的灵魂。在大数据时代，数据信息将成为一切组织运行的基本要素，而党员与组织等党务信息也将会成为党组织管理党员、服务群众的基本要素。而党和政府部门在数据占有方面，无疑具有天然的优势。政府应成为大数据时代的领跑者，摒弃"数据小农"心态，敢于破除守旧习惯，消除一座座"信息孤岛"，实现信息的开放与共享。① 社区等基层党组织必须加强引导，保持与相关部门在党建数据上的互联、互通、共享，实现党建资源整合，打破部门壁垒，聚力推进基层党建工作。② 王益区不仅有红旗社区这样的"互联网+社区"党建的典型，还有像光明社区、云梦社区等智慧社区建设的先进范例，如果红旗社区可以更多地将党建工作方面的基本数据与相关社区进行开放共享，这将会是整个王益区乃至铜川市大数据助力基层党建工作的良好开端。

（三）以数据富矿提高社会治理智慧化水平

2018年国务院政府工作报告中明确提出，要加强社区治理，完善基层群众自治制度，打造共建共治共享社会治理格局，这也是党建领航社区服务和社会治理的应有之义。要以大数据助力基层党建工作升级，首先要围绕大数据做文章。"红旗"这块社区党建品牌下的"一库二系统"、网格化管理与"3+3+X"模式都是得益于其历时3个月采集的包含辖区全部居民的实时数据。如果把数据视作资源要素，首先应加大对大数据的配套基础建设，其次针对数据富矿，深入分析挖掘，乃至做决策、做预测，用以提升社区治理与群众自治工作的智慧化水平。

第一，加大基础设施建设，建好数据富矿。在硬件方面，大数据技术的实施依赖于网络通信设施的完善以及智慧城市建设的发展。截至2017年10月，铜川市宽带入村率达99.6%，社区的电信服务普及率达100%。2017年，铜川市加快新型智慧城市建设步伐，重点实施"1+6"项目："1"即智慧铜川运营

---

① 大数据战略重点实验室著，连玉明主编：《DT时代》，中信出版社2015年版，第318页。
② 李潇：《从"+互联网"到"互联网+"：网络时代城市基层党建的重构与转型》，载《求实》2017年第9期，第24~26页。

中心（大数据机房）项目，是智慧城市的基础和中枢；"6"即无线城市"一网通"、综合服务"一号通"、智慧旅游、协同办公、智慧社区、大数据综合市场监管服务系统6个项目。而其中的运营中心和智慧社区就是依托大数据技术而建设的。2020年铜川市政府工作报告中明确提出，要积极推进"5G+光网"双千兆示范城市建设工作和智慧城市一期项目、建设6个智慧社区，推动大数据、人工智能与政务服务、群众生活深度融合，提高城市精细管理水平，提升数字化信息化服务水平。

2020年4月30日，铜川市智慧型数字化社会治理云平台暨"铜城办"App上线启动仪式举行。仪式上，陕西省大数据集团有限公司代表介绍了铜川新型智慧城市建设成果并演示相关系统。据悉，铜川市智慧型数字化社会治理云平台是市委市政府在借鉴"咸阳模式"的基础上，结合铜川市智慧城市已有基础和发展成果创新建设的云数一体化平台。项目建设内容主要包括铜川智慧城市运营管理中心暨大数据机房和城市运行管理、协同办公、"铜城办"App、新型智慧社区、大数据市场监管五大应用系统。[①] 整个平台以建立大数据汇聚、融合、共享到实现智慧城市的完整价值链，在数字化、社会化治理方面不断突破创新，率先实现了智慧消防、"铜城办"及智慧社区数据汇聚融合共享，同步打通"12345"留言板、"铜城办"在线诉求上报处理，并结合新冠肺炎疫情期间群众用品及社区管理需求，设置了疫情防控、在线就医、药品、生活用品及蔬菜配送、半小时商圈等便民服务新内容。因此，社区大数据项目的硬件支撑已然成型。

当前的建设重点主要体现在软件方面，即数据来源还需进一步全面细化。整个社会的大数据来源应当分为四类。（1）政府的大数据。包括人口数据、信用数据等构成社会基础的原始数据。（2）互联网的大数据。包括用户行为数据等。（3）企业的大数据。例如，阿里巴巴拥有用户交易数据和信用数据，腾讯拥有用户关系数据及社交数据等。（4）个人的大数据。例如，个人的信

---

① 《铜川市智慧型数字化社会治理云平台暨铜城办App上线启动仪式举行》，载《铜川日报》2020年5月1日。

用数据、地理位置信息、社会关系数据等。①2017年10月，辖区居民将捡到的一个钱包送到红旗社区，其中装着失主的身份证、银行卡和驾驶证。工作人员首先通过社区"一站到底"后台内网进行搜索，发现此人并非辖区居民，之后将失主照片转发到辖区居民群中，最终联系上失主。可见，红旗社区虽然采集了辖区居民的个人信息，但也仅限于人口数据、房屋数据以及企业和个体工商户等部分政府类数据与个人大数据的范畴，距离上述4个维度的全方位数据标准还有距离，距离群众全方位的服务需求还有差距。因此，铜川市可以考虑在智慧城市大数据机房的基础上，设立政府大数据管理中心，继而通过市级各部门数据整合、省市数据交换协同、政务服务数据积累、社区网格员动态采集更新等渠道，②整合市级各部门的各类数据，从而为下一步的数据公开共享和分析挖掘提供依据。

第二，以大数据为抓手，力促党建领航提升社区服务。红旗社区在辖区划分的大网格与楼栋小网格中，为网格员配备手持移动终端设备，逐一采集人、地、物、组织等相关信息，全方位收集民情民需，并通过涵盖民政、计生、人社等100多项公共服务和社会管理模块的内网服务系统对社情民意进行采集、传送、处置。然而，仅仅满足于此还不够，社区党建就是要以居民精细化的需求为出发点，以大数据为抓手，深化服务内容。在整合了铜川市级各部门数据、铜川市、区（县）两级便民服务中心等政务服务数据等的基础上，通过云计算等分析挖掘，可以对辖区居民、企业和个体工商户的综合情况实现"画像式"总结归纳，为上级部门决策提供了科学依据，对未来一段时间的地方经济社会运行情况进行预测，同时也为基层社区对于社情民意、突发事件的精细化考量提供有力帮助。

第三，以大数据为导向，加强基层党务人才的培养。如同大数据是这个时代的宝贵资源一样，好的党务人才队伍才是社区做好基层党建工作的制胜法宝。任何组织都需要人才来管理和分析大数据，这样的人既是数据方面的

---

① 纪媛媛：《城市社区治理中大数据战略的实施路径——以芜湖市为例》，载《社会科学前沿》2017年第12期，第1520~1526页。

② 同上。

专家，专门负责有关社会治理数据的采集、存储、分析和管理，[①]也是基层党务工作者中的佼佼者。目前社区的党务工作者和志愿者在大数据相关专业知识技能方面还有很大欠缺。因此，在基层党务人才的培养方面，要以大数据建设为导向，通过用编制汇聚人才、用高薪吸引人才、用创新聚集留住人才等方法打造优秀社区党务人才队伍。为适应互联网产业日新月异的变化，保持队伍的战斗力，定期聘请业界专家授课等相应配套的教育培训制度亦不可或缺。

---

① 纪媛媛：《城市社区治理中大数据战略的实施路径——以芜湖市为例》，载《社会科学前沿》2017年第12期，第1520~1526页。

第三章　党建推动联动式共建

第一节　联动式共建的运行机制

一、联动式共建规划的层层递进

党的十八大以来，以习近平同志为核心的党中央从党和国家事业发展全局出发，就推进国家治理体系和治理能力现代化提出一系列新理念、新思想、新战略，并把基层社会治理提升到新的高度。2020年7月23日，习近平总书记在吉林考察时强调，"一个国家治理体系和治理能力的现代化水平很大程度上体现在基层。基础不牢，地动山摇。要不断夯实基层社会治理这个根基。提高社区治理效能，关键是加强党的领导。要推动党组织向基层延伸，把基层的工作做好，这样才能'任凭风浪起，稳坐钓鱼台'。"[①] 随着我国新型工业化、信息化、城镇化和农业现代化的快速发展，经济结构、利益格局、思想观念和社会结构都发生了深刻变化，社会治理面临形势和环境急剧变化等一系列新挑战，改革发展任务繁重，矛盾和风险前所未有，为适应新要求，我们迫切需要进一步加强和创新社会治理，努力构建共建、共治、共享的社会治理格局。

党的十九届四中全会通过的《中共中央关于坚持和完善中国特色社会主义制度　推进国家治理体系和治理能力现代化若干重大问题的决定》中指出，"坚持和完善共建共治共享的社会治理制度。""社会治理是国家治理的重要方

---

① 《习近平谈社区治理：提高社区效能的关键是加强党的领导》，载人民网 http://politics.people.com.cn/n1/2020/0724/c1024-31796701.html，访问时间：2020年12月20日。

面。必须加强和创新社会治理,完善党委领导、政府负责、民主协商、社会协同、公众参与、法治保障、科技支撑的社会治理体系,建设人人有责、人人尽责、人人享有的社会治理共同体,确保人民安居乐业、社会安定有序,建设更高水平的平安中国。""构建基层社会治理新格局。完善群众参与基层社会治理的制度化渠道。健全党组织领导的自治、法治、德治相结合的城乡基层治理体系,健全社区管理和服务机制,推行网格化管理和服务,发挥群团组织、社会组织作用,发挥行业协会商会自律功能,实现政府治理和社会调节、居民自治良性互动,夯实基层社会治理基础。"要贯彻落实报告提出的上述思路和要求,应重点从以下两个方面努力:

第一,要充分发挥基层党组织在社会治安大局和统筹协调中的领导核心作用。中国特色社会主义的最本质的特征是中国共产党的领导。因此,要加强和创新社会治理,就必须加强和改善基层党组织对基层社会治理的领导。同时,要充分发挥社区的社会治理功能,在公共服务、公共管理和公共安全等方面做好工作,确保人民安居乐业,要充分履行基层党组织和社区社会治理的主要责任。要明确高层计划,明确职责分工,加强奖惩总体设计。

第二,要领导和促进社会力量参与社会治理,努力形成人人参与社会治理,人人负责的良好局面。要创新社会治理观念,扩大和开放公共服务市场,鼓励和引导企事业单位、社会团体和人民通过政府购买服务和完善激励和补偿机制,积极参与社会治理。要重视对社会组织的培养和指导,促使其明确权利和责任,规范其自律,依法行使权利,履行义务,发挥作用。为了维护人民的根本利益,我们应该发展人民民主,维护社会公平正义,确保人民依法在社会治理事务中实现自我管理、自我服务、自我教育和自我监督,并确保人民参与社会治理的各个环节,使人民有权对结果进行判断,共享成果。

中共陕西省委办公厅、陕西省人民政府办公厅为深入贯彻落实中央精神,加快探索党建联动式共建模式,全面提升基层社会治理能力,提出坚持"党委领导、政府主导、民政牵头、部门配合社会协同、公众参与、整体联动"的总体思路,以城乡社区为平台,以居民需求为导向,以统筹社区资源为重点,以项目化运作为手段,建立社区社会组织、社会工作专业人才、社区志愿者联动服务机制，全面提升社区社会工作水平，推动社会治理体系和治理能力现代化。① 另外，还划定了"充分发挥各级基层党组织领导核心作用和政府主导作用""坚持以人为本、需求导向""坚持优势互补、协同共治"三项基本原则，明确"到2020年，全省90%的城镇社区和60%的农村社区建成功能完善、便民利民的社区服务体系；每个城镇社区至少有10个以上、每个农村社区至少有5个以上社区社会组织；每个城市社区社会工作专业人员配备不少于社区工作人员总数的20%；每个农村社区至少有1名专业社会工作人员；注册社区志愿者达到社区居民总数的10%以上"的总体目标。② 并要求大力推进城乡社区管理服务体制改革，夯实联动式共建基础平台；建立健全社会组织参与社区治理机制，优化联动式共建服务载体；加强社会工作专业人才队伍建设管理，强化联动式共建支撑力量；推动社区志愿服务制度化长效化发展，丰富联动式共建服务内容；加强社区服务资源队伍项目共建共享，健全联动式共建工作机制；加大组织保障力度，确保联动式共建健康运行。在坚持党组织社区主导的同时兼顾共建共治，大力培育发展社区社会组织，建立健全社区社会组织孵化机制，积极为其提供政策指导、资金扶持、注册协助和购买服务等必要支持。建立健全政府购买社会组织服务机制，带动社会力量参与社区建设，扩大社区服务供给。

  铜川市王益区为进一步贯彻落实上级要求，推动社区建设工作全面开展，决定在全区机关、企事业单位与社区之间实施联动式共建。充分汲取上级指示精神，从完善基层群众自治机制、加快社区综合服务设施建设、打造社区公共服务综合信息平台，以社区公共服务综合信息平合为枢纽、扎实开展社区减负工作、深化社区网格化服务管理、大力培育发展社区社会组织、积极培养社会工作专业人才、培育壮大社区志愿者队伍、加大工作培训力度、加强示范社区建设十个向度提出任务要求。推动所有驻社区的机关、企事业单

---

① 参见中共陕西省委办公厅、陕西省人民政府办公厅：《关于加快推进"四社联动"提升社区治理水平的意见》，陕办发〔2016〕50号。

② 同上。

位和社会组织，不分级别与隶属关系，都要与所在社区建立共建关系，参与社区建设、管理和服务，开展联动式共建活动。

红旗社区为贯彻落实上级指示，在上级指示的基础上充分发挥社区党组织和广大党员建设和谐社区的领导核心作用和先锋模范作用，动员社会各方面力量共同参与社区建设，结合社区实际在对构建党建联席会议、推进社区辖区范围内各单位、组织联动等联动式共建工作作出了具体的规划。

二、红旗社区联动式共建的运行机制

红旗社区为深入贯彻落实上级精神，动员社会各方面力量共同参与社区党建工作，全面推进和谐社区建设，实现单位与社区的良性互动，就开展联动式共建活动在联动式共建组织领导、工作职责、工作目标、工作内容、保障机制多方面作出许多具体实施规划。

（一）联动式共建组织领导

联动式共建必须紧紧依靠基层党组织的力量。社区须积极推动建立健全由社区党总支及辖区单位负责人或分管领导为成员的社区党建工作协调会议制度，及时掌握社区党建和社区建设的工作情况，协调解决有关问题。"联动式共建"是新形势下充分调动和发挥在职党员进社区，参与社区建设、管理、服务的有效形式，要动员和鼓励广大在职党员参与社区活动。只有社区党组织作为"联动式共建"的实施者，才能周密安排、严格管理、有序推进，确保活动健康开展。要使得在职党员作为"联动式共建"的具体实践者，坚决服务单位党组织和社区党组织安排，特别是各级党员领导干部要切实做出表率，以实际行动影响和带动广大在职党员参与社区活动，以此赢得广大群众的拥护，为加快社区建设做出积极贡献。

（二）联动式共建工作职责

明晰的职责规划有利于各组织、单位科学、完备地行使自己的权利义务，调动多方积极性共同开展社区公益事业建设，优化、整合社区人力、物力、财力和社会资源，共谋社区发展。红旗社区为建立职责明晰的社区单位与社区交流协商互动机制，对联动式共建机制运行过程中两大主体的职责，作出以下两个方面规定：

一方面，在社区居委会职责层面作出规定。社区居委会作为社区自治的主体组织，在联动式共建中要充分发挥沟通、协调、组织、引导作用，具体要做到以下要求。一是搞好居民自治。建立健全居民自治组织网络和制度体系，搞好议事协商、居务公开，促进基层民主政治建设，创造良好的联动式共建环境。二是建立共建网络。全面了解驻社区单位情况、社区内社会组织及社区居民的组成等有关情况，组建好共建理事会，制定好共建章程，签订好共建协议，形成联动式共建的良好氛围。三是培育各类组织。要积极培育社区志愿者协会、文化体育协会、公益慈善类组织等社会团体，以及保洁队、医疗服务队、社区俱乐部艺术团等民办非企业单位，充分发挥他们的作用，促进联动式共建工作的开展。四是加强联系沟通。社区居委会主持召开社区联动式共建会议，组织开展形式多样的共建联谊活动，及时掌握社区居民和驻社区单位的需求，加强沟通联络，增强联动式共建的针对性和实效性，向共建单位通报社区工作情况及社区重大事项，反馈共建单位党员、职工参与社区活动的情况。五是服务共建单位。组织驻社区单位开展帮扶活动，做好相应的协调、配合、服务工作，及时协调解决社区居民与驻社区单位之间的矛盾纠纷，主动为共建单位排忧解难，提供服务。六是搞好教育管理。教育社区居民遵守社会公德，遵守社区管理制度和有关规定，爱护公共设施等。

另一方面，对共建单位职责作出规定。社区对共建单位作出以下要求。一是建立制度共建。积极参加共建理事会，单位负责人任共建理事会成员，同时确定一名工作人员为社区工作联络员。建立检查督导、信息反馈、情况通报制度，定期对本单位参与社区共建情况进行检查，督促联动式共建工作落实。二是优化环境共建。加强对干部职工的教育管理，不断增强干部职工的文明意识和服务社区意识，支持干部职工参与社区联动式共建活动，形成共驻社区、共建社区的良好共建环境。三是加强资源共建。充分发挥单位的资金优势、政策优势、人才优势、设施优势，开展资源共享、工作共建。四是开展服务共建。每个单位都要立足自身实际，开展结对帮扶社区困难群众活动，帮助困难群众解决实际困难。每个单位都要利用节假日，组织开展义务植树、义务清运垃圾、义务帮扶弱势群体等活动。五是实施项目共建。每年为社区或者社区居民办1～2件实事，实施项目共建。

（三）联动式共建工作目标

社区对联动式共建的目标主要作了以下四个方面的规定。

一是成立社区党建工作联席会。联席会的主要任务是制定章程、完善制度，总结阶段工作、通报情况、交流经验，表彰成绩突出的会员单位，研究部署工作。联席会每季度召开一次，如遇特殊情况，随时召开。

二是签订"联动式共建"协议书。创新协调机制，营造联动式共建的良好氛围。机关、企事业单位党组织与社区党组织签订《联动式共建协议书》，明确共建项目、具体内容、责任单位和完成时限，组织在职党员与社区党组织开展"联动式共建"活动。

三是推行"社区共建"承诺制度。单位党组织联系本单位实际，围绕社区党员群众最关心、最急需办的实事(如社区文化、社区治安、文明创建、慰问困难群众等)。社区党组织作出承诺,承诺事项写入《联动式共建协议书》。以机关支部为单位，召开支部大会，组织党员根据自身能力和特长等情况，每年向社区承诺做几件实事，承诺事项要求明确、具体、实在，符合党员群众意愿，符合实际，切实可行。

四是开展"心系社区、共创和谐"社区党建主题实践活动。组织在职党员到社区开展形式多样、内容丰富的主题实践活动不少于两次。社区党组织要针对社区居民需求、会员单位需要积极搭建服务平台，为在职党员发挥作用，兑现承诺创造条件，同时做好活动记录。

（四）联动式共建工作内容

一是实行党建工作联创。驻社区单位要把联动式共建作为党建工作的重要内容，积极开展与社区党组织"结对"共建活动；充分发挥自身优势，帮助、指导社区党组织开展工作。经济上有条件的，要支持社区搞好基础设施建设，改善社区的办公和服务条件；人才上有优势的，要帮助社区开展党员教育活动和居民文体活动，开辟社区教育基地；活动场所便利的，要向社区开放，为社区开展各种活动提供方便。要建立党员共管机制，支持单位在职党员"八小时内服务单位，八小时外奉献社区"，积极参加社区建设和社区志愿者服务活动。

二是实行思想工作联做。以提高社区居民素质为重点，驻社区单位与社区组织相互配合，共同做好社区居民的思想政治工作，营造健康向上、文明进步、团结协作的氛围。立足社区和各单位实际，认真落实《公民道德建设实施纲要》，共同创造健康、文明、和谐、有序的社会环境和有利于经济社会协调发展的舆论导向、价值观念、道德规范。

三是实行社区服务联办。由社区党组织牵头，驻社区单位党组织配合，共同开展助残助学、扶贫济困、便民服务等活动，向弱势群体和困难职工献爱心，使"三无"对象、残障人士、贫困户和失业职工的生活有人问、有人管、有人助；驻社区各单位党组织要组织党员采取自愿和组织指定相结合的方式确定联系对象，与困难人员结对帮扶，每名在职党员至少要联系帮扶一户困难户；要组建以党员为主体的社区志愿者服务队伍，深入社区和居民家中开展义诊、修理、咨询等服务，把党的关怀和温暖送到千家万户；要广泛动员社会各方面的力量捐款捐物，办好"爱心超市"，积极帮助困难群众。

四是实行社区治安联防。以共建"管理有序、服务完善、环境优美、治安良好、生活便利、人际和谐"的新型社区为目标，密切配合，加强协作，共同维护社区的治安安全。开展"安全楼院""安全小区""安全单位"等系列创建活动，组建义务巡逻队、帮教小组健全楼院看护、群防群治等责任制，划分党员责任区，共创安全社区。

五是实行环境卫生联抓。以社区环境绿化、净化、美化、硬化为目标，组织干部、职工、居民共同参与城区美化活动，搞好社区内各单位的绿化工作，积极争创园林式单位和花园式小区。共同对社区卫生进行集中整治，做到无乱堆乱倒乱搭乱建，无卫生"死角"。共同倡导文明健康的生活方式，营造良好的工作、生活环境。

六是实行精神文明联建。共同担负社区精神文明建设职责，组织开展好文明楼院、文明家庭、文明单位、文明小区等群众性精神文明创建活动；积极挖掘社区文化体育资源，兴办社区文化体育事业，组建社区文化体育队伍；以楼院文化、广场文化、家庭文化等为载体，组织开展群众喜闻乐见、积极参与的文体联谊活动和社区文化艺术活动，倡导文明健康的社区新风尚。驻社区单位要在场所、经费等方面给予支持。

在整体的内容规划之外，社区和辖区单位之间联动式共建的具体工作内容，主要通过《联动式共建协议书》和辖区单位承诺书加以规定。

（五）联动式共建保障机制

联动式共建的切实运行除了需要明确的组织领导和清晰的目标体系外，还需要有一系列的制度保障。有了充分的制度保障，联动式共建机制才能够在合理的范围内运行，发挥其应有的功能。红旗社区在联动式共建方面也涉及了众多的保障制度，其具体制度安排如下。

一是建立健全联动式共建领导机制。各级社区建设工作领导机构负责统一组织协调本辖区内社区联动式共建活动的开展；驻社区单位要明确任务分工，加强对联动式共建工作的组织领导和协调联络工作；社区要成立社区共建理事会，作为社区共建活动的具体组织实施机构由社区居委会主任任理事会负责人，驻社区单位负责人任成员，研究制定理事会章程，建立协商议事规则和工作机制，积极推动社区联动式共建工作深入开展。

二是建立健全联动式共建工作机制。第一，建立联席会议制度。市、区、街道有关单位和社区共建组织机构要定期召开联席会议，研究解决社区共建中遇到的问题，安排部署共建任务。联席会议一般每半年召开一次，根据工作需要也可随时召开。第二，建立联动式共建联络员制度。社区和驻社区单位要分别确定一名联动式共建联络员，具体负责联动式共建活动的协调联络；建立联动式共建工作台账，详细记录驻社区单位及在职党员干部职工开展联动式共建活动情况；定期走访社区居民，了解群众对联动式共建的意见和建议，及时向社区或相关单位反馈情况。第三，签订《联动式共建协议书》。社区居委会与驻社区单位签订资源共享的《联动式共建协议书》，明确各自的职责，对经营性资源和面向居民的便民利民服务实行有偿优惠服务，对公益性服务和对社区内老年人、残障人士、优抚对象、少年儿童、困难家庭提供的各种社会福利性服务实行无偿服务。第四，实行驻社区单位联动式共建承诺制。驻社区单位要与社区居委会签订共建承诺书，明确承诺事项、完成时限、负责人、联系人、履诺情况、受益对象评价等内容，年底将履行承诺情况在社区内予以公开。第五，实行联动式共建活动分期制。确定一年为一个联动式共建期，每年对社区联动式共建情况进行一次总结，同时安排部署新的联动式共建内容，启动下一轮工作。

三是建立健全联动式共建奖惩机制。第一，建立社区联动式共建工作考核制度。把社区联动式共建工作列入年度目标绩效考核内容，制定具体的考核办法，每年统一组织考核。第二，建立定期督查通报制度。市、区、街道三级社区建设领导机构定期对社区联动式共建情况进行督查，了解联动式共建活动开展情况及驻社区单位共建情况，并将督查结果在定范围内进行通报。对无故三次不参加联动式共建组织机构召集的会议、重要活动、重点工作的，在一定范围内予以通报。第三，建立社区居委会评议驻社区单位制度。对驻社区单位的联动式共建以及行业作风情况，在每年年底由社区居委会开展一次评议活动，将评议结果反馈给驻社区单位及有关部门，作为评议驻社区单位行业作风建设的重要依据，评议较差的，实行一票否决，视为不合格。第四，建立社区党组织与驻社区单位党组织双向反馈、双向监督制度。街道、社区党组织与驻社区单位基层党组织要加强联系，将在职党员参加社区建设的情况向驻社区单位基层党组织反馈，驻社区单位发展党员、选拔任用干部，应听取街道、社区党组织的意见。第五，建立社区共建奖励资金。每年安排一定数额资金，对在社区共建工作中做出突出贡献的驻社区单位和社区，给予奖励。

此外，红旗社区在推行联动式共建的治理模式时，还积极探索从小处、从微处切切实实地将便利惠及人民的方式方法，力图让人民真切地感受到联动式共建的益处所在。例如，2019年2月11日，红旗社区进行了"清扫积雪暖人心"的联动式共建活动，动员社区工作人员、辖区单位党员共同参加，分工合作，既体现出社区为民服务的工作理念，又赢得居民们的一片好评，为居民的出行安全提供了有力的保障。2019年4月5日，组织60名幼儿园大班的小朋友和7名老党员一起走进社区院子，参观体验智慧服务设施，不仅让孩子们真正走进了基层社区，开拓了视野，还激发了孩子们对未来生活学习的向往。同时社区与幼儿园之间也形成了联动式共建共享的良好氛围，不仅增进了社区与单位之间的联系，还为今后进一步合作、共同发展打下基础。2019年5月5日，红旗社区党总支与区应急管理局党支部开展了"忆初心、明职责、当先锋"的主题党日活动，充分发挥了在职党员进社区的先锋模范作用，增强了社区党组织的凝聚力和吸引力，真正落实党为人服务的宗旨。

第二节　联动式共建的制度特色

辖区资源是否能够实现居民共享，不仅要求辖区内社区为公民提供自己能尽可能供给的共享资源，也要看辖区内作为居民代表的基层自治组织的社区是否能和辖区内的相关单位保持良好的合作关系。社区与辖区机关、单位的关系不是单向而是双向的，社区同样也应当在居民工作层面做好相关单位、机关的协助工作。

——李秋莲

一、党建联席会议制度

21世纪以来，党在新时期不断加强对基层治理的领导，以应对基层社会建设中种种新的问题和挑战。近年来，党在基层治理中的领导体现出以下特征。一是突出基层党组织的职能定位。基层组织是党的主体的"神经末梢"，如果党要实现对基层治理的领导，基层党组织是最直接、最方便的载体。在长期的组织建设过程中，党全方位、全方面地建立了基层组织体系，如何准确定位该体系的功能并发挥其应有的功能，已成为贯穿基层治理的主线。《中国共产党章程》第33条第1款明确规定："街道、乡、镇党的基层委员会和村、社区党组织，领导本地区的工作和基层社会治理，支持和保证行政组织、经济组织和群众自治组织充分行使职权。"这清晰地表明社区党组织在社区治理工作中发挥领导核心作用。2012年，在党的十八大报告中，加强基层服务型党组织建设已成为基层党组织建设的关键要求。党把基层组织的服务职能放在突出位置，以解决基层社会一系列紧迫的公共问题。2014年5月，中共中央办公厅印发了《关于加强基层服务型党组织建设的意见》，这份文件清晰描述了党的基层组织在基层社会中职能发挥的具体路径。根据文件精神，实践中，已经对许多薄弱的基层党组织进行了调查和纠正；基层党组织不断创新联系群众、服务群众的体制和机制，并通过大量基础设施建设、公共文化服务、民生安全服务等工作，解决了基层治理中公共服务不足、党群关系不足的问题。2018年，北京的基层治理经验引起了社会各界的广泛关注。从本质上来讲，这种经验是一种由基层党组织领导，整合零散公共资源，为群众服务的快速反应机制。这是基层服务型党组织建设的又一创新。党的服务坚持"贴近群众，团结群众，引导群众，赢得群众"，这本身就是基层治理的重要内容，也是党扎根社会、回归社会的过程。

习近平总书记提到过，提高社区效能的关键是加强党的领导。"城乡社区是社会治理的主阵地，社区党组织是党的领导延伸到城乡社区的重要载体，是我们党在城乡社区全部工作和战斗力的基础，在社区治理中发挥着领导核心作用。"[1]要坚持和完善共建、共治、共享的社会治理制度，就必须加强党对社区治理的领导，构建城乡社区治理新格局，让更多社会主体和市场主体有序参与社区治理，以更加多元的方式实现社区治理，更加公平地享受社区治理成果，建设人人有责、人人尽责、人人享有的社区治理共同体。城市社区基层治理中，社区党组织如同"大齿轮"驱动社区治理多元主体"小齿轮"（如社会组织、社工、辖区单位等），共同推动建设形成基层治理人人参与、人人

---

[1] 王启军：《社区党建与社区治理深度融合路径探究》，载《理论建设》2020年第2期，第34页。

尽责、人人受益的社区治理新格局。具体到红旗社区而言，"大齿轮"带动"小齿轮"模式的关键核心，即在于党建联席会议。

红旗社区党总支从共同目标、共同需求、共同利益入手，发挥领导核心作用，协调各方力量，整合各类资源，大力培育发展壮大社会组织，引导他们参与社区治理，定期开展便民为民服务，以社区党组织这一"大齿轮"驱动社会组织"小齿轮"，推进社区与驻区单位、各类社会组织联动共管、共建、共享。全面贯彻落实全国、省市城市基层党建工作经验交流会精神，推进以社区党组织为核心，有机联结单位、行业及各领域党组织，实现组织共建、资源共享、机制衔接、功能优化的系统建设和整体建设的城市党建工作，进一步加强了社区党建工作，提高了社区服务水平，拓宽了社区服务领域，建立健全了科学完备的党建联席会议制度。以下从工作目标、工作职责、工作制度等几个方面对红旗社区的党建联席会议制度进行介绍。

（一）党建联席会议的工作目标

一是创新机制，整合资源，进一步凝聚社区党建合力。按照"联动式共建"的原则，进一步健全完善辖区党组织联合创建、资源共享、优势互补、条块结合的社区党建工作机制，并在此基础上，力争做到"三个整合"。首先，整合人力资源，积极推动建立健全由社区党总支及辖区单位负责人或分管领导为成员的社区党建工作协调会议制度，及时掌握社区党建和社区建设的工作情况，协调解决有关问题；其次，整合财力资源，采取"联创联建单位支持、社区自筹、社会资助"的办法，建立多元投资体制，把财力最大限度地整合起来，促进社区公益事业发展；最后，整合物力资源，充分利用辖区单位的物质资源优势，积极争取辖区单位的物质援助，协调辖区单位的活动场所、会议室、印刷设备等无偿供社区使用，帮助社区进行硬件设施的维护和修理，从而实现资源共享。

二是创新方法，建强堡垒，进一步提升社区党建水平。巩固和发挥社区党组织领导核心作用，切实加强社区党组织自身建设，不断扩大党的工作覆盖面，增强党的影响力。首先，开辟选育途径，增强党组织战斗力。采取公开选聘与依法选举相结合的办法，选聘优秀人才充实到社区工作者队伍，进一步优化班子结构，加强队伍力量。积极争取为所有社区工作者办理社会养老保险，解决社区工作者的后顾之忧。其次，改进组织设置，扩大党组织覆盖面。积极探索把党建工作与管理、监督、服务有机结合起来，在具备条件的新型经济社会组织中建立起党组织，进一步扩大党建工作覆盖面。同时，引导社区党组织把社区党建工作向其他场所延伸，把党支部建在商贸办公楼、专业市场和商业场所。最后，开展特色创建，增强党组织影响力，积极创建"党建工作示范社区"活动。

三是创新平台，强化服务，进一步增强社区服务功能。以服务社区居民、服务城市创建、服务和谐社区建设为重点，搭建各类有利于社区党组织和党员发挥作用的平台和载体，着力增强社区党组织服务功能。一是积极搭建服务社区居民平台。建立劳动保障、医疗保障、中老年健身、爱心救助、社区家政五位一体的服务中心，开展多层次、全方位的社会化服务。二是积极搭建党员作用发挥平台。继续深化以"争创五星级社区、争当十星级党员、无职党员设岗定则、在职党员回社区报到认岗"为主要内容的"争星定责"活动。立足当前工作实际，设立城市社区环境卫生监督、城建改造协助、公共设施维护、环境绿化、文化活动等岗位，同时建立党员责任区和党员志愿者服务队，为广大党员发挥作用搭建平台。

（二）党建联席会议的工作职责

规范党建联席会议职责是建立健全党建联席会议的重要部分，社区在该问题上从联席会议职责、联席会议办公室职责、成员单位职责三个方面作出详细规定。

1.联席会议职责

联席会议职责包括：一是学习传达中央、省委、市委、区委和街道党委有关城市基层党建工作的重要文件和会议精神，研究讨论贯彻落实的具体措施。二是汇报辖区党建工作开展情况，总结工作新经验、新做法，分析问题，探索规律，破解难题。三是了解和掌握成员单位对社区党建工作的意见和建议，研究在新形势下加强社区党建工作的措施和办法。四是协调解决社区党建工作过程中存在的难点问题。对辖区内涉及全局性、联动性的重大问题、重要事项、重点工作，按照民主集中制原则，通过会议进行集体协调决策。

2. 联席会议办公室职责

联席会议办公室职责包括：一是负责联席会议的筹备和会务工作；二是承担与联席会议成员单位之间的日常联络工作，组织协调中央、省委、市委、区委和街道党委安排的城市基层党建日常工作；三是收集整理社区党建工作的相关情况，为联席会议决策提供参考，完成上级交办的各项工作任务。

3. 成员单位职责

成员单位职责包括以下六点内容。一是加强联动式共建。辖区单位要主动到社区报到，组织在职党员到社区报到。要主动打破行政隶属壁垒，打破条块限制，与社区党组织统筹协调，共商区域发展，共抓基层党建，共育先进文化，共同服务群众，共建美好家园。二是收集社情民意。通过各种渠道收集居民群众、辖区单位在加强城市基层党建、社会治理、服务群众等方面的意见建议，及时掌握居民群众和辖区单位的需求。收集驻地单位在加强社区建设方面的意见建议，及时反映党员群众的意见诉求。三是协调联动共建。全面实施组织共建、活动共联、资源共享。组织共建，就是签订共建协议，逐步实现干部交叉任职、人才结对培养；活动共联，就是共同开展党组织活动，共同开展党员教育；资源共享，就是共享信息、共享阵地、共享文化、共享服务。积极参与社区党建、文化、精神文明建设、扶贫帮困等各类主题活动，在场地、人才、资金等方面给予适当帮扶和支持，形成加强城市社区建设和服务群众的工作合力。四是双向管理压责。成员单位要与城市街道和社区双向压实责任，双向沟通协商，双向考核激励，双向管理重点企业，双向评价干部，定期与属地党组织就党建工作进行沟通协商，形成"一盘棋"。五是积极建言献策。对城市基层党建工作提出意见建议，积极主动融入社区工作，帮助社区在服务群众上拓展外延，提升内涵，每年形成一篇调研报告。六是打造城市党建品牌。培育社区党员在党意识，积极动员和引导社区党员、居民群众参与文明城市创建，提炼社区精神，铸造社区品牌，弘扬各类先进典型，打造富有各自特点的特色社区，全面提升人民群众和辖区单位的社区归属感与幸福指数，打造联动式共建、融合式发展的铜川城市党建品牌。

（三）党建联席会议的工作制度

社区党建联席会议制度是保证社区党建联席会议充分发挥作用的保障。社区在该方面也进行了详细的制度设计：

一是人员方面的制度。参加联席会议的人员为社区党总支成员、社区居委会成员、辖区单位党组织成员。到会人数超过应到会人数的半数会议有效，会议由社区党总支书记召集和主持。

二是与会时间方面的制度。联席会议实行定期例会制，每月一次。同时，可根据工作需要随时召开。

三是会议内容方面的制度。第一，贯彻落实街道党工委、办事处布置的工作任务及完成任务的办法措施，研究确定社区经济和社会发展规划及目标。第二，听取相关人员的工作汇报，总结前一阶段工作，安排近期或下一阶段的工作。第三，讨论拟定居规民约、经济发展规划、年初工作计划、年终总结、招商引资、社会治安综合治理等各项中心工作和重大工作事项，制订本社区建设的目标、规划和措施。第四，研究两委成员工作分工安排，讨论制定社区干部工作纪律等事项。第五，审批、审定财务收支情况，讨论决定重大经济开支以及项目资金使用等事项。第六，研究确定召开居民会议或居民代表会议的有关事项，研究居民会议或居民代表会议决定实施过程中的有关问题。第七，其他应提交联席会议讨论的涉及居民利益的重大事项及社区事务。

四是会议表决方面的制度。会议形成决议时，应进行表决。表决应采用口头、举手或无记名投票的形式。赞成人数超过应到会人数的一半，决议方可生效。决议一经形成必须坚决执行，任何组织和个人不得违反。

五是会议保密方面的制度。凡在联席会议上讨论的涉密事项不能向会议外的第三者泄露。联席会议记录将作为年度开展工作、经济审计等工作的重要依据，并作为档案资料妥善保存。

二、志愿者服务体系

铜川市王益区为切实加快城乡社区治理创新，不断提升社区治理能力，在城乡社区全面开展以社区为平台、以社会组织为载体、以社会工作专业人才为支撑、以社区志愿者为补充的"四社联动"试点工作，其主要任务之一便是要求培育壮大社区志愿者队伍。红旗社区的志愿服务体系是"红旗模式"的重要特色之一。为了完善社区志愿服务制度机制，构建社区建设、社区社会组织建设、社区社会工作、社区志愿者服务互惠融合、优势互补、协调发展的新格局，红旗社区大力发展社区志愿服务，推动志愿服务常态化。以下将从总体规划、制度建设、服务内容三方面对志愿服务体系进行总体介绍。

（一）红旗社区志愿服务体系的总体规划

红旗社区志愿服务体系，以服务居民为宗旨，旨在利用大家业余时间，开展一系列服务活动，为需要帮助的人群提供积极有效的服务。在街道办党委和社区组织带领下，以社区志愿服务为新的增长点和着力点的志愿服务体系正向着持久、规范、制度化的方向发展。社区总体规划要求如下。

一要依托铜川志愿服务会，建立铜川市王益区社区志愿者指导中心，指导全市社区志愿者服务工作。各镇（办）成立相应的社区志愿服务指导机构。

二要发展社区志愿服务队伍。广泛动员公务员、党员、专业技术人员及离退休人员等热心公益事业人士加入志愿服务队伍，鼓励引导社区外来人口及流动人员注册成为志愿者，年底前达到社区常住人口的10%。逐步推开镇、村志愿服务活动，在镇或农村社区设立志愿服务站，鼓励组建志愿服务队伍。

三要完善社区志愿服务制度。继续推行社区志愿服务登记注册回馈嘉许、专人负责及月报制度，推动社区志愿服务常态化、制度化发展。加强社区志愿服务培训。联合区文明办、区团委，依托市志愿者培训学院，构建市、区县、街道、社区四级培训体系。

（二）红旗社区志愿服务体系的制度建设

1. 红旗社区志愿者服务站

红旗社区志愿者服务站成立于2002年5月，是志愿从事社会公益与社会保障事业的组织，旨在通过组织社区志愿者服务队为社区提供志愿服务，推动社会主义精神文明建设，提高社区文明程度和居民整体素质，为社区的经济发展和社会进步做出贡献。服务站奉行帮助他人、完善自我、服务社区、弘扬新风的宗旨，奉行平等、互助、奉献、友爱、进步的原则，以社区志愿服务为重点，积极开展经常性的扶贫助残、帮困助教、敬老爱幼、法律援助、就业指导培训、科学普及、医疗保健等活动，促进文明社区的创建，满足社区群众日益增长的物质文化需要。志愿者服务站下设扶贫帮困队、爱心助老队、法律咨援队、交通劝导队、医疗义诊队、环保卫生队、就业创业队、科普教育队、农民工帮扶队、爱心小分队，共有志愿者数百人。志愿者们以社区为阵地，以弱势群体为帮扶对象，积极开展各项志愿服务活动，尤其是组织社区志愿者开展关爱空巢老人、关爱农民工、关爱残障人士、科普宣传等各种志愿服务活动，帮助弱势群体解决生活困难。此外，社区志愿者还与弱势群体签订结对帮扶协议、发放帮扶联系卡。自2002年以来，社区组织志愿者开展文明劝导志愿服务、学雷锋志愿服务、环保宣传志愿服务、空巢老人关爱、扶贫帮困志愿服务等形式多样的大型社会志愿服务活动500多次，服务1000多人，为建设和谐社区、和谐社会做出了积极的贡献。

2. 红旗社区志愿服务队

红旗社区志愿服务队以社区党员为骨干，整合资源，广泛发动党员团员、青年等热心居民，于2004年组建了社区志愿服务队伍，社区现有1000多名志愿者以及29支群团组织、社会组织志愿者。志愿服务队积极开展助学助医助困、关爱孤寡老人等活动，让社区居民感受到党和政府的关怀，既解决了实际问题，也让不方便来社区的居民感受到社区服务的便捷，提升了社区居民的幸福感；积极动员党（团）员、公务员带头，社会各界广泛参与，人人争当志愿者，每年拿出一定时间积极参与服务活动。同时，借助社区内各种宣传阵地，采取不同的宣传方式方法，宣传社区志愿者的行动纲领、行动口号及开展社区志愿活动的意义，宣传并树立社区志愿者典型，逐步增强社区居民对社区志愿服务的了解，培育他们的公共意识，提高他们自觉参与社区志愿服务的积极性。与此同时，充分挖掘、调动、整合辖区单位这一丰富的社区资源，使辖区单位通过社区志愿者工作协调小组及共驻共建组织充分认识到搞好社区共驻共建的责任和义务，为社区志愿者服务队伍注入活力。

3.红旗社区志愿者培训制度

红旗社区志愿者培训内容多种多样，培训安排有的放矢，实用合理。红旗社区志愿者培训制度包括以下内容：

第一，让广大志愿者对志愿者组织具备基本认识。什么是志愿者组织？联合国将志愿者定义为"不以利益、金钱、扬名为目的，而是为了近邻乃至世界进行贡献活动者"，指在不为任何物质报酬的情况下，能够主动承担社会责任而不关心报酬，奉献个人的时间及精神的人。根据中国的具体情况来说，志愿者定义为"自愿参加相关团体组织，在自身条件许可的情况下，在不谋求任何物质、金钱及相关利益回报的前提下，合理运用社会现有的资源，志愿奉献个人可以奉献的东西，为帮助有一定需要的人士，开展力所能及的、切合实际的，具定专业性、技能性、长期性服务活动的人"。

第二，向广大志愿者强调志愿者精神。社区向志愿者强调奉献、友爱、互助、进步志愿服务精神。社区培训人员通过讲解具体精神的语义内涵，讲解具体精神背后的真实故事，切实地让广大志愿者在接受培训时能够在精神上受到更多的滋润，能够在更好地了解志愿者精神的基础上践行志愿者精神。

第三，向志愿者介绍其应具备的素质。遵守道德规范，具有奉献精神、团队精神、爱国主义精神，诚实守信，工作负责；具有亲和力，身体和心理健康；具有一定的关于文明创建、生活常识、社交礼仪、志愿者服务等方面的知识；具有一定的组织协调能力、口头和文字表达能力和应变能力；要虚心听取组织的意见，要始终保持与组织的联系；积极提供建议改善服务；有责任心、恒心，认真履行服务承诺，尽力完成工作；主动学习和发挥自己的特长去参与服务。

第四，强调志愿服务应注意的细节。首先，强调着装整洁。着装应注意干净清洁，衣服的款式要尽量合身，避免穿领口开得过低、太紧身的衣服。其次，注意面容洁净。头发要勤于梳洗，女士发型发式应该朴素美观，佩戴的发卡、发带式样应该庄重大方，面部注意清洁与适当的修饰。男士应剃净胡须刮齐鬓角，不留小胡子和大鬓角，女士可适当化妆，但以浅妆、淡妆为宜，不可浓妆艳抹，并避免使用气味浓烈的化妆品。做到勤洗澡、勤换衣袜、勤剪指甲、勤漱口，内衣、外衣经常保持整洁，特别是衣领袖口要干净。工作前忌吃有异味的食物。最后，注意交谈文明有礼。不使用粗话、脏话、气话，要说文明语言。交谈中要经常使用的礼貌用语是：您好、请、谢谢、对不起、再见。在交谈中，语言必须准确，包括发音标准、清晰，音量要适中，语速要适度，口气要谦和，讲话的语气一定要平等待人，不要随便教训、指责别人，交谈中还要注意"四有四避"，即有分寸、有礼节、有教养、有学识，要避隐私、避浅薄、避粗鄙、避忌讳。交谈时要神态专注，要用词委婉，礼让对方。在交谈中，应该注视对方的双眉到鼻尖的三角区域内，听话者要表现得神态专注，尊重说话者。

第五，强调志愿者应当注意规范自我。要带头管好自己的嘴，自觉遵守市民文明公约，不随地吐痰，不在公共场所吸烟喧哗；要带头管好自己的手，自觉爱惜公共财物，保护公共环境，不乱堆乱放，不乱倒乱泼，不乱扔乱画；要带头管好自己的腿，自觉遵守交通规则，不闯红绿灯，不乱穿行，不践踏草坪；要争当文明使者，以文明的方式影响他人，以自己的模范行为带动他人；上路纠察劝导，对不文明行为举止及时制止、劝导，帮助改正不文明行为，如乱吐乱扔、乱贴乱画、乱倒乱泼、乱停乱靠、闯红绿灯、不走斑马线等；上路清扫保洁，集中对成年垃圾、建筑垃圾、城市"牛皮癣"卫生死角进行清运清洗清扫；上门扶贫帮困，对"三无"人员、"五保"人员、低保人员等困难群体给予关注，了解困难，解决困难；入户宣传劝导，对城区居民、店铺业主以及街头行人进行长期宣传，力求城市文明创建达到"人人知晓、人人参与"的效果；不断学习进取，增强道德观念、法律意识，做遵纪守法的文明市民。

除此之外，为应对自然灾害等突发状况发生，社区还应积极组织防险救灾志愿者培训、防洪防汛安全知识培训、志愿者消防安全知识培训等。例如，在应对暴雨山洪灾害时，社区组建培训课堂，针对人员疏导转移、紧急救护、协助保护防汛设施、被水围困怎样求救、怎样救助被困人群、如何做好脱险人员的临时生活安置和医疗救护等保障工作方面进行指导培训，让志愿者理解和掌握防洪防汛的基本知识，增强自救和救援能力，最大限度地减少灾害损失。社区组织志愿者消防安全知识培训时，针对平房起火如何脱险、被烟火围困救援、楼梯被火封锁后的救援、暂时避难场所选择等救援知识进行讲解。

（三）志愿服务内容

第一，清洁社区，爱护家园。社区志愿者定期开展打扫社区卫生，宣传政策法规、安全知识等服务活动。在当前全民创建文明城市的号召下，志愿者积极组织开展各类宣传及实干活动，为社区清洁全力出击。

第二，便民利民。社区志愿站定期开展大型便民利民服务活动。例如，为居民提供心理咨询、计划生育、普法邻里互助、理发等各种便民服务。

第三，维护社区治安。对社区进行全天治安巡逻，将在巡逻过程中发现的不安全因素或存在的各种隐患及时传达给社区，有效维护社区治安。同时在巡逻过程中，志愿者还要对不文明行为进行劝导，维护小区的文明、安全、稳定。

第四，帮困服务。社区组织各志愿者队成员不定期对社区困难人员，如独居老人、留守儿童、残障人士等特殊人群，进行慰问关怀，平日里经常上门询问生活情况，发现困难及时给予帮助。不定期上门为居民修理电器，照料困难人员、解决生活困难。

第五，科普宣传。社区法律服务志愿者、科普宣传志愿者不定期上门为居民传播科学、法律知识，为其提供法律援助。不定期对居民以讲座、座谈等形式进行各类科学文化知识的教育与传播。

总而言之，通过志愿服务能大大推动人与社会的相互融合，促进社区人性化服务水平的提高，建设和谐社会。

三、民主协商决策

近年来，铜川市王益区红旗社区在积极完善党建服务红旗模式的同时，积极探索在新形势下推进社区民主协商工作的有效途径，在建立社区重大事项民主协商制度、推进社区民主协商工作等方面不断创新做法，充分发挥了驻社区业主委员会、企事业单位、人大代表、政协委员在协商民主过程中的独特作用，有助于更好地协调关系、汇聚力量、建言献策、服务大局，促进社区各项工作健康发展。对于红旗社区实践中创立的民主协商决策模式，本部分主要从总体规划、制度安排、实际运行角度进行介绍。

（一）总体规划

社区坚持"您有所需、我有所助"的服务理念，积极建立健全社区民主协商制度机制，着力打造"阳光社区"，公开透明处理社区各项事务，真正地想群众之所想，急群众之所急，实实在在为居民办实事、做好事。民主协商决策模式主要从以下五方面进行了较为详尽的总体规划：

一是明确民主协商的内容对象。红旗社区在实践过程中，归纳出社区需要民主协商的内容分为"三重一大"，即事关群众利益的重要决定、社区工作的重要决策、工程建设的重大项目和大额度资金的使用。特别是群众关注的低保家庭的审核、社区日间照料中心的建设与运行等都将纳入社区民主协商的重要内容。参加社区民主协商的对象为社区业主委员会代表、驻社区企事业单位代表和联系社区的人大代表、政协委员等，并根据协商内容还可邀请街道党委有关领导，吸收机关部门干部、专业技术人员和群众代表参加民主协商重点工作会议。

二是规范民主协商的形式程序。红旗社区将社区民主协商的形式划分为专题协商、书面协商、恳谈协商三种形式。协商前，提前一周将民主协商的事项通知参加民主协商的人员，以便让协商者有充足的时间进行调研和思考，提高协商质量。协商过程中，与会人员可以就提交协商的重大事项充分发表看法，也可根据需要采取举手表决、无记名投票、民主测评等方式，可以采取口头或书面的方式提出意见和建议。

三是注重协商成果运用。社区注重将民主协商过程中提出的意见、建议指定专人负责记录，经整理后形成书面意见，提交社区"两委会"讨论决策，并及时向社区居民公开。社区监督委员会对社区民主协商后的重大事项决策、执行情况，除有保密规定外，通过适当方式向社区两委和社区群众反馈，并在一定范围内公开，并监督执行

四是灵活方式方法，提高民主协商质量。首先，注重类别划分。社区"两委会"根据年度工作重点内容，将协商方法分为三类，即表决类、恳谈类、通报类。表决类指涉及社区经济发展、公益事业、民生工程和社区救助等重大事项，由参与民主协商的代表通过表决的方式提出明确的建议意见。恳谈类指涉及群众切身利益的社会救助、社区保障等民生工程，在充分调查了解的基础上，深入居民家庭单独恳谈，进一步听取意见，或者围绕某一群众关注的热点问题需要进行专题恳谈等。通报类指需要向群众通报的班子分工、履职承诺、工作计划和工作总结、社区"三资"管理等情况。其次，严格协商步骤。社区将民主协商过程分为五个步骤。（1）选定协商议题。社区"两委"会根据年度工作重点、班子承诺及群众关注的热点问题等需要民主协商的内容，初步提出全年需要民主协商的工作计划，根据工作进展，确定民主协商的议题。（2）明确协商责任。将选定的协商议题，确定为年度调研课题，分工落实到民主协商小组的成员，在社区单位、群众间开展课题调研、听取意见建议，结合意见建议进行可行性分析，提出民主协商的意见建议。（3）确定参会人员。民主协商议事按照民主协商议事计划安排，由社区党组织书记主持，驻社区人大代表、政协委员、居民代表、企事业单位代表、楼栋院组长及群众参加民主协商议事会，有技术含量的项目还应邀请技术人员参加，充分讨论协商重大事项的可行性、对策建议、措施等。（4）民主研究决策。按照民主协商会讨论的意见建议，提交社区党组织召开班子会议研究，或按照法定程序提交社区居民代表会议表决通过。（5）协商结果公示。社区及时将重大事项的决策情况和办理结果通过居务公开栏、简报、广播等形式予以公示，接受群众监督。

五是加强组织领导，确保民主协商工作扎实推进。一方面，组织上加强

力度。社区建立民主协商工作领导小组，由社区党支部书记任组长，社区监督委员会主任任副组长，邀请群众、离退休干部、人大代表、政协委员和驻区企事业单位参与。同时，将驻社区内的人大代表和政协委员编入社区网格，让委员在走访群众的同时，联系和参与社区民主协商工作。另一方面，宣传上注重广度。民主协商的过程，也是宣传沟通、理顺情绪、让群众理解和支持的过程，通过各种会议宣传橱窗、居务公开栏、社区简报等，广泛宣传民主协商工作的目的意义，及时总结推广好的经验和做法。

（二）民主协商决策模式的制度安排

红旗社区为推进城乡社区协商制度化、规范化和程序化，不断完善基层群众自治制度机制，结合社区实际，在如下几个方面对民主协商工作制度作出安排：

一是协商机构。以社区为基本单位设立议事协商委员会，在社区党组织的领导和指导下开展工作，主要负责协商工作的组织、协商和具体实施。议事协商委员会设立主任1名，委员3~5名，由社区"两委"成员兼任。

二是协商主体。社区党组织、居民委员会、居民监督委员会、居民小组、驻社区单位、社区社会组织、业主委员会、物业服务企业和户籍居民、非户籍居民代表以及其他利益相关方作为协商主体，对于专业性、技术性较强的事项，可以邀请相关专业学者、专业技术人员、第三方机构等进行论证评估。协商吸纳威望高、办事公道的老党员、老干部、群众代表党代表、人大代表、政协委员，以及基层群团组织负责人社会工作者参与。

三是协商内容。围绕涉及经济社会发展重大问题和设计群众切身利益的实际问题，在作出重大决策前，根据有关规定和实际需要，开展民主协商。社区开展协商的主要内容如下：

1. 上级党委、政府重大政策和重点工作部署在本社区的执行落实方案。

2. 居民委员会的设立、撤销、范围调整。

3. 社区办公服务用房选址及场所基础设施建设。

4. 社区长期建设规划、年度工作计划等发展规划。

5. 居民自治章程、居民公约、服务群众制度的制定和修改。

6. 居民委员会换届选举方案的制订、民主选举相关事宜。

7. 社区公共事务和公益事业方案的制订。

8. 社区治安、环境卫生、社区文化、卫生计生、文明建设和社区服务等公共事务。

9. 群众反映强烈、迫切要求解决的实际困难和矛盾纠纷以及其他涉及社区多数居民利益的重要公共事务和公益事业。

10. 法律法规和政策明确要求协商的事项,以及各协商主体提出协商要求的事项等。

四是协商形式。社区结合参与主体情况和具体协商事项,采取居民议事协商会、居民代表大会、小区协商、业主协商、居民决策听证会、民主评议等形式;以民情恳谈日、社区警务室开放日等为主要形式的"固定日"进行协商,畅通民意表达渠道,发挥群众智慧,用群众习惯的方式来解决群众身边的事情;对于涉及社区公共事务和居民切身利益的事项,由社区党组织、居民议事协商委员会组织利益相关协商方进行协商;开辟社情民意网络征集渠道,发挥社区网站、微博、微信群的作用,通过网上征集意见,发布协商议题等方式广泛开展协商,为城乡居民搭建网络协商平台。

五是协商程序。第一步,确定提出协商议题。社区党组织、社区议事协商委员通过设立群众意见箱、网上居民论坛、定期走访群众等多种形式,在充分听取和征求居民意见的基础上,及时召开工作例会,研究提出协商议题。第二步,做好民主协商准备。议题确定后要在两个工作日内制订好协商方案,明确协商的时间、地点、内容及参与主体,具体协商方式等;方案形成后应立即发布公告,向参与协商的各主体通报协商内容及相关信息,做好协商前的准备工作。第三步,精心组织协商活动。根据确定的协商方案、议题和形式,由社区党组织牵头,精心组织相关人员开展民主协商平等议事,集中各方智慧,达成协商共识。协商过程中应坚持理性包容、求同存异,在充分讨论、增进共识的基础上形成协商意见。第四步,组织实施协商成果。协商的有关情况应于当日或者次日在社区公示栏予以公告。对于协商过程中形成的有关材料应及时整理归档,并妥善保管。对于涉及面广、关注度高的事项,要经过专题议事会、民主听证会等程序进行协商,通过协商仍不能达成共识的,可以提交居民会议或者居民代表会议讨论决定。

六是关于运用协商成果方面的制度安排。社区建立协商成果采纳、落实和反馈机制。落实情况在规定期限内通过居务公开栏、社区宣传手册、社区微信平台等渠道公开,接受群众监督。受政府或有关部门委托的协商事项,协商结果及时做好解释说明工作。协商结果违反法律法规的,及时依法纠正,并做好法制宣传教育工作。

（三）民主协商决策模式的实际运行

近年来,红旗社区按照"社会管理社区化、社区服务社会化"的要求,以群众的呼声为第一信号、群众的需求为第一选择、群众的满意为第一标准,不断创新工作理念、改进方式方法、健全社区居民代表大会、社区议事协商制度,努力拓宽居民参与社区管理工作渠道。要全面认识红旗社区的民主协商决策模式,自然必须关注其实际的运行过程;要关注该模式实际运行,则应当首先从现实案例当中发现民主协商决策模式运行的过程。

案例一

红旗社区新风居委 640 户居民用电、用水"来源渠道"及"价格因素"复杂,有的住户使用煤技校的电,有的住户使用供电局的电,有的住户使用耐火厂的电,有的住户使用桃园矿的电;部分住户饮用王家河水厂的水,一部分住户饮用自来水公司的水。因水、电来源渠道复杂,致使电压不稳,水质参差不齐,收费标准不统一。2007 年 5 月,新风居委 96 户居民因长期拖欠水电费被停水断电,居民对管理员不满、水电费太高、线路老化等长期积压的矛盾在这次停水断电中爆发。激动的群众聚集在一起,要讨个说法。

社区得知情况后,为迅速化解矛盾,组织社区工作人员详细了解情况后,社区当即决定先由社区垫资交齐水电费,恢复居民正常用水用电。随后召开居民议事会议,就群众不满意的水电管理、水电路改造等问题进行了反复讨论，让群众推选自己信任的管理人。在选举出管理人后，社区与居民代表、管理人制定对策。经过多次讨论，最后决定，每户先缴费100元，3人以上家庭每增加1人多收取20元，资金缺口由社区来争取解决。

在资金落实到位后，社区趁热打铁，联系相关单位开始施工改造，历时半年时间才把这个长期积压的历史矛盾顺利解决。从此，新风居委全部住户用上了"舒心电""正式电"和"平价水""放心水"。

案例二

2016年7月26日，强降雨导致位于王益区红旗街中兴堤沿岸的中兴小区新1号楼、5号楼、6号楼出现严重进水情况，水位高近2米，其中新1号楼、5号楼、6号楼地下室被全部淹没，损失非常严重。需立即清理积水淤泥，重新修建该小区新1号楼楼后和2号楼楼后的围墙；做好该小区排污口和泄洪口的分离及受灾群众的后续安抚工作。

社区连夜组织社区工作人员、辖区居民和志愿者及时清理，协调王益区政府14个单位，连同社区200名志愿者进行了为期两天两夜的清理和清洗，迅速将积水淤泥清理干净；接着社区召开社区居民代表议事会议，组织关心小区的居民、受灾群众、工作人员制定对策。针对汇总上来的问题，有人说，这围墙咋修，谁掏钱？有人说，受灾群众生活住房怎么办，谁又能解决？你一言我一语，原因越说越深入，对策越说越具体。最后，大家觉得这些对策还必须靠社区执行才能到位、有效。

会议结束后，社区趁热打铁，组织工作人员深入物业公司区政府包抓单位、红十字会、慈善协会，争取到了区政府包抓单位、民政局、红十字会等单位的大力支持，并在辖区内进行了募捐活动，共筹集资金8万余元。不久，修好了围墙、进行了排污口和泄洪口的分离，稳妥地安排好受灾居民的生活住房。

案例三

红旗社区新风居委有住户640户，出租房约170户，长期以来居民与租户混居。过去，由于居民小组管理不到位，秩序混乱，垃圾到处丢弃。新凤居委树人巷道路是一条市区少有的黄土路，路面坑坑洼洼，没有硬化，因为道路紧靠山坡，一遇到雨水天，从山坡冲下来的粪便垃圾流到路上，随处可见，再加上没有排污管道，下水道没有井盖，雨天的道路泥泞不堪，污水横流，难以下脚，一到夏天更是热气蒸腾，满居委都是刺鼻难闻的气味，致使周边居民无法行走，出行极为不便。心怀不满的住户们多次向居民小组反映问题，但仅靠居民小组，无法解决所有问题，修路的事情一直没有动静。

为改变这种现状，社区专门召开社区居民代表议事会议，组织关心居委环境的居民、租户们商讨原因、制定对策。会议结束后，社区趁热打铁，组织工作人员多次深入辖区单位，上门动员说服住户，争取到了铜川工业技师学院、铜川煤化实业有限公司煤机分公司等单位的大力支持，采取辖区单位捐一点、受益居民出一点的办法筹集资金，辛苦没有白费，仅仅几天时间，共筹集资金6万余元。几个月后，修好了下水道，硬化了道路，方便了居民出行，创造了美好的人居环境。

在树人巷道路改造过程中，红旗社区始终把居民作为主体，纳入社区事务的决策、管理、实施中，关键是搭建协商治理平台，推动多元参与，实现政府管理和基层民主的有机结合。社区协商治理的做法和成效，为今后发展基层民主提供了有益启示。

推进基层协商民主建设，要尊重居民主体地位，发挥社区的组织作用。通过协商和沟通，把居民能干、想干、应该干的事情交给居民自己来干，使社区成为一个民主、开放的沟通平台，不仅尊重了居民的主体地位和作用，增加了居民对社区的认同感，而且培育了居民的公民意识，促使他们更加关注公共事务，积极参与协商治理。实现社区自治功能的有效释放，也激发了社区的生机和活力。实践证明，在社区建设中，自上而下指令性的工作模式，有时难以准确对接百姓需求，容易造成"政府买单、百姓不买账"的局面，而通过协商和沟通，让居民和社会组织有序参与社区事务，既降低了政府行政成本，实现了基层社会管理创新，还推动形成互补互动的社区服务体系。

第四章　党建打造"李秋莲式"社区干部队伍

1938年党的六届六中全会召开时,毛泽东同志依据党的历史经验,作出一个重要的规律性论断:"政治路线确定之后,干部就是决定的因素。"① 习近平总书记指出:"新时代,我们党要团结带领人民实现'两个一百年'奋斗目标、实现中华民族伟大复兴的中国梦,必须贯彻新时代党的组织路线,努力造就一支忠诚干净担当的高素质干部队伍。"② 党的十九届四中全会《中共中央关于坚持和完善中国特色社会主义制度　推进国家治理体系和治理能力现代化若干重大问题的决定》提出:"把提高治理能力作为新时代干部队伍建设的重大任务。"党员干部落实好这一重大任务,要通过加强思想淬炼、政治历练、实践锻炼、专业训练,严格按照制度履行职责、行使权力、开展工作。

"为政之要,在于用人",为适应新时代、新形势和新任务的需要,在社会治理的背景下,如何打造一支撑得起、顶得住、有能力、有韧性的干部队伍,便成为一个新的时代命题。而城市社区干部的素质与能力,关系到一个地方的长治久安。不断加强城市社区的队伍建设工作具有十分重要的意义,主要体现在两个方面:一是巩固党的执政基础;二是促进我国新的社会管理模式的建成。

城市基层党组织连接着党与广大民众,要想确保党的工作不脱离群众,保持二者切身利益的一致性,就务必提高社区党建的水平。作为基层党建的一面旗帜,红旗社区的队伍建设可圈可点。具体而言,红旗社区在李秋莲书

---

① 李伟:《深化改革,领导干部是关键》,载《人民日报》2013年11月19日,第5版。
② 习近平:《努力造就一支忠诚干净担当的高素质干部队伍》,载《求是》2019年第2期,第1页。

记的带领下，将"基层党建+网格治理"模式率先运用到工作中并取得了良好的效果。此外，通过红旗社区这个平台，更多"李秋莲式"社区干部开始不断涌现，辐射面不断拓展。这一方面，缘于党建引领的"红旗模式"下"李秋莲式"干部培养机制不断成熟；另一方面，与市委、区委的重点关注、密切保障息息相关。从而最终形成"党建+社会治理"格局下的"头雁引领—雁阵齐飞—雁群效应"模式。对此有必要"小题大做、解剖麻雀"，研究党建引领格局下"李秋莲式"社区干部队伍的产生根源与培养方法，以期为培养更多基层党建工作者提供借鉴。

第一节　区委的有力支撑与保障体系

"红旗经验"发源于铜川市王益区，正所谓"上下同欲者胜"，红旗社区的基层党建工作做得有声有色，与区委的充分信任和大力支持息息相关。具体而言，区委对红旗社区干部队伍建设的有力支撑主要体现在以下几个方面。

一、思想引领——多管齐下，提升干部思想建设水平

思想引领层面，王益区党委主要通过坚持不懈抓好马克思主义理论武装，持续深化"两学一做"学习教育以及开展典型案例示范性教育来实现。

（一）坚持不懈抓好理论指导这个"牛鼻子"

党性教育是中国共产党人的必修课，是共产党人的"心学"。理想信念是中国共产党人的政治灵魂，是共产党人精神上的"钙"。习近平强调："党的力量来自组织。党的全面领导、党的全部工作要靠党的坚强组织体系去实现。"[1]重视基层组织建设是我党的优良传统，也是全面从严治党成效卓著的重要举措。

---

[1] 中共中央宣传部：《习近平新时代中国特色社会主义思想学习纲要》，人民出版社2019年版，第230页。

王益区委以"四大提升"工程①为抓手,以全面深化,推进基层党建为实践载体,以加强党性教育、打造专业化队伍、推动区域化整合、系统化党的建设为路径,强化系统思维,突出问题导向,不断提高基层党建的质量和水平。一方面,坚持不懈加强理论学习工作,用习近平新时代中国特色社会主义思想指导王益区的基层实践;另一方面,通过深入开展"不忘初心、牢记使命"主题教育,增强常规性党性和革命传统教育。

习近平总书记强调:"要炼就'金刚不坏之身',必须用科学理论武装头脑,不断培植我们的精神家园。"②按照党的理论创新每推进一步,理论武装就跟进一步的要求,坚持用习近平新时代中国特色社会主义思想特别是习近平党建思想指导王益区深入开展基层党建的"红旗模式",不断拓展"红旗精神"的深度与广度。同时通过掌握贯穿其中的基本观点和基本方法,解决"红旗模式"实施中存在的问题,把基层党组织建设成为贯彻党的决定的坚强战斗堡垒。开展主题教育历来是我们党加强思想政治建设、坚定理想信念的有效载体。"不忘初心、牢记使命"的重要论述饱含厚重历史感、鲜活时代感和庄严使命感,是激励中国共产党人不断前进的根本动力。

(二)持续深化"两学一做"学习教育

王益区基层党建"红旗模式"开展主题教育,通过深入学习贯彻习近平在中央"不忘初心、牢记使命"主题教育工作会议上的重要讲话精神,紧扣陕西省和铜川市"不忘初心、牢记使命"主题教育党员会议精神,把握住"守初心、担使命,找差距、抓落实"的总要求,坚持思想建党与理论强党相结合,坚持思想解放同学习先进典型相结合,做到"五深入五确保"。王益区基层党组织充分发挥该地与延安、照金、梁家河等红色教育基地距离近的区位优势,组织党员干部到延安精神诞生地、习近平新时代社会主义思想的萌发地进行

---

① 基层党建"四大提升"工程,即实施从严管治党六项举措,提升落实主体责任的政治定力;强化基层基础六大保障,提升基层党组强的战斗力;加强基层组织建设六个规范,提升党建工作规范化水平;推行联系服务群众六项制度,提升党员干部服务能力。

② 中共中央宣传部:《习近平新时代中国特色社会主义思想三十讲》,学习出版社2018年版,第314页。

近距离瞻仰学习,让广大党员干部一次次面对鲜红的中国共产党党旗重温入党誓词,接受灵魂洗礼,保持理论上的清醒和政治上的坚定。

(三)深入开展典型案例示范性教育

培育党的先进典型工作和开展基层党建先进典型案例教育,是对马克思主义关于先进典型教育思想的继承发展,是对党的先进典型工作实践的经验总结。基层党建典型培育工作牵动全局、各方面关注,社会影响大,具有较强的政治性和权威性。王益区党委把发挥先进典型的示范引导作用与党的中心工作紧密结合起来,将"抓住典型、带动全局"作为推进"红旗模式"实施、提高执政能力的重要举措。

一方面,在区委引领下,王益区各级党组织把开展典型示范教育与警示教育相结合。一个党员就是一面旗帜。基层党组织利用"三会一课"时间召开党员干部警示教育大会,抓住党组织书记这个重点对象,发挥领导干部"头雁"作用。同时,注重针对性教育,各"两新"组织党组织,村、社区"两委"班子成员集中观看警示教育片,并认真自我查摆、撰写心得体会,让广大党员干部以案为戒、产生共鸣。通过正反两方面的典型事例,对党员进行世界观、人生观、价值观教育,引导党员干部树立正确的权力观、利益观、地位观。坚持从实际出发,通过抓好"五个结合",推动典型示范教育活动的深入开展。另一方面,在区委要求下,各级党组织把开展典型示范教育与党员干部述职述廉相结合,党员干部在年度述职中做到"三述"(即述廉政、述学习、述工作),坚持既讲问题和不足,又讲成效和举措,同时,要提出下一步的整改和提高的措施。通过"三述"展示廉政、展示思想、展示工作,达到相互学习、相互促进、共同提高的目的。

二、政治协同——综合施策,弘扬并推广"红旗经验"

"红旗经验"是基层党建的一个突出样板,其一系列做法、经验在区、市、省乃至全国范围内都引起了广泛讨论,产生了相应影响。为积极发挥"红旗经验"的辐射带动效应,增强城市基层党组织的凝聚力、战斗力和创造力,激发城市基层党组织活力，给居民群众提供零距离服务，推进基层党建工作追赶超越、全面提升。作为"红旗经验"的产生之地，王益区委以弘扬推广"红旗经验"为契机，充分发挥红旗社区示范带动作用，力图实现"红旗经验"在城镇社区全覆盖。

2018年起，在王益区委的统一规划和顶层设计下，"推广'红旗经验'、推进城市基层党建"实施方案迅速展开。其目的是持续夯实基层党组织的战斗力，发挥社区党组织的战斗堡垒作用，使社区在党组织的引导下，初步实现社区智慧化，构建起组织共建、资源共享、机制衔接、功能优化的城市基层党建格局。

（一）以"四项原则"为导向，在同步施策的前提下抓精准落实

原则决定了行动的方向与目标，王益区推广"红旗经验"着重因地制宜、有效施策，故而在活动开启之初就确定了"四项原则"，以避免铺张浪费，或产生"空对空"等形式主义现象。具体而言，体现在以下四点。

第一，统一规划，分步实施。由区委负责总体设计，各街道、乡镇、部门负责本地区和本领域的建设任务。严格遵照工作安排，科学试点，分步实施，稳步推进。第二，正确认识"红旗经验"的实质，在精准落实上下功夫。以强软件为重点，拓展思维深度，创新工作模式，在提升服务群众能力和水平上下功夫。坚决反对大拆大建、奢侈浪费，坚决抵制华而不实、面子工程。第三，因地制宜，整合资源。要求从居民和社区实际需求出发，最大限度整合各部门、各层级的社区服务资源，优化配置、提高效率，实现服务信息共享和有效对接。第四，组织引导，多方参与。发挥社区党组织在智慧社区建设中的引导作用，充分调动各方积极性，扩大社会合作，探索互利共赢的建设和运营模式。

（二）以"三项重点"为抓手，持续夯实党建引领下智慧社区的基本阵地

首先，着力提升社区信息化基础支撑能力，建设社区智慧服务综合信息系统。各社区迅速启动了党员及居民基础信息录入工作，建立党员和居民群

众信息大数据库，充分运用互联网技术搭建网络服务平台。综合信息系统建成后，"智慧党建"平台的作用即得以显现。各社区通过将支部建在网上，设置"三会一课"、掌上组织生活等板块，开辟组织生活新阵地，实现党组织工作动态、党员队伍建设、在职党员进社区服务等情况的线上线下融合管理。此外，该系统还包括信息化服务平台。通过整合资源，结合各部门延伸至社区的工作需求，推广应用社保、救助、就业等业务模块，完善社区居民基础信息采集交换平台，融合公共信息平台建设，打通联系服务群众"最后一公里"。以"前台一口受理、后台分工协同"为原则，整合业务系统，优化办事流程，实现公共事务通办。"智慧党建"平台与网格管理平台的互联共通，有利于充分发挥信息化网格作用，不断提升网格化管理的水平，实现了第一时间发现矛盾纠纷、民生诉求等问题和各类突发情况，以及对社区人员和事件信息的动态管理。

其次，共驻共建优化社区服务。一是建立健全了三级党建工作联席会议制度，由区委镇（街道）党委和社区党组织分别与辖区单位党组织签订《共驻共建协议书》，分级明确共建项目、具体内容、责任单位和完成时限。社区每季度至少召开一次党建工作联席会议，辖区党组织每月组织在职党员与社区党组织开展共驻共建活动不少于一次。二是推行"社区共建"承诺制度。围绕社区党员群众最关心、最急需办的实事，由包抓部门社区党组织和辖区单位党组织作出承诺，组织党员根据自身能力和特长，每年向社区承诺做若干实事，且要符合实际切实可行。三是延伸社区服务范围，在党员到社区报到志愿服务的基础上，与辖区单位党组织积极对接，共建服务平台、共享服务资源，充分发挥辖区单位在人员、场地资源上的优势，形成推进社区建设的强大合力。

最后，在党建引领下不断拓展社会治理服务的深入发展。一是通过引导辖区企事业单位党组织、非公和社会组织党组织共驻共建，推进党的组织和党的工作有效覆盖，落实"三会一课"等基本制度，组织好"主题党日+"活动，坚持"一会一主题、一课一讲义、一月一活动"。由社区党组织选派党务工作者指导辖区社会组织党组织开展党建工作，进一步优化社会组织党组织对辖区的服务，促进党组织、党员先锋模范作用有效发挥。二是对接群众需求，将日间托养、家政服务、文体活动等公共服务以"志愿认领"的形式分解给与居民需求对口的社会组织，明确服务项目和标准，由社区党组织监督管理，考评工作绩效促使社会组织不断提高服务能力和水平，为居民群众提供贴心服务，有效参与社区共治。

（三）以验收标准为对照，推动智慧社区标准化建设长效机制的形成

为确保"红旗经验"真正在全区范围内落地生根，实现进一步服务群众、提升基层治理能力的目标，王益区委制定了配套的"验收标准"，从硬件设施、人员管理、信息化建设等层面出台了翔实的标准体系，以推动智慧社区标准化建设长效机制的形成。

在硬件设施层面，要求社区本着压缩办公场所、扩大服务场所、提供活动场所的原则，提倡一室多用，合理规划，建成功能齐全、服务全面的社区服务阵地。社区要设有党群服务活动中心、社会组织服务站、社区志愿者服务站和党群智慧服务大厅。同时要设有规范的网格化管理区域平面图，社区概况，辖区各服务网点公示及党务、居务公开栏。再者，为服务群众，党群智慧服务大厅需配备智慧服务引导台、自助缴费机、智慧服务自助终端机、智慧图书机、健康体检机等，功能设置齐全，有规范的标牌标示，为党员群众提供自助查询、自助缴费、自助打印等智慧化服务。设有居民群众等候区，并配有桌椅、显示屏等。对社会组织服务站、社区志愿者服务站而言，均应配备电脑、打印机、桌椅等必备服务设施，并由专人管理。

在人员管理层面，要求社区"两委"和监委会的机构设置、人员配备应遵守规定要求，社区工作人员数量保持在合理范围。当出现人员空岗时，民政等相关职能部门应及时予以补充。而社区"两委"和监委会成员，民政部门招录的社区工作者、组织部门招录的"大学生村官"，人社、卫计、残联等部门聘任、社区使用的协理员，均由社区统一管理，其他任何单位不得随意借调、抽调和违规调用。岗位职责方面，由社区依据相关法律法规制定养老、劳动保障、计生、社保等服务群众工作标准，做到人人有专职、事事有专管，职

责明确，履职到位。工作制度上，要设立社区工作人员管理制度和去向公示栏。社工管理方面，要求持证社会工作师在系统中 10% 录入，社工提供专业服务不少于 50 个小时/年，居民满意度达到 90% 以上。同时，要建立社区社会组织信息库，组建社区社会组织服务队伍不少于 5 支，服务队伍人员登记注册率达到 100%，每支队伍每年开展服务活动不少于 4 次。大力拓展社区服务制原则队伍，要求志愿者录入率达到辖区居民常住人口的 15% 以上，志愿者个人年服务时长达 200 小时以上，每年评定上星志愿者不少于志愿者总数的 5%。

在信息化建设层面，要求充分运用"智慧党建"信息平台，社区党组织及时上传"三会一课""主题党日+"等组织生活动态。社区在年度评议党员时，依据党员个人年度积分结果予以奖惩。网格化管理方面，按照社区、片区、居民小区、居民楼宇"四级网格"，将辖区内人、地、物、情、事、组织全部纳入网格中，建立横向到边、纵向到底的网格化管理体系。在网格员选聘问题上，给网格员配备手持终端设备，要求网格员月出勤不低于 20 天，每年业务培训不少于两次。据此进一步要求，网格内事件及时处置率达到 90% 以上，下达任务完成率达到 100%。建立居民信息大数据库，保证"人在户在"的居民信息 100% 录入，人在户不在的流动人口录入应达到 70% 以上，户在人不在的空挂户录入应达 90% 以上。要求智慧服务自助终端至少实现 22 种证明打印、25 种表格生成、10 多类办事流程打印及相关的二维码扫描功能，使用率应占居民办理业务量的 20% 以上。在上述设施和要求之外，还要求各街道、社区设立人工服务台，帮助不会操作的居民完成所办事项。

三、组织推动——分工协作，提升基层党建科学化水平

基层治理概念的兴起，要求破除原有"大路朝天、各管一边"的"单打一"格局，实现溯源治理、协调治理、共同治理。这首先要求基层党政机关内部实现权责架构的协调统一，在党政机关有效协作的前提下，方能整体提升基层党建的科学化水平。面对"红旗经验"这一基层党建的鲜活样本，王益区委以整体组织、统一协调的方式开展推广工作，并取得良好效果。具体来

说：区委组织部担负起基层党建的指导职责，统筹抓好城市基层党建开放融合、共驻共建、资源共享、机制衔接联动体系建设，指导督促各相关单位达成齐抓共管、同向发力的共识，促进党的建设引领基层治理。

各街道、乡镇党委承担基层党建的主体责任。要求各街道健全区域化共建共享机制，推动城市基层党建在开放中融合、在融合中共赢、在共赢中发展，做到党建工作联创、社区服务联动、环境卫生联抓、文体活动联办、社会治安联防。每半年至少召开一次党建联席会议，督促、指导、支持社区党建工作，有效完成城市基层党建工作目标任务。推进社区局域网和无线网络建设，满足智慧服务系统网络需求，帮助社区搭建智慧服务平台。及时总结经验，推出一两个具有区域特色的工作亮点，打造区域党建的品牌效应。

宣传部负责经验推广的宣传工作，使社会各界充分认识到深化社区建设的重要意义，调动全社会参与支持的积极性和创造性。同时由网信部门统筹推进各社区电信网、广播电视网和计算机网融合发展，指导推进社区网络安全保障和信息化工作；由工信部门推进信息化深度融合，推动跨行业、跨部门的互联互通和信息资源开发利用共享，从而综合构筑起"大宣传"格局。

民政部门负责配齐"四社联动"社区公共服务综合信息平台服务设备，指导各社区信息管理系统进行数据整合，形成社区管理服务工作考核评价指标体系，细化社区公共服务项目清单，明晰服务责任。制定"四社联动"社区公共服务综合信息平台权限管理、日常使用等配套管理办法，规范社区服务体系和养老体系标准化建设，规范社区专职工作人员管理；同时由电子政务机关负责推进社区网络基础设施规划建设，负责各社区基础数据库、基础网络的维护和管理工作，从而综合构筑起"大网络"格局。

在安全方面，由公安机关负责探索人口信息数据与社区服务系统对接、共享机制，依法查处和打击破坏信息通信基础设施、散布有害信息、非法攻击信息系统等信息化领域违法犯罪行为，从而构筑起"大安全"格局。

四、补齐短板——有的放矢，全面加强基层服务型党组织建设

尽管王益区的基层党建工作持续不断涌现出更多"红旗经验"般的成功

范例和鲜活经验,然而党的自我革命和自我完善永远在路上。为推动基层党组织在强化服务中更好地发挥领导核心和政治核心作用,王益区委组织部在总结现有经验的基础上,针对薄弱环节出台了相应文件和系列规定,力图有的放矢,全面加强基层服务型党组织建设。

(一)在党的组织体系方面,健全组织体系,扩大组织覆盖面

区委组织部门首先要求各级党组织依据服务对象、服务内容、服务方式的变化和需求,优化组织设置并扩大组织覆盖。例如,根据镇村规模调整、新型农村社区建设产业布局、组织形式、党员流向等变化,打破按行政村设置党组织的单一模式,在规模较大、党员较多的村建立党委或党总支,在自然村、村民小组、农民专业合作社、专业协会、产业链等建立党支部或党小组,把党的基层组织延伸到农村社会各个层面。

此外,各级党组织被要求探索建立"大工委制""大党委"组织设置模式,构建区域化党建新格局,建设以社区党组织为领导核心、以楼院党组织为管理主体、以党员中心户和服务团队为工作支撑的"三级网格组织"管理体系,突出抓好城乡接合部、流动人口聚居区等复杂地域党组织建设,消除社区党组织建设盲点和空白点。

考虑到便民的实际需求,区委要求各党组织架构的调整需要按照就近、方便、灵活的组织设置原则,采取单独组建、联合组建、挂靠组建、行业组建、产业链组建等多种方式,建立健全非公企业党组织,健全镇(街道)非公党建工作机构,直接联系管理部分规模以上企业,加快非公有制企业规范化建设。同时以行业和系统为主,抓好医药卫生、文化教育、执法监管部门以及镇站所、中小学法庭等垂直管理单位和窗口服务业的组织覆盖工作。及时化解发生在老百姓身边的急事、难事、烦心事。

(二)在党的队伍建设方面,以服务为导向着力加强班子力量配备

首先,区委组织部门重视选好配强基层党组织带头人,加强基层干部队伍建设。加强基层党组织领导班子特别是书记队伍建设,对软弱涣散的基层

党组织进行整顿,选拔党性强、能力强、改革意识强、服务意识强的党员担任党组织书记。采取内选、委派、招聘等方式,配齐配强非公企业党组织书记。

其次,在常规学习之外,注重加强党员队伍的业务教育培训,提高服务本领。王益区委采取分级负责、分类培训的办法,定期轮训基层党组织书记,强化理想信念、宗旨意识和群众观点的教育,引导他们始终心系群众、真心服务群众,突出实用技术、经营管理社会建设、基层治理等方面的知识技能培训,提高他们做好实际工作的本领,在2~3年的时间内,基本实现各领域党组织轮训全覆盖。区委组织部每年还举办基层党组织书记示范培训班,各镇(街道)和有关部门,区分层次和类别,结合职责职能抓好各类党组织书记和党员干部的培训。加强对非公企业出资人以及社会组织中的党员骨干、新党员、流动党员的培训。加快推进远程教育优化升级,打造利用好其他各种平台,拓展党员教育新方法,增强党员教育培训的针对性、时效性。

最后,强化镇(街道)一级组织的服务职能,配强党务工作力量,防止出现"甩手掌柜"现象。一方面,在乡镇综合改革过程中,监督指导乡镇机构整合工作,推进相关职能部门属地化管理,理顺关系、简政放权,使镇(街道)一级的服务作用得以真正发挥。另一方面,配强镇(街道)党务工作力量,充实机关、事业单位专职党务工作者,加大非公有制企业党建工作指导员选派力度。探索通过选派党建工作指导员、发挥党员志愿者作用建立基层党建工作站等办法,使每个基层党组织中都有热心和熟悉党务工作的同志,改变基层党务干部数量偏少、素质不高、后继乏人的局面。

(三)在党的制度建设层面,建立长效机制以加强保障力度

首先,完善服务制度,构建服务格局。巩固发扬党的群众路线教育实践活动、"三严三实"专题教育等联系基层服务群众的经验做法,完善基层党组织和党员干部联系基层服务群众制度,推行基层党组织和党员服务承诺制度,创新活动载体,引领带动群众组织、自治组织和社会组织开展服务,协调面向基层的公共服务、市场服务和社会服务。深入开展以服务为主题的党建带工建、带团建、带妇建活动,充分发挥群众组织服务作用。建立健全各级党

代会代表联系党员服务群众制度,广泛开展以党员为骨干的各类志愿服务,组织各类专业人才和实用技术人才开展服务,培养群众服务骨干,引导群众参与服务、自我服务、互相服务,形成以党组织为核心、全社会共同参与的服务格局。

其次,加大经费保障,关心支持基层。机关、企事业单位行政经费中都要安排专门的党组织工作经费。要通过部门帮扶、项目整合、社会捐助、村企共建等措施,持续抓好基层党组织活动场所建设,结合镇村综合改革、新型农村社区建设,强化服务功能,提高规范化建设水平,并做到"零债务"。

最后,切实落实待遇,做好服务保障。按照相关文件要求,全面落实基层干部待遇,加大从优秀村干部中考录乡镇公务员力度,推动非公企业建立健全党组织书记薪酬待遇保障制度,有条件的上级党组织可给予非公企业党组织书记和党务工作者适当的工作津贴,推荐符合条件的非公企业党组织书记作为各级党代表、人大代表、政协委员人选,使基层干部工作有待遇、干好有发展、退后有保障。

第二节　头雁引领:李秋莲其人其事

李秋莲,女,1962年4月出生,河南虞城人,中共党员。1981年7月参加工作,在陕西省铜川矿务局王石凹中学任教;1990年1月在陕西省铜川市城区(今王益区)附加费征收所工作;2002年5月被选派到陕西省铜川市王益区红旗街街道红旗社区工作至今,现任红旗社区党总支书记。从事社区工作将近20年,李秋莲同志始终坚持"把工作当事业、把群众当亲人"的宗旨,团结带领社区一班人,主动作为,大胆跳出原有工作模式,积极探索新载体新方法,充分调动社区内各方力量,整合各类资源,切实做好服务群众工作,有效促进社区治理创新,社区创造了连续十多年零上访的成绩,群众满意度连续多年位居铜川市前列,探索形成了城市基层党建的"红旗经验",为中小城市基层党建工作提供了社区样本和典型范例。个人主要荣誉:2012年被国务院授予"全国就业先进工作者";被全国妇联授予"全国三八红旗手""全国妇女创先争优先进个人"荣誉称号;被中共陕西省委授予"全省创先争优优秀共产党员"称号;被中共陕西省委、陕西省人民政府授予"陕西省劳动模范";被民政部授予全国民政系统窗口单位为民服务创先争优活动"优秀服务标兵"称号。2013 年被陕西省纪委授予"全省基层干部勤廉榜样"荣誉称号。2014 年入选中央纪委监察部"勤廉榜样"名单。2015 年被中共中央、国务院授予"全国先进工作者"荣誉称号;入选中央文明办"中国好人榜"。2016 年被中共陕西省委授予"全省优秀共产党员"称号。2017 年当选为十九大代表。

如果说红旗社区是基层党建的一面旗帜,那么李秋莲书记就是这面旗帜的扛旗人。2002 年,李秋莲书记调任至红旗社区工作,在李秋莲书记的带领下,红旗社区现已经发展成为城市基层党建的社区样本。①作为"街头巷尾寻常见"的"小巷总理",李秋莲的脸上总是挂着"邻家大姐"般的笑容。她是勇于创新基层管理服务新模式的"基层实践家",她是创新基层党建队伍建设的"领头羊",她更是居民眼中的"贴心人""暖心人"。

一、筚路蓝缕,从无到有的艰难创业

在 21 世纪初,社区还是一个新兴概念,当时接触群众的第一线,还在"街道、村(居)委会"层面。"社区"是什么?对老百姓意味着什么,全国上下都处于摸索之中,就连李秋莲自己也坦诚,"我们当时对社区没概念,也不知道是什么,后来看到介绍国外的社区时,对国外那种社区有了一定的了解,后来 2002 年的时候,号召政府人员都到社区来,当时我就报名到了社区。"李秋莲从技校毕业后,当过老师,做过会计,摆过地摊。2002 年红旗社区刚一成立,她便进入这个社区工作并担任党支部书记,这份工作一干就将近 20 年。

刚到红旗社区,李秋莲就面临着两大困难。第一个困难是办公条件严重

---

① 《"红旗"为什么这么红——来自城市基层党建样本陕西铜川红旗社区的报告(上)》,载党建网 http://www.dangjian.com/djw2016sy/djw2016gddj/201711/t20171101_4472231shtml,访问时间:2020 年 9 月 28 日。

不足的问题。

红旗社区位于铜川市王益区中心地段,总面积0.4平方千米,辖区有居民5587户16 089人,是铜川人口最密集、构成最复杂、治理难度最大的社区之一。2002年,李秋莲被组织选派到刚刚成立的红旗社区工作,担任社区居委会副主任。组建初期,社区仅有3名工作人员,"窝"在一间不足6平方米的废弃配电房里办公。这间6平方米的办公室里只能放下两张桌子,因为空间局促实在放不下三张桌子,两张桌子搭配四个凳子,这就是红旗社区最开始的办公条件。特别在社区需要做一些群众工作的时候,场地不足的问题就会变得尤为紧迫。例如,在每年冬天发放低保费的时候,因为房子里面没地方,工作人员不得不把桌子放到门口,群众在外边排队。"那些年下岗群众特别多,我们当时社区刚成立的时候,下岗职工特别多,享受低保的人员也比较多,刚一开始虽然钱不太多,一个人就二三十块钱,但是他们特别需要这些。每次一给大家说发低保的时候就排起很长的队,群众一边冻得直跺脚一边等着领低保金",李秋莲回忆道。正是因为不想群众每次来办事都受罪,李秋莲下决心要给社区解决工作场所问题,也只有这样才能有条件给社区居民提供相对全面的服务。

这样的机会没让李秋莲等待太久,2004年国家启动了"星光工程",主要目的就是给社区解决办公场所严重不足的问题,按照政策,每个社区可拿到8万元的补贴。但对红旗这样的城市社区而言,8万元想要建房作办公场所,地皮的费用都不够。怎么办呢?李秋莲灵机一动找到当时的小区物业经理,与企业商议,以3.5万元租借现有的闲置土地由社区掏钱自己盖房子,用满25年后连地皮带房屋一同交还给企业。这样一方面企业的闲置土地产生了收益,另一方面社区也找到了能够实行的土地方案。这样的条件得到了企业支持,然而第二个问题又来了,8万元减去3.5万元的土地租金,剩下的4.5万元已经不够盖起足够的房屋了。面对这一窘境,李秋莲没有气馁,她带领全社区工作人员和部分居民自己动手,凡是能自己做的全不假手施工队。就这样,除了砖头、水泥、钢筋等必要建材需要购买以外,铝合金门窗是社区干部从工厂里找来的旧门窗,施工支架是社区干部带领居民搭建起来的,所有的电焊作业、油漆作业、水电作业全部都是社区干部和辖区居民一起完成的。就连盖好房子后的办公桌椅、沙发等，都是从当时正在搬迁的公安分局那里"讨"来的。就这样，红旗社区开始有了自己的办公场所，有了自己的群众活动室，大冬天来领取低保金的群众也不用再在室外跺脚了。

第二个困难是获得群众认可，赢得群众信任的问题。

在群众眼里，创立之初的社区更像一级政府，由于对社区工作的不了解，群众不免对社区干部有些不了解或不信任。特别在面临收集居民信息这样的事情时，群众往往表现出不理解或不配合的一面。面对这样的状况，李秋莲没有灰心丧气。她干的头一件事，就是揣着亲手绘制的表格，挨家挨户走访辖区单位和居民，不厌其烦地询问、记录、核对。几个月下来，她跑遍了社区角角落落，不仅跑坏了两双鞋，脚上也磨出了血疱，她就是这样用最"笨"的办法掌握了辖区单位基本情况及居民住房、收入、就业、子女就学等第一手资料。在走访中，下岗职工生活的艰辛、"三无"老人的孤苦伶仃、各种矛盾的激烈程度不仅让她震撼，也成为她从此难以割舍的牵挂。当时，社区工作一没有概念，二没有现成经验，但李秋莲心里清楚：只有自己把群众当亲人，群众才能把自己当亲人，社区工作才会有群众基础。从此，在长达十余年的社区工作中，李秋莲始终把群众的呼声作为"第一信号"，把群众的需求作为"第一选择"，把群众的满意作为"第一标准"，急群众所急、帮群众所需，如一团火焰温暖着社区群众的心。红旗社区人多事杂。自从揽上这"管闲事、受闲气"的活，李秋莲就把心都交给了社区。谁家的水管该修了，谁家的电表坏了，谁和媳妇吵架了……李秋莲不仅记在本子上，还牢牢装在心里。就这样，她整天跑前忙后，不辞劳苦地奔波在社区的大街小巷，被群众亲切地称为"小巷总理"。

十余年来，无论是在汛期抢险救灾的泥水里，在帮孤寡老人盖房的工地上，还是在社区老党员的病床前，在为群众办事的路途中……哪里有群众的需要，哪里就有李秋莲的身影。她为群众办的好事，她自己已经记不清了，但社区老百姓说起来却好像总也道不完。例如，有一年红旗社区服务站所在的小区排水管道老化，无法供水。同时由于该小区建设较早，没有修理基金，无法维修。市民们无法正常生活，准备集体去市政府上访，正在辽宁开会的李秋莲书记听到消息后，连夜赶回铜川对居民们进行安抚和调解工作，并带头出修理基金。在李秋莲书记的感召下，非公支部的书记刘卫星主动承担起了小区内几户贫困居民的费用，其他居民也纷纷拿出了自己那一份基金，最终排水管道得到维修，矛盾得以化解。

皮革厂居民楼的地下水管道长期漏水，又因为自来水厂的工作人员疏于检查，没有发现漏水问题。发生因漏水造成的经济损失无人负责的情况，随后自来水厂就以居民不交水费为由停止了对居民的供水。居民和自来水厂因此产生了矛盾，双方彼此争论不休。李秋莲书记得知此情况后非常关心，她首先安抚群众的情绪，由社区每天往居民楼送水，解决居民的燃眉之急。而后才开始对水厂和居民之间的矛盾进行调解，由社区牵头，将双方置于一个共同的平台之中平和友善地交流谈判，最终矛盾得到了很好的解决。

二、不忘初心，谱写为民服务的一曲赞歌

2004年5月，因积劳成疾，李秋莲右肾严重萎缩，做了肾脏切除手术。从那时起，单肾工作的她每天晚上回到家，双腿浮肿得几乎抬不起来。随着社区的发展，繁重的工作使她又患上了高血压、慢性肾炎、颈椎病、腰椎间盘突出等近10种慢性疾病。当病痛集中发作时，她脸色惨白，豆大的汗不停地从额头渗出，好几次都晕倒在工作岗位上……然而，就是在这种情况下，她依然坚持忘我工作，带领支部一班人，不断创新为民服务新路子，用生命擎起为民服务的"一面旗"。2004年她建立了铜川首家社区党员网络化管理制度，2005年建立了铜川市第一个社区党员志愿者队伍，2006年建成了铜川市首家社区党员服务中心，2007年探索建立了"1168"服务模式，2008年建成了铜川市第一家社区再就业实体，2009年实施为民服务"五大工程"。2010年以来，她紧抓社区"三有一化"建设机遇，在双脚浮肿得连鞋都穿不进去的时候，建成了铜川市第一个"8+X"一站式服务大厅，并建立24小时便民服务热线电话、开通短信服务平台、网络交流平台，开通了社区QQ群；建立了便民、志愿者、小区代办三类二十多个服务站，开展上门服务、代理

服务，实现了社区服务"一站通办"。

在血压高达 180mmHg，每天靠大量降压药保证不晕倒的时候，她总结推行以网格化管理、智慧化服务、联动式共建为主要内容的"网格化大联动"党建模式，变"上面千条线，下面一根针"为"上面千条线，下面一张网"，创造出了红旗社区十多年来未发生一起群体性事件和非正常上访事件的奇迹，在全省产生了广泛影响，这一党建工作模式得到了中央纪律检查委员会书记、陕西省委原书记赵乐际同志的高度评价。

2013 年，在颈椎病、腰椎间盘突出同时发病，将她折磨得连头都抬不起来的时候，她开办了社区"老年大学"、医务室和"老年小饭桌"，为残障人士和老年人建立了康复训练室，丰富了群众生活，方便了群众就医就餐；建立了群众排练厅、社区书院、文化长廊，推进了和谐、健康、绿色、人文社区建设。在她强忍痛苦，一边挂着吊瓶，一边画着图纸的时候，组建了社区爱心超市，在网络上聚集正能量，帮助困难群众；并想方设法筹集资金购买高清电子显示屏，引入治安监控信号源，建设信息化服务系统，推进智慧红旗建设，等等。这些措施，极大方便了群众，使红旗社区各项工作始终走在铜川市前列，特别是在社区党建和服务群众方面创造了十多项"铜川第一"，为铜川乃至陕西社区党建和社区服务提供了宝贵经验，赢得了广大群众普遍赞誉和各级组织的充分肯定。

2016 年，李秋莲大胆创新，拆前台建后台，运用信息化技术改造服务模式，逐步实现为民服务精细化。她坚持把打造一流社区、提供一流服务作为目标，通过拆前台建立了"一库两系统"服务管理后台，节省大量人力物力去收集社情民意，实现了社区党组织力量下沉，用"信息跑路"代替"群众跑腿"。建立居民信息数据库，组织网格员进格入户开展拉网式摸排登记，逐一采集人、地、物、组织等相关信息，做到"格不漏房、房不漏户、户不漏人、人不漏项"，达到信息实时更新、一网通用、多方共享。建立外网服务系统，将八十多项公共服务和社会管理事项全部纳入外网服务范围，通过数据库自动比对，实现了审核前移。居民只需一张身份证就可在自助终端机办理所需事项，各种证明、表册自动生成，一站式办理率达到 98% 以上，办结率达到95%以上，基本实现了"一站通办"。建立内网服务系统，为社区29名网格员配备手持移动终端设备，每天入格巡查，全方位收集民情民需，并通过内网服务系统对社情民意进行采集、传送、处置，做到矛盾纠纷、居民需求、社会治安等信息"一网揽尽"，将居民的诉求和困难解决在家门口，把社区服务管理工作推向了更高水平，社区内环境整洁，治安良好，各类服务广泛，居民生活便利，人际关系和谐，为城市社区治理探索出了新路径。

2017年11月7日，中共中央组织部《全国基层组织建设情况通报》以"红旗社区党旗红"为题，对红旗社区抓城市基层党建经验进行了专题刊载。通报指出，"红旗社区的经验是上海会议的生动诠释，为中小城市基层党建提供了社区样板和典型示范"。2017年年底，《中国组织人事报》等多家媒体对"红旗模式"进行了大篇幅、深层次、多角度的专题报道，"红旗模式"成为全国城市基层党建和社区治理的样板，前来观摩交流的省内外兄弟单位络绎不绝。

三、锐意创新，开拓智慧社区、智能社区新阵地

在红旗模式建立的探索过程中，为站在智慧社区最前沿，李秋莲书记曾奔赴全国各地走访调研学习。2012年，李秋莲书记自付路费前往福建省福州市军门社区学习先进经验，考察过后，她在充分考虑铜川的实际情况后得出结论：出于地理经济原因，在地处东南沿海城市的军门社区能够装配的先进设备，地偏西北的铜川市或许很难承受，军门社区的一些经验可能很难在红旗社区推广。随后，李秋莲书记再次与同事驾车奔赴同属西部的汉中市考察其他智慧社区的建设情况和经验，遗憾的是，汉中该社区所处的地区主要以农业、手工业生产为主，强调环保协调建设，而铜川作为工业城市，多以重工业生产为主，汉中的经验同样难以适用于铜川。最后，李秋莲书记决定以铜川市红旗社区的实际情况为基础独立建立一个更接地气的"红旗模式"，自力更生。

在打造智慧红旗社区初期工作中，面对社区工作人员缺乏相应的设计、系统技能的现状，李秋莲书记在西安召开市级党代表会议时寻求有关部门的

帮助。市委组织部很快反应，安排王益区电子政务办办公室主任协同李秋莲书记进行智慧社区建设工作，奔赴西安寻找软件开发公司。经过半个月的寻找，李秋莲书记一行人找到了西安软件制作公司——西安荣天信息技术有限公司（以下简称荣天公司），并与其达成了初步合议，社区提供构思、设想，荣天公司进行具体实操，按照社区要求设计软件。另外李秋莲书记强调，该软件务必要有着极强的时代适应性，要有着足够强大的顺时而动的性能，必须是一款新时代的信息软件。在如今早已换上"新式装备"的社区里，社区在对软件的使用过程中不断地积累经验，向荣天公司反馈新的需求，而荣天公司根据社区的需求不断地加强软件的性能。这一套前所未有的智慧系统的建立必须要求有很强的资金力量的支持，10万元的制作费用对于那时的红旗社区来说，实在是一笔不小的开支。为了尽可能地减少开支，李秋莲书记积极同公司协商费用问题，提出：在公司给予社区软件价格的一定优惠之后，社区通过免费为该软件打广告的方式，即通过日常的软件使用过程为该软件以及背后的荣天公司进行宣传，以此作为公司给出相应优惠的回报。最终，在李秋莲书记等人的努力下，社区与公司最终达成协议，并且，社区还获得了公司赠送的一个外网系统。曾经设想，信息采集资源多方共享主要是为了方便工作人员，如此一来，居民可以通过外网直接得到社区的服务。

在此基础上，红旗社区积极将"一站到底"服务网站和王益"智慧党建"平台有机对接，建立了红旗社区智慧网站，建成上下联动、层级清晰、横向到边、纵向到底的"互联网+社区服务"的"五网合一"的社会党建智慧化合体系统（信息服务网、社区公众网、视频监控网、环境监测网和社区官网），为党员群众提供了集宣传教育、管理服务、互动交流于一体的电脑、手机两个终端承载的"智慧党建"系统服务平台，为党员群众提供了指尖课堂（党员可通过平台随时随地获取各类学习内容，打破地域、时间限制，实现学习常态化）、网上支部（让党员参与活动随时随地，党员可跨越时空远程参与网上组织生活，接受党组织的教育、管理和监督）、网上办事（党员可通过平台进行转移组织关系，缴纳党费等）和联系服务群众互动交流的内外网相结合的有机信息化平台，改变了传统的党建服务方式，实现由"上面千条线、下面一根针"到"上面千条线,下面一张网"的党建引领服务新体系的转变,开启了红旗智慧社区党建新模式。

四、授人以渔,积极协调辖区居民改善生活环境和经济条件

铜川矿物资源枯竭之后,大量下岗矿工涌向城市,加重了城市治理的难度。所以社区经常针对辖区失业人员展开一些培训,包括烹饪、编织之类。同时,红旗社区积极为居民提供展现的平台,通过向人社局申请争取了大量专业人员,引导居民报名并统计人数,利用政府资源对居民进行培训。

李秋莲书记经常在超市为社区的下岗女职工寻找职位,积极帮助困难居民寻找工作。李秋莲书记在任期间每一个季度都会在社区内召开培训会,如酒店大堂经理、下岗职工、手工编织等培训,教给居民一些就业技能,甚至还包括一些小吃培训。还联系了相关烹饪技工学校的专业人才,利用学校内的教学资源、教学器材、教室对受训人才进行专业技能培训。社区食堂建立后,不仅方便了社区老人就餐,还利用食堂场所进行了烹饪技能培训。通过这些技能培训,辖区居民能够学以致用,切实增加了家庭收入,减轻了家里的经济负担。

另外,李秋莲书记还积极组织居民改善辖区居住环境,她的组织协调能力在"拆煤棚"工作中表现得尤为突出。

位于红旗社区西山的新风居委基础设施建设差,供暖条件不足,许多居民取暖需要用大量的煤,就见缝插针地在道路两侧、家门口建造了大量的煤棚,阻碍了本就狭窄的道路交通。应"四创"工作的要求,社区要开展针对煤棚的拆除工作。要拆除煤棚,家里有煤棚的居民自然是不愿意的,许多不理解的居民就不太配合社区工作,李秋莲书记只好与新风居委主任挨家挨户上门做工作。在没有劳动力支持的情况下,李秋莲书记号召了红旗社区全体网格员、低保户投入煤棚拆除工作,社区工作人员用装面粉的口袋,将居民的煤炭收集起来,挨家挨户送回居民手中。为此,李秋莲书记的蓝色衣服全部变成了白色,鼻孔和脸庞都被煤渣染得黢黑。整理垃圾的过程中,李秋莲

书记组织工作人员组成"人流",从自己开始一路排到距离很远的垃圾房,李秋莲书记带头一边清理,一边将垃圾传送至垃圾房,并最后联系垃圾清运公司将垃圾清运走。经过一个夏天的努力,红旗社区的"娘子军"将新风居委四百多户家庭的煤棚全部拆除完毕。从此以后,居民回家再也不用在狭窄的巷道中穿行,也不用怕一个火灾隐患就给整个辖区居民带来不可估量的损失了。

第三节 雁阵齐飞:学院式培养机制持续完善

"全国社会管理综合治理先进集体""全国基层低保规范化建设先进单位""第一届全国敬老文明号"……自2002年社区成立以来,红旗社区党总支始终把党建工作摆在重要位置,引领推动构建社会治理新生态,先后荣获了国家、省、市八十多项荣誉称号。"10多年前,办公场所只有6平方米时是先进;现在,1000多平方米时还是先进。"在陕西省铜川市,当地党员干部屡次用这句话评价红旗社区这个"老典型"。

"一枝独秀不是春,百花齐放春满园",红旗社区的巨大成功和成熟经验很早就引起区委、区政府的高度重视。在李秋莲书记带领下,"红旗模式"和"李秋莲式"社区干部被一波接一波培养出来,像李秋莲这样的社区书记也已经有了十余名,实现了"百花齐放、雁阵齐飞"的集群效应。

一、"雁阵齐飞"的整体思路

党的基层组织是党的各项工作落实的基础。不断增强基层党建工作的凝聚力、吸引力和战斗力,需持续提升社区内涵式发展方向,明确实践创新的发展思路。针对制约和阻碍当前基层党组织的建设问题,王益区各级党组织主动回应在改革发展中出现的新变化,在"围绕中心、服务大局"的前提下,以"社会治理"为重点加强社区基层党建,以"智能共通"为手段支撑精细化治理,以"传帮带"为抓手做好人才队伍建设。在此思路下,王益区党委积极实施了"雁阵方案",着力促使红旗社区、李秋莲书记在引领基层党建方面发挥出"领头雁"作用。

（一）以"社会治理"为重点夯实社区基层党建

党的十八大以来，我党更加注重加强社区党的建设，形成了资源共享、优势互补、共驻共享的社区党建工作新格局。党的十八届三中全会把"推进国家治理体系和治理能力现代化"作为全面深化改革的总目标提了出来，实现了由"管理"向"治理"的巨大跨越。社区作为国家治理的基本单元，承担着基层社会治理的重任。红旗社区作为王益社区实施"雁阵方案"的典型代表，围绕突出"社会治理"新要求，推出了"四社联动"工作模式，对于夯实党在社区的执政基础具有借鉴意义。

"社会治理是一项极为复杂的系统工程，涉及社会事务和社会生活的方方面面，需要党在宏观层面的统领和微观层面的指导，以准确把握创新社会治理的政治方向。"[①] "四社联动"具体而言是指以社区为平台、社会组织为载体、社会工作专业人才为支撑、社区志愿者为补充的工作机制。"四社联动"从试点走向全面推广，已经逐步成为王益区统筹协调抓社区党建和社会治理的一把"钥匙"。

基本思路层面，"四社联动"工作可以总结为"一二三四五"工作方案。具体来说：紧紧围绕争取"一个支持"，即争取政府购买社会力量服务的资金支持，引领社会组织和专业社工人才参与社区服务；建好"两个平台"，即市、区级社会组织孵化基地和城镇社区服务站；发展"三个组织"，即黄堡镇、各街道办和社区依托"两个平台"建立和发展社会组织、专业社工队伍和社区志愿者组织；健全"四项制度"，即在社区、社会组织、专业社会工作者和社区志愿者之间建立联席会议制度、信息联通制度、组织联建制度、服务联办制度；最后是开展"五项服务"，即政府下沉到社区的公共服务、社区开展的便民利民服务、专业社工提供的专业服务、政府购买的社会组织有偿服务、居民参与的志愿服务，切实完善社会治理体系，提升社会治理的水平。

[①] 徐玉生、张彬：《新时期基层党组织建设与社会治理耦合互动研究》，载《探索》2016年第1期，第85~89页。

红旗社区是社区党建的一面旗帜，红旗社区党委不断加强社区治理体系建设，通过创新工作思路和工作方法，形成了网格化、志愿化、制度化的社区治理模式和格局。其中，在治理"网格化"方面，红旗社区党委运用开放融合、区域统筹的理念，推行网格覆盖到户，采用"单元型"和"单位型"等方式将社区楼栋重新划分网格，建立了相应党支部与党小组，形成"社区党委—片区支部—楼栋小组"的网格体系，同时按照党员志向、兴趣爱好和职业专长，灵活组建网格党支部或党小组，着力扩大党的组织和工作全面覆盖、有效覆盖。在治理"志愿化"方面，整合社区党员资源，组建党员志愿者服务小组，及时处理社区居民反映的环境整治、邻里矛盾等突出问题，在党员志愿服务中维护社区的和谐稳定。

在治理"制度化"方面，为不断提升社区标准化服务管理水平，加强社区规范化建设，王益区以社区党组织为主体，通过结合"四社联动"试点工作，规范健全社区运行机制和区域党建联席会议制度，对全区20个社区的活动场所、居务公开程序、学习培训等进行了规范，制定印发了《关于加强村（社区）规范化建设工作的通知》，对社区在牌匾悬挂、印章使用、会议记录、村（居）务公开活动场所、学习培训上进行了明确规定，并投资统一印制了居民委员会记录本、居民代表会议记录本、居务公开记录本、居民监督委员会记录本、值班情况记录本等建档立卡资料，实现了社区管理更加规范化的机制。

上述做法在得到区委、区政府的肯定之后，王益区以"四社联动"为契机，积极开展社区阵地建设，在全区20个社区中全面推广实现了阵地建设方案。通过1个区级社区服务中心、6个街道社区服务中心、3个省级标准化示范社区、9个社区室外活动广场和20个社区服务站，使全区社区办公条件全部实现了"三有一化"目标，办公面积基本达到300平方米以上。特别值得一提的是，其中85%的社区建成了"一站式服务大厅"，这标志着"四社联动"工作平台的基本形成。与此同时，区党委、区政府以社区为依托，投资110万元搭建了区级社区服务信息网络平台，指派专人负责，定期开展业务培训，建立了区、镇办、社区三级信息员制度，不断优化和加强社区管理及服务水平，为城镇居民提供高效优质服务奠定了基础。

（二）以"智能共通"为手段支撑精细化治理

要实现精细化治理，仅靠人的参与是远远不能满足现代化治理需求的，也不能进行有效的监督，此时智能化技术的引入可以有效帮助治理主体监测到问题，以更高效的方式完成许多简单的工作，提高治理成效。

在王益区，红旗社区率先系统性引入了智能化信息方案，通过购买软件公司服务外包，将社区服务、便民信息、公安联网、政策法规等居民常会遇到的问题集中在社区服务大厅智能一体机上展示，这大大提升了精细化治理的效率和实效性。线上的内容通过服务外包，不断完善信息技术来实现。在线下，红旗社区通过不断加快内循环机制，持续完善网格员和志愿者队伍的建设，通过"网格员监督随手拍"和"幸福红旗手牵手"活动，将互联网、大数据等信息技术手段融入城市社区现代化管理之中，形成了及时发现问题、反馈问题、解决问题的快速处理机制；并引导市民广泛参与，着力构建群防群治大格局。

王益区将红旗社区这一做法进行推广，其特点是以科技化、信息化为基础，根据各个社区的社会治理网格划分，并结合每个网格内党员的多少及分布，本着"机动灵活、高效方便"的原则，尽量达到党员配置覆盖各年龄、各类职业专长，实现每个网格党组织的建设与配备。在辖区内充分利用网格组织党员活动，利用网格将党建资源良好整合起来，为党员提供点点对应、点面结合、全程跟踪的立体化服务打下坚实的基础。这样一来，一方面，上级党委的要求可以直接覆盖到基层党员中，党员可以及时执行，有效推动基层社会精细化治理；另一方面，网格中的群众也能够通过网格表达诉求，寻求党员的帮助，从而大大畅通了群众表达的渠道，在提升党群关系的同时，降低政府管理成本，并最终实现党群良性互动、多主体参与、分工明确、治理有效的精细化治理模式。

（三）以"传帮带"为抓手做好人才队伍建设

十几年来，李秋莲书记始终奋战在工作一线，兢兢业业，严于律己。红旗社区在李秋莲书记带领下，荣获了"先进基层党组织"等多项荣誉。作为一名"领头雁"，李秋莲书记在如何选择、培养社区干部的问题上有着自己独到的见解和标准。

1. "传帮带"的前提——坚持新时期好干部标准

2013年6月习近平总书记在全国组织工作会议上就什么是"好干部"提出了"五条标准",即"信念坚定、为民服务、勤政务实、敢于担当、清正廉洁"[①]。这五条标准全面深刻地阐释了选拔任用干部的基本原则和基本方法。这为新时代党管选拔任用干部树立了根本指针,也为城市社区党组织选人用人提供了正确的导向和根本遵循方略。

"一定要公心大于私心,他必须要公心大于私心,才能把这件事情干好。"李秋莲书记总结说。李秋莲书记认为,习近平总书记的讲话为新时期城市社区党组织精准科学地选人立贤树立了根本标准。信念坚定是指在选任干部时要把政治标准放在第一位,这是具有根本性、全局性、决定性的总开关。把好这个开关,就是要选任具有牢固"四个意识",坚定"四个自信",坚决"两个维护",对党忠诚、对人民忠诚的党员干部。

而为民服务、勤政务实则是对社区干部具体工作态度、方法和风格的要求。城市社区党组织在选任干部时要着重考核党员干部与人民群众的关系如何,与群众关系密切不密切,在群众中的号召力强不强,口碑好不好。还要考察党员干部有没有踏踏实实地做好党组织安排的工作任务,工作中有没有存在形式主义、走过场、应付检查的情况。对此,李秋莲书记曾说道:"社区的事情可大可小,关键就是要看咱们干部走不走心,是不是把群众的事认真办。"

在作风问题上,则一定要选择那些敢于担当、清正廉洁的干部。特别要重点考察社区干部在社区工作中、在为人民服务的实践中、在化解人民内部矛盾中、在执行党的路线方针政策过程中有没有冲锋在前、敢为人先的情况,是否有主动承担责任、为党的事业和人民幸福奉献自我的精神意志和实际行动,而非仅仅停留在纸面上。在面临集体搬迁、房屋改造、工程项目时还要注重考察干部的工作作风和生活作风问题。严防死守,加大力度,坚决禁止出现"带病提拔"的现象。

---

① 徐京跃、周英峰:《习近平出席全国组织工作会议并发表重要讲话》,载中央政府门户网站http://www.gov.cn/ldhd/2013-06/29/content_2437094.htm,访问时间:2020年12月8日。

2."传帮带"的目标——建设高素质专业化社区干部队伍

习近平总书记指出:"基层干部是加强基层基础工作的关键。"① 城市社区干部是党的方针、政策在城市基层的最终宣传者和执行者,是党加强同人民群众血肉联系的直接实践者。党的十九大报告指出:"要建设高素质专业化干部队伍。"城市社区党务专业化队伍建设问题,绝非一日之功,也不可能一蹴而就。对此需要在实际工作中抓好党务干部的教育培养,在选拔任用中着眼干部成长、放眼区域经济社会发展,把干部的业务专业化水平建设落实在干部工作的全过程中。

王益区下辖6个街道办事处和一个乡镇,共有20个社区和26个行政村,在这样一个社区为主、乡村为辅、条件有限的区域。想要实现高素质专业化社区干部队伍建设的目标,则必然需要因地制宜、循循善诱。

一方面,王益区各级党组织依据实际情况,始终将党务工作者政治素质问题摆在前列。只有政治过硬的党务人才,他的发展才有牢固的根基,才具有培养潜力。在实际工作中,王益区委始终注重加强理想信念教育,不断强化干部党员的责任意识,通过多种方式提升干部的党性修养,增强其服务群众的自觉性,保持先进的党员本色。在选拔任用过程中,把政治素质、协调能力摆在前列,综合运用党建巡察、思想政治建设巡察、民主生活会等结果,以组织推荐和个人推荐相结合的方式,选拔任用讲规矩、守纪律、能力强、素质过硬、道德品质良好,具有政治担当、工作作风扎实的干部。

另一方面,不断走向专业化的城市社区对干部提出了专业性的要求,有时甚至需要干部像"万金油"一样,才能应对基层工作的复杂局势。

作为红旗社区的领军者,李秋莲书记就是活学活用专业知识的典型例证。红旗社区最早的办公场地是李书记设计并找人施工的,最早的办公桌椅是李书记捡来其他单位的二手桌椅修理而成的,最早的宣传牌是李书记带领干部们一起做的,甚至在悬挂宣传牌需要电焊的时候,也是李书记带领几名干部买回焊条从零学起自己做的,在那个资源紧张、条件有限的特殊时期,这

---

① 习近平:《看清形势适应趋势发挥优势善于运用辩证思维谋划发展》,载《人民日报》2015年6月19日,第1版。

样艰苦朴素的精神和自力更生的做法，无疑为社区开展更多工作创造了有利条件。

而在今天，社区干部不一定事事自己动手，但都应具有一定的专业知识，这是党务人才下沉社区基层的基础。社区书记是"小巷总理"，社区干部更是面对群众，站在一线，需要实打实的作风和"刀下见菜"的本领。干部的专业素质是一个动态的过程，社区事务类型繁杂，不可能完全按照干部基础专业素质安排工作，也不可能有足够的基础专业需求岗位来适应干部的工作。干部不是万能的，但干部必须去适应不同的工作岗位。在实践工作中，随着不断涌现出的新问题和新情况，干部也在不断适应新的工作岗位并以新要求来衡量自我。总体而言，在"传帮带"的影响下，王益区的社区干部在适应不同岗位需求、适应不同工作环境方面，显现出过人的适应能力和问题化解能力。同时，在干部选拔任用过程中，王益区委按照岗位需求，始终坚持对全体干部开展相应培训，让社区干部能在干中学，在学中干，加速掌握专业方法和技能以适应工作要求，并成为岗位能手、技能高手、工作好手。

3. "传帮带"的方法——健全社区干部队伍职业体系

留人不仅要靠感情，更要靠事业、靠待遇，要让年轻人有盼头、有未来才行。十几年来从红旗社区走出的社区干部数不胜数，仅社区书记就多达十几名。梳理总结红旗社区十几年来的"传帮带"方法，有几个要点值得注意。

首先，总体谋划需要走在实践之先。社区工作者队伍建设是一个长期性、基础性工作，把社区工作者队伍建设纳入各级干部人才队伍建设的总体规划，是一件久久为功的事。社区干部队伍建设是党员干部队伍建设的重要组成部分，王益区出台相应政策文件，并及时颁布有关实施细则，在规划社区梯队建设以及分类培养的问题上取得了明显效果。其次，有必要优化职位管理制度。王益区通过建立健全社区工作者岗位可上可下的层级制度，建立资格认证制度，完善考核制度，健全从优秀社区工作者中选拔街道乡镇领导干部、考录公务员和招聘事业编制人员政策等，大大激发了社区干部队伍的积极性。最后，还要持续强化正向激励。红旗社区的出现，让很多居民提到社区就竖起大拇指，"金杯银杯"不如百姓口碑，这种良好的舆论氛围和社会评价方式，对社区干部队伍建设提供了良好的正向激励作用。上级单位与社区书记一道在思想上给予干部更多鼓励，用事业留人、用体制留人、用待遇留人，努力让他们的工作得到认可、奉献获得认同、努力赢得尊重。这样的做法使干部队伍的稳定性、凝聚力、战斗力都得到明显的提升。

二、学院模式的实施成效

党的十八大以来，王益区委贯彻党中央等上级部门部署要求，把基层党建摆在更为突出的位置，在全市基层党建实施"雁阵计划"，促进全市"两新"组织、村、社区等各领域党组织有机融合、互联互通、共建共享，推动了基层党建整体提升。2015年以来，"雁阵计划"走出了一条符合自身特点和规律的基层党建新路，全面从严治党主体责任持续压实压紧，取得了显著成效：一是党组织政治功能发挥明显；二是党组织组织体系更加健全；三是党组织活动载体不断创新，全市基层党建"雁阵"整体效应得到增强，成为坚强领导核心。

（一）党组织政治功能发挥明显

政治功能是基层党组织的"魂"。习近平总书记在中央政治局第二十六次集体学习时强调，共产党人的政治灵魂，就是"对马克思主义的信仰，对共产主义和社会主义的信念"[①]。当前组织工作和党建工作的热点在基层，难点在基层，创新点也在基层。基层党组织要牢固树立"四个意识"，坚决维护党中央权威和集中统一领导。基层党组织是实现党的全面领导的重要环节，王益区在深化"零距离"工作中着力增强社区党组织的政治功能，致力于促进政治功能和服务功能有机统一。

一是以换届为契机，用"零距离"工作理念强化社区党组织领导核心。政治功能的充分发挥、有效的组织覆盖是基础。一方面，在"两委"换届过程中坚持将政治标准放在首位，坚持党委统揽全局，树立正确选人用人导向，

---

① 中共中央宣传部：《习近平总书记系列重要讲话读本》，学习出版社、人民出版社2016版，第107页。

注重从社区专职工作人员、优秀高校毕业生和社会组织负责人中推荐社区"两委"成员人选；另一方面，街道党委坚持严格组织把关，既坚持对人选把关，也注重对工作程序和业务把关，重点是把好人选资格、组织考察、督查指导"三关"。

二是以突出原则性、战斗性为要求，严肃党内政治生活。一方面，搭建多级党员教育阵地，初步形成了以"每月轮讲党课，过政治生日，重温入党历程"为特色的集中学习形式，原则性得到突出，进一步强化了政治引领。另一方面，对照上级文件，王益区各级党组织先后制定了《党建工作例会制度》《社区党建工作责任制度》《党建带团建工作制度》等规范，对政治理论学习、民主集中制建设、坚守政治纪律和政治规矩等具体的党内政治生活项目逐一做了细化要求，形成了"政治生活全员参与、活动开展全面监督、活动效果全程考评"的评价机制，强化了党员参与党内政治生活的动力，战斗性得到突出，进一步强化了纪律规矩。

（二）党组织便民导向特征显著

党的十八大报告提出要全面提高党的建设科学化水平。这是建设学习型、服务型、创新型的马克思主义执政党的本质要求，也是基层党组织建设的方向和目标。基层党建着眼于提升基层党组织的战斗力，将"权为民所系、利为民所谋"落到实处。而基层党组织的"政治功能和服务功能是紧密相联的统一整体，服务功能是党的政治功能在实践过程中的具体体现和延伸拓展"[①]。因而是否便民，是考察社区党建效果的标准之一。

王益区基层党建坚持全面从严治党，强化基层党组织整体功能，立足全区各领域党组织建设水平不平衡的实际，以项目化、标准化、特色化为立足点，解决基层党建工作虚化、弱化、淡化、边缘化的问题，切实提高基层党组织工作的科学化水平和便民化特征。

以红旗社区所在的红旗街道为例，早在 2012 年，红旗街道就立足实际创立了党代表工作室制度。由省、市、区、街道四级党代表共 46 人组成，工

---

① 耿洪彬：《基层党组织要突出政治功能》，载《光明日报》2018 年 2 月 22 日，第 5 版。

作室设联络员2名。截至2015年，共开展活动28次，收集建议意见54条，主要涉及城建、民政、计生、信访等，多属于反映问题类，问题办结率99%，街道党代表工作室的建立，充分发挥了"知党情、听民意、促和谐"的作用，受到了广大党员和人民群众的好评。

党代表工作室制度健全，体现在以下四点。一是建立了党代表接待公示制度，严格规定了党代表驻室时间、地点、接访方式及驻室党代表信息等情况。二是建立了回复责任制，党代表对党员和群众反映的问题和意见，可以答复的当场予以解答，对解决不了的问题，向相关部门反映或协调，并及时向群众反馈处理情况。三是建立了走访调研制度，由党代表不定期到社区、居民家中进行走访，调研辖区情况，深入了解党员群众的意见和建议。四是建立了代表活动日制度，把每周的周一定为代表活动日，每月单周周一为集体活动日，双周周一为代表接待群众日。

为了使党代表工作室的职能得到充分发挥，红旗社区以街道办事处便民服务中心为依托，有计划、有安排地开展党代表接待，约见党员群众活动，增进党代表与党员群众的沟通与联系，认真对待基层群众反映的情况和问题，按政策在规定的时间内办理，做到事事有回音，件件有落实，有效地提高了党代表的履职能力。

（三）党建工作责任制不断落实

基层党建工作责任制是贯彻党要管党、全面从严治党要求，明确责任内容和目标，落实工作措施，确保基层党建工作取得实效的一项制度。建党以来的实践证明，抓好基层党组织建设，关键是加强和改进党对基层工作的领导，健全和落实各级党基层党建工作责任制，形成一级抓一级，层层抓落实的领导体制和责任明确、领导有力、运转有序、保障到位的工作运行机制。因此，以红旗社区为代表的社区党建工作，通过明确领导责任和健全工作机制来落实基层党建管党治党工作责任制。这一责任制包含以下三个层面内容。

1. 通过明确责任制内容，不断增强党建工作责任的规范性

王益区成立了以街道党委书记任组长，社区及辖区单位党组织负责人为成员的党建工作领导小组，定期进行情况通报、信息沟通、经验交流、统一安排部署社区党建工作。

2. 通过细化目标，增强党建工作责任的操作性

社区党建责任目标是确保"组织坚强有力、党员作用发挥、工作得到促进、人民群众满意"，并将其进一步细化。把社区党组织联系辖区单位党组织开展党建工作情况以及地区单位配合情况列为年度党建考核目标的一项重要内容，强化各级领导班子和党员干部区域化党建的意识。

3. 通过以人为本的党性教育，增强党建工作责任的实效性

全心全意为人民服务是党的根本宗旨，党的一切奋斗和工作都是为了造福人民。区委、街道始终把实现好、维护好、发展好最广大人民的根本利益作为一切工作的出发点和落脚点，尊重人民主体地位，发挥人民首创精神，保障人民各项权益，促进人的全面发展，做到发展为了人民，发展依靠人民，发展成果由人民共享。在此基础上所展开的阵地建设要围绕居民群众所盼来加强；活动开展要围绕居民群众喜爱展开；干部作风建设要围绕帮助居民群众解难事、做好事来加强；目标制度要围绕居民群众切身利益来制定；等等。

第四节 雁群效应："红旗式"社区治理经验推广及优化路径

我很欣慰的是，目前全区涌现了十多个"红旗式"的先进社区，这些社区党组织书记中，有一半以上都曾在红旗社区工作过，是我手把手带出来的。

——李秋莲

李秋莲书记和红旗社区其他工作人员眼里看着群众、心里想着群众、干事为了群众，得到了社区群众的普遍赞誉和一致好评。为积极发挥"红旗

经验"的辐射带动效应，增强城市基层党组织的凝聚力、战斗力和创造力，激发城市基层党组织活力，给居民群众提供零距离服务。近年来，王益区以红旗社区为样板，持续开展了"红旗经验"的试点推广工作，其目的主要在三个层面：以党建引领社会治理并服务社区发展，提升社区信息化基础支撑能力，共驻共建优化社区服务。

试点推广工作开展以来，在王益区委的有力领导下，在社区干部的积极作为下，在人民群众的密切配合中，王益区各地已经涌现出一批"红旗式"社区和"李秋莲式"干部，出现了"百花齐放、美美与共"的景象。各社区党组织书记带领社区工作人员积极向红旗社区靠拢，学习红旗社区的先进治理经验，并结合自己社区的实际情况加以创新，使得王益区涌现了一大批"红旗式"的高治理水平社区和"李秋莲式"的高素质基层社区党组织成员，极大提升了王益区的基层社会治理水平。

一、"红旗式"社区治理经验的推广

多年来，红旗社区党总支书记李秋莲带领社区干部不断探索提高社区治理水平，逐渐形成了各方治理资源互动融合、优化实施路径、细化治理标准和扩大治理覆盖面等好经验、好做法。为全面提高本地区治理水平，王益区委、区政府将红旗社区的治理经验以制度的形式固定下来，并将其落实和推广至辖区各社区基层党组织的日常工作中，从点到面持续推动辖区各社区基层党组织的党建工作强化和治理水平提高，有力推进了地区治理优化。

（一）各方治理资源互动融合

基层党建工作在社会治理中起到重要的引领作用，是基层社会治理的"领头羊"，具有鲜明的不可替代性。红旗社区在李秋莲的带领下，多年来不断提升党组织在基层社会治理中的组织、机制和能力引领功能，发展社区党总支领导下的社区居民自治、社会参与及民主协商机制，推动社区内部的多方治理资源互动融合。在红旗经验的推广中，云梦堤社区不断强化资源整合，社区治理风貌产生了明显的变化。一方面是注重多元协作。云梦堤社区以"五社联动"串起了社区服务的共情心，拓宽了共同治理的群众基础。建立以社区服务站为平台、辖区社会组织与单位为主体、社工和注册志愿者为抓手的"五社联动"机制。多次组织社工、志愿者及社会组织开展服务居民需求的便民活动。另一方面是加强党群联动。云梦堤社区按照"资源共享、优势互补、共驻共建"的原则，先后与辖区多家单位签订共建协议书，实现了在思想工作、社区事业、社会治安、市容环境和文化活动等多方面联防联办的新格局。社区建立居民议事工作制度，成立居民议事团、党员参事会，搭起社区交流平台。在丰富辖区居民文化生活、加强联防联治、改善市容环境等方面群策群力，同抓共管社区的城市环境提升、地质灾害治理、安全生产检查等重点工作。

（二）优化实施路径

红旗社区在治理过程中主动探索实施路径的优化，在组织设置和信息化建设等方面均做出了显著的成果。当前基层社会治理要求治理资源重心下移，形成资源向基层集聚和人才向基层流动的工作格局，红旗社区在组织设置上积极吸收利用下沉的治理资源优化自身，同时注重利用信息技术实现社区治理的现代化建设，这也使云梦堤社区在社区治理过程中得到了很大的启发。依托"互联网+"思维与大数据技术，云梦堤社区在融合发展中不断创新，在智慧服务中作为，不断激活社区党建微循环，着力建立起"一点通"社区"党建+服务"微平台。智慧党建平台同时也被称为"议事平台"，破解社区新难题。具体而言，是以党代表工作室为载体，探索建立了"群众提事、党代表约事、专题会议商事"的三级联动"约请制"，定期通过会议、座谈、走访等形式共谋社区建设、商议民生问题。云梦堤社区的智慧平台建设打破了社区"机关化"的工作模式，大大压缩了办公场地、扩大了服务场所。在管理上，智慧平台推行社区互联网服务模式，运用大数据管理技术、开发运行终端系统，建立起了智慧服务的"总后台"，大大提升了社区对于居民的服务品质。

（三）细化治理标准

治理过程中的高标准决定了治理水平的高质量，标准化是高程度治理的内在要求。无论是精密划网而治的网格化治理模式，还是对接发达地区社区治理的智慧平台创办，红旗社区始终坚持高标准的建设水平，这也是红旗社区能够从各地无数社区中脱颖而出，成为全国十大优秀基层社区治理案例的重要"法宝"。与红旗社区隔河相望的光明社区也从这一法宝中得到了启发。光明社区区域建设规划较早，建筑密集，布局拥挤，公共设施格局小、数量少，特别是公共文化服务供给的内容、形式、数量有限，文化工作难以有效开展，社区群众日益增长的文化需求与社区公共文化服务供给不足的矛盾就越来越突出。为此，光明社区党组织坚持高标准的社区公共文化服务，经过长期努力，将辖区内多家企事业单位文化物力资源和人力资源纳入共建范围进行有效整合，变短板为亮点，化困难为经验。最终以"党建引领、联盟共建、志愿服务、制度保障"为统领，提炼创新出"一心多点，10分钟公共文化服务圈"服务模式。将社区辖区各类文化体育机构、组织、设施等设计在社区"一心多点"服务模式架构和运行流程中，编制社区公共文化服务地图，同时组建社区公共文化服务联盟，建立数字化文化服务平台。光明社区的建设突破了社区公共文化服务建设发展"瓶颈"，实现了社区辖区文化体育设施的集约高效运行和公共文化服务供给形式、内容、质量的提高，使社区广大群众享受到了便捷、丰富的公共文化服务。

（四）扩大治理覆盖面

在党和国家加强基层治理过程中，红旗社区坚持贯彻全面治理的方针，无论是治理主体，还是治理内容，均被纳入社区治理体系。与红旗社区不同，王益区柿树沟社区与邻近的炭科沟村一河之隔，社区、乡村可谓一衣带水，隔河相望。党的十九大提出乡村振兴战略，首次将"城乡融合发展"写入党的文献，标志着中国特色社会主义工农城乡关系进入新的历史时期。[①] 习近平总书记曾强调，"我国拥有13亿多人口，不管工业化、城镇化进展到哪一

---

① 湖南省中国特色社会主义理论体系研究中心：《实施乡村振兴战略 走城乡融合发展之路》，载人民网 http://theory.people.com.cn/GB/n1/2018/0316/c40531-29872447.html，访问时间：2020年12月8日。

步,城乡将长期共生并存。40年前,我们通过农村改革拉开了改革开放大幕。40年后的今天,我们应该通过振兴乡村,开启城乡融合发展和现代化建设新局面。"① 在王益区以红旗社区为样板进行全区治理经验的推广过程中,柿树沟社区党组织在借鉴红旗社区治理经验的同时根据自身情况加以创新,最大限度地拉近了"社区—乡村"之间的距离,给社区居民和炭科沟村村民提供了更好更全面的服务。

在区委、区政府的支持下,2018年,柿树沟社区与一河之隔的炭科沟村联合探索实施了城乡文化融合机制,通过地域的融合、人的融合、活动的融合,使城乡文化差距大幅度缩小,城乡居民联系日益紧密,为城乡联动发展奠定了基础。文明建设是一项需要全民参与、全民支持的重要领域,是推动整个社会发展的必经途径,柿树沟社区采用了一种直接有效的融合办法,即以较为领先的社区的文明建设平台和实践水平为阵地,通过社区的文明实践带动乡村的文明实践。设立社区建设文明实践教育中心,通过城乡联动,相互促进,互相学习,带动柿树沟社区居民和炭科沟村村民的文明素质同步提高。随后,经过认真分析、缜密论证,在"党建引领+城乡融合"思路的指引下,"柿树沟社区(炭科沟村)新时代文明实践站"建设工作在2019年伊始正式启动,在多方努力下,共同打造了一个涵盖传承优秀传统文化、未成年教育、志愿服务、乡村振兴以及培育良好社会风尚的综合性新时代文明实践站,全面提高了柿树沟社区居民和炭科沟村村民的素养和社区(乡村)社会治理水平。

二、"红旗式"社区治理的优化路径

基层党组织是战斗在基层社会治理和基层党建工作第一线的战斗堡垒,肩负着领导社区工作人员和居民进行社区治理以及带领党组织成员进行基层党组织建设的重要职责。基层党组织的强弱事关自身战斗力和凝聚力,决定着基层党组织能否带领基层民众做好治理工作。在社区党总支书记李秋莲的努力下,红旗社区积极理解和实践党和国家关于加强基层治理的政策,持续

---

① 邹进泰、肖艳丽:《建立健全体制机制 破解城乡融合三大难题》,载人民网 http://theory.people.com.cn/n1/2019/0630/c40531-31204103.html,访问时间:2020年12月8日。

不断地推进社区治理提升和社区党组织建设,并最终成为全国最优秀的社区治理典型案例之一,李秋莲带领下的红旗社区党组织也成为当之无愧的"战斗堡垒"。在李秋莲看来,这些"从红旗社区走出去的人"个个都是能独当一面的优秀人才,他们为整个王益区治理水平的快速提升做出了相当重要的贡献。红旗社区成为全国社区治理优秀案例后,王益区以红旗社区为样板,在全区推广"红旗式"社区治理模式,辖区内的社会治理水平不断提高。但随着社会和时代的发展进步,王益区在推行"红旗式"社区治理模式的过程中,也面临着诸如社区党组织党性教育不足、党员或工作人员素养不够及数字信息化建设不完善等新情况、新问题和新挑战。对于这些薄弱环节,必须强化问题意识和问题导向,寻求解决优化路径,以攻克王益区提高基层社会治理水平道路上的阻碍。

(一)加强党性教育,坚定理想信念

加强马克思主义党性教育和坚定无产阶级理想信念,是基层党组织和基层党员所面临的重要课题。党性不够、理想信念不坚定,就无法开展基层党建工作,无法团结和领导民众,更无法做好基层社会治理的工作。面对社会发展的新形势、新任务,王益区要重点加强对全区党员干部的党性修养教育,以提高党建引领社会治理水平,为基层社会治理保驾护航。

一方面,要坚持不懈地以马克思主义为理论指导。理论武装体现着马克思主义政党的性质,承载着共产党人的使命追求。[①]用马克思主义理论武装共产党员的头脑是党性教育的基础环节,是坚定理想信念的关键保障。新时代具有新特征,当前对基层党员干部进行思想理论教育时,不仅应学习马克思列宁主义、毛泽东思想等经典著作,更要以马克思主义中国化的最新理论成果即习近平新时代中国特色社会主义思想武装自身,指导实践。将马克思主义基本原理和马克思主义中国化的最新成果作为基层党员的必修课,做到党的理论每前进一步,对基层党员干部的教育就跟着前进一步,全面提高基层党员干部的马克思主义理论素养。

---

① 黄坤明:《坚持不懈抓好理论武装》,载《人民日报》2016年11月29日,第7版。

另一方面，要持续推动"两学一做"等学习教育活动向纵深发展。为改变全体党员干部中思想不纯、理想信念不坚定等现象，2016年，党中央决定在全党开展内容为"学党章党规、学系列讲话，做合格党员"的"两学一做"学习教育活动。"两学一做"学习教育活动是加强基层党员干部思想理论和党性修养的良好路径，在新时代要继续深入推进，并赋予其不断更新的最新理论内容。首先，强调"学"的重要性，扩充学的内容，包括学习党章党规和习近平总书记系列重要讲话。明确党内法规是"党为保持其党性原则、实现党的宗旨、贯彻党的路线、方针的需要而制定的约束党组织和党员的行为准则和规范，是党的各级组织和全体党员的底线"[①]。重点学习《中国共产党党内监督条例》《中共中央关于加强党的政治建设的意见》《关于新形势下党内政治生活的若干准则》等党内法规文件，坚持创新学、全面学和联系实际学的方针。其次，强调以"做"为最终目的和归宿，实践是理论的落脚点，党中央开展"两学一做"学习教育活动的目的即为加强广大党员干部对马克思主义理论的实际运用。要坚持用实际行动促进学习，进一步做到"四讲四有"（即讲政治、有信念，讲规矩、有纪律，讲道德、有品行，讲奉献、有作为），保持基层党员干部的纯洁性和先进性。最后，开展典型案例教育活动。"榜样的力量是无穷的。善于抓典型，让典型引路和发挥示范作用，历来是我们党重要的工作方法。"[②]开展榜样示范学习活动，既是对党在革命、建设和改革过程中进行先进典型工作实践的延续，也是对马克思主义关于培育模范典型思想的继承和发展。通过开展典型案例示范教育活动，将模范榜样作用和反面警示作用相结合，使基层党员干部树立正确的权力观和地位观。

（二）培育高素质专业化的治理队伍

在当前社会治理日益要求精细化、治理分工愈加明确的背景下，基层社区治理队伍的素质和专业程度的重要性日益凸显。在王益区所要推广的"红旗式"党建引领网格化治理模式中，一支高素质、专业性强的社区党组织不

[①] 刘焕明：《坚持级在法前，推动纪法衔接》，载《红旗文稿》2016年第24期，第17页。
[②] 习近平：《之江新语》，浙江人民出版社2007年版，第194页。

仅是强化社区治理能力的必然要求，也是加强基层党建工作的重要保证。王益区要培养高素质专业化的治理队伍，第一要选优配强基层党组织书记，尽可能多地培养出"李秋莲式"的社区书记，带领社区党组织实现治理水平的提升。社区党组织书记是以社区为单位的治理单元中当之无愧的"领头雁"，其重要性不言而喻。要坚持选拔任用好干部的标准，以"信念坚定、为民服务、勤政务实、敢于担当、清正廉洁"五项要求为红线，选拔出"心中有党、心中有民、心中有责、心中有戒"的基层党组织书记。坚持正确的选人用人导向，培养出"牢固树立'四个意识'和'四个自信'、坚决维护党中央权威、全面贯彻执行党的理论和路线方针政策、忠诚干净担当"的社区党组织成员，全面贯彻党和国家的治理政策，提高本地区社会治理水平。同时要对基层党组织书记进行专业化、集中化的治理能力培训，将对基层党组织书记的专业能力培训贯穿其任职的全过程，努力做到习近平总书记所强调的："无论是分析形势还是作出决策，无论是破解发展难题还是解决涉及群众利益的问题，都需要专业思维、专业素养、专业方法"。[①]

第二要优化治理干部的成长路径。坚持对社区干部磨砺作风、提升素质的原则，定期选派各社区基层党组织书记到红旗社区等治理程度较高的社区进行学习实践，了解治理效果好的社区的运行机制和独特之处。同时通过红旗社区这一平台培育优秀治理人才，并选派到其他社区担任党组织书记，推广红旗社区先进的治理经验，以"传帮带"的方式培养出更多高素养的治理干部。另外，还要坚持激励和约束相结合的方针，加强对社区干部的培养和监督，既能够帮社区干部弥补专业能力方面的知识盲区，又能够通过管理、技术和知识等要素分配方法，选拔出更为优秀的治理人才。

第三要引导社区干部树立正确的政绩观。教育广大基层社会干部要将长远利益和短期收益相结合，不能只顾眼前的治理成效而忽略其长期影响。要抛弃"政绩不够、作秀来凑"的错误政绩观，多做让居民群众感受得到的实事和为后备打基础的先头工作。另外，也要坚持理论与实践相结合的原则，

[①] 中共中央文献研究室：《十八大以来重要文献选编》（中），中央文献出版社2016年版，第835页。

在社区治理过程中多开展实地调查工作。习近平总书记强调："调查研究是谋事之基、成事之道，没有调查就没有发言权，没有调查就没有决策权。"① 只有以经过实地调查所获得的第一手实际资料为基础，才能作出正确的治理决策，提高治理水平。

（三）推动区域化整合，深化信息技术使用

自党的十八届三中全会提出要推进我国国家治理体系和治理能力现代化的目标后，我国各地区愈发注重基层社会治理，有力推动了基层社会治理水平直线上升，国家治理体系和治理能力现代化的目标也在逐步实现。在铜川市王益区等治理水平较高的地区，要推动基层社会治理水平更上一层楼，则需要将更加创新的思维方法运用到具体实践中。

一方面，王益区辖区整体的居民生活水平、风俗人情差别不大，这就有机会进行全区范围的联合走访调查，深入基层、根植群众，统筹各个街道及下辖社区内居民对于本地区治理水平的评价及意见反馈。做到找准问题，摸清状况，深入了解治理过程中所遇到的难题和还没有治理到的问题，争取当场快速解决，遇重大事项或难以解决的问题则记录在案，调查走访后召集相关部门协商解决。同时在调查走访的过程中还可以推动社区党员干部和居民村民之间感情的进一步升温，促使党员干部牢固树立为人民服务的思想信念，降低社区治理难度。另一方面，对于前期治理过程中所引入的信息技术平台或大数据建设，不能只懂得如何操作使用，更要从集合多部门信息、整合多方面资源入手去扩充信息平台，使相同类型的治理工作融合办公，提高治理效率。同时通过邀请高校专家讲解新时代信息化治理的现状及未来发展等方式，对数字信息化治理模式进行更好地优化，以便其能更好地为基层社会治理服务。

---

① 中共中央宣传部：《习近平新时代中国特色社会主义思想学习纲要》，人民出版社2019年版，第249页。

第五章 红旗经验的创新与发展

第一节 柿树沟社区城乡融合

一、柿树沟社区概况

柿树沟社区成立于2002年6月，位于王益区王家河南路7号，南起陕煤一处，北至王家河大桥，占地0.3平方千米，地处城乡接合部，与炭科沟村仅一河之隔。截至2021年，辖区有企事业单位7个，居民小组6个，2330户6656人，其中60周岁以上老年人1464人，残障人士320人；辖区有党组织8个，在职党员142人，社区党支部直管党员37人；社区有工作人员15人，网格员12人；社区发展社会组织10个，志愿者服务队伍10支，注册志愿者1022人。

近年来，柿树沟社区党支部在各级党委的正确领导下，着力打造"学习型、创新型、服务型、务实型、文化型"的"五型"党组织，充分发挥基层党组织战斗堡垒作用，因地制宜、就地取材，传承创新"红旗经验"，总结出了"党建联动、文化融合、服务共享"党建服务新模式。通过广泛发动辖区单位及党员干部群众，以互动促互融，构建党建共同体；以地域融合、居民融合、活动融合，推进城乡文化融合发展；通过拆前台、建后台、搭平台，有效运用"互联网+"信息化社区服务平台，建成了智慧化服务体系，实现了信息多跑路、群众少跑腿，全面建成了线上为主、线下为辅的"双线"群众服务模式。

通过不断努力，柿树沟社区逐步形成了"党建引领联动化、社区管理网格化、社区服务智慧化、社区事务民主化、社区治理多元化"的"五化"社区服务架构，社区的建设水平和服务水平取得了显著提升，也得到了社会各界和群众的充分肯定。近年来，社区荣获了"全国民主法治示范村(社区)""全国综合减灾示范社区"；省级"标准化示范社区""和谐社区建设示范社区""科普益民示范点""基层应急管理示范社区""最佳志愿服务组织""老年人友好型社区"；市级"先进基层党组织""文明社区""公共文化服务示范社区""三八红旗集体"等40多项荣誉称号。

二、党建引领下的柿树沟社区城乡融合发展基本概况

习近平总书记指出，"乡村振兴战略是新时代'三农'工作总抓手""要把乡村振兴战略这篇大文章做好，必须走城乡融合发展之路。我们一开始就没有提城市化，而是提城镇化，目的就是促进城乡融合"。① 城乡融合发展是我国社会主义本质要求的生动体现，是乡村振兴战略的总出发点。2019年4月15日，《中共中央 国务院关于建立健全城乡融合发展体制机制和政策体系的意见》(以下简称《意见》)公开发布，对城乡融合进行整体部署。其中，不仅确立了建立健全城乡融合发展的体制机制要分"三步走"的改革路线图，更有涉及户籍、土地等多个关键领域的改革任务书。为从根本上理顺城乡关系提供了重要遵循，必将推动我国城乡关系加快进入融合发展新阶段，开启城乡融合发展和现代化建设新局面。《意见》中也明确提出，"改革开放特别是党的十八大以来，我国在统筹城乡发展、推进新型城镇化方面取得了显著进展，但城乡要素流动不顺畅、公共资源配置不合理等问题依然突出，影响城乡融合发展的体制机制障碍尚未根本消除。"因此，城乡融合发展需要有效载体，需要以促进基本公共服务均等化、城乡要素流动自由化、交换平等化，形成工农互促、城乡互补、全面融合、共同繁荣的新型工农城乡关系，加快推进农业农村现代化。而新型乡村社区是城乡融合发展的重要载体，建设新

---

① 习近平：《把乡村振兴战略作为新时代"三农"工作总抓手》，载求是网 http://www.qstheory.cn/dukan/qs/2019-06/01/c_1124561415.htm，访问时间：2020年12月15日。

型乡村社区是就地实现城镇化的重要途径之一。

新型乡村社区是一种社区生活共同体，包括一村一社区、一村多社区、多村一社区三种类型，具有社区治理高效化、产业结构现代化、基础设施城镇化、公共服务均等化、就业结构城市化等特征。这些特征与城乡融合发展目标高度契合。因此，应以建设现代化乡村社区为抓手，推动城乡全面融合发展，助力农业全面升级、农村全面进步、农民全面发展，不断提升农民获得感、幸福感、安全感。

党的十九大召开后，王益区政府和王家河街道在统筹推进"乡村振兴战略"中，以王益区"五新战略"为出发点，综合王家河实际情况，把"文化融合、设施共享、旅游共建、乡村振兴、城乡联动"作为城乡融合发展的思路，将乡村的发展与社区的文化发展作为一个有机整体，致力打造全新的城乡关系，并于2018年把推进柿树沟社区和炭科沟村文化融合发展作为城乡一体化发展的先行示范点，寻求城乡融合发展突破口。经过一年多的探索实践，通过党建引领、正确导向，以"地域融合、人的融合、文化活动融合"的形式落实举措，形成机制，使以城带乡、城乡文化融合发展取得了良好成效，不仅推动了城乡文化繁荣发展，坚定了城乡文化自信，还促进了城乡共建互动，增进了城乡群众的情感交流，提升了城乡文明素质。

以柿树沟社区这个地理优势和产业优势较明显的城乡接合部为示范点，在其城乡文化融合机制日臻成熟的基础上，继续探索实施"以城带乡、以乡促城、城乡联动、区域协调融合发展"机制，以互动促互融，推进共建共管共享。通过党组织的主导引领和协调支持，进一步拓展城乡联动项目和覆盖范围，在产业、文化、人力资源、生态环境、社会治理等方面实施融合发展，结合城乡实际情况，找准接合点，使各自的资源优势得到充分利用，实现以城乡一体化为目标的新型城乡关系，通过推进城乡基本公共服务均等化、生产和生活方式同步化，逐步打破城乡二元结构。

一是城乡产业联动机制逐步完善。新型乡村社区产业结构现代化有利于促进乡村经济多元化发展。新型乡村社区产业结构现代化是指农村产业结构要进行合理化调整，向现代化转型升级，打造新型现代农业，并开发新的产业形态。柿树沟社区目前着力于建设一个城乡产业馆，展示城市文化特色和农村的产业品牌，形成宣传效应。

二是文化协同融合发展。近年来，王家河街道柿树沟社区党支部立足社区实际，以文化融合为切入点，以创建国家公共文化服务体系示范点为契机，积极探索城乡融合发展新路径，逐步形成了"党建联动、文化融合、服务共享"党建服务新模式。柿树沟社区位于城乡接合部，与王家河街道炭科沟村一河之隔，比邻而居，但双方平日往来较少。随着公共文化服务体系建设的实施，柿树沟社区和炭科沟村在文化建设方面均取得明显成效，但也各有优劣。社区的优势在于人力资源丰富，文化队伍多，城镇居民休闲时间充足，组织开展文化活动条件便利，但社区地域狭长、室外文化活动广场规模较小等服务设施场地的不足与群众不断增长的文化生活需求之间的矛盾越发突出；炭科沟村因外出打工人员较多，造成文化活动开展力量不足，村文化设施场地闲置率较高，一定程度上制约了农村文化的深入发展。如何充分发挥双方资源优势，使其得到有效利用，成为一个亟须解决的现实问题。

2017年，柿树沟社区党支部以打造示范性文化社区为目标，规范了"7+X"模式综合文化服务中心基础设施建设，并以群众需求为出发点，持续提升公共文化服务效能，推出了"小积分，大融合"特色服务。"小积分"，即以挖掘"文化能人"、引领社区文化新发展的惠民文化积分制，通过双向积分带动群众参与社区文化活动，激励有才艺的文化能人开展免费文化服务；"大融合"，即以王家河街道"文化融合、设施共享、旅游共建、乡村振兴、城乡联动"城乡文化融合总体发展思路为引领，通过地域融合、人的融合以及文化活动融合，实现城乡文化交流融合，打造柿树沟社区、炭科沟村城乡文化一体化先行示范点。同时，以智慧社区建设为契机，致力打造文化服务"E"模式，通过以智慧社区服务体系为主体、以信息技术提升文化共享机制的智慧文化服务特色，持续繁荣社区文化，不断满足居民群众持续增高的文化服务需求。

三是人才联动机制探索实施。在人才联动机制建设方面，社区党组织在人才吸收、培养、联动三方面分别着力，谋求多方合作，互鉴交流，促进共同进步。首先，吸收农村人才。农村有就业需求，城市有服务需求，可以实现共享，如城市有很多老年人需要护理和家政服务，农村闲散的家庭妇女可以从事这方面的工作。另外，农村有从事工程技术方面的人才，社区有建设方面的需求可以优先考虑。其次，培养农村人才。社区每年都开展职业技能培训，可以将农村有需求的人员纳入进来，开展切合市场需求的培训，帮助实现就业。最后，城市人才帮扶。社区在人力资源方面比较全面，可以在农村开展党建、电脑应用等方面提供支持和帮助；建立城乡人才数据库，将城乡有特殊技能的人才收集、整合，建成人才库。

四是生态环境治理融合发展。城乡可以联合开展治污降霾和环境卫生治理、河道环境维护等方面的工作；社区在志愿服务方面力量充足，可以在脱贫攻坚治理环境等方面给予帮助，也可以带动发展农村志愿者。为推进创建全国文明城市工作，营造良好的生活环境，社区党组织于2019年5月16日开展了大规模的环境卫生集中整治活动，炭科沟村党支部给予了大力支持，联系了4辆铲车、挖掘机和卡车，帮助社区清理清运垃圾，为社区解决了难题，得到了居民的高度赞扬。

五是社会治理城乡协同机制不断完善。新型乡村社区治理高效化有利于促进城乡融合发展高效有序。新型乡村社区治理高效化指在党委领导、政府负责、社会协同、公众参与的情况下，通过将法治、德治和自治有机融合，对乡村的公共事务进行有效管理，协调好乡村不同利益群体的关系、有效化解矛盾，确保乡村社会充满活力和安定有序。柿树沟社区大力推动城乡联合开展治安宣传和巡逻工作，改变"各扫门前雪"的现状；共同协商解决城乡接合部居民、区域等方面产生的矛盾纠纷；加强宗教引导管理，包括对农村信教人员的引导教育。拓展社区扶贫帮困范围，发动辖区公益力量，对农村困难群众进行帮扶救助。

2019年，柿树沟社区展开了数次城乡联动治理活动。清明节期间，王家河发生多起森林火情，社区多次组织志愿者积极协助炭科沟村开展巡查和灭火救援工作，解决了村里人手少的问题，避免了火灾蔓延。3月22日下午，为了深入推进扫黑除恶专项斗争工作，柿树沟社区联合王益区司法局、王家河街道办事处、王家河派出所、王家河炭科沟村开展了"扫黑除恶弘扬正气"主题文化宣传活动，向城乡居民宣传扫黑除恶知识。4月19日，柿树沟社区联合炭科沟村邀请铜川市公安局交通警察支队第一大队开展了"畅行安全路 幸福奔小康"暨"交安宣传走村入户文明交通人人参与"文明交通知识讲座，40余名村居民参加了培训活动。

三、党建引领柿树沟城乡融合的治理实践

从社区治理创新来说，社区党组织与辖区内各主体之间的一种"一核多元"同心圆治理格局正在形成。"'一核'即'一个领导核心'，以社区党组织为领导核心；'多元'即'多元共治主体'，以社区服务中心、社会组织、驻地单位等多元主体共同参与社区治理和服务。"[①] 柿树沟社区党支部致力于以互动促进互融，开展共驻共建打造党建共同体，推动红旗经验在柿树沟社区的生根发芽，绽新花，结新果，并持续推进形成党建联动、文化融合、服务共享的党建新格局。

（一）党建联动即联动式共建

通过党建联席会整合辖区党组织力量，发挥引领引用，开展共驻共建，构建"党建工作联创、文化活动联办、社区治安联防、环境卫生联抓、社区服务联动"的工作新机制。2017年柿树沟社区以打造智慧化社区为契机，通过拆柜台、建后台、搭平台，改变了传统的坐等式服务，实现了让信息多跑路、群众少跑腿的主动服务。并最终在全市推广"红旗经验"的学习过程中，立足城乡接合部的实际情况，总结出"党建联动、文化融合、服务共享"党建服务模式，持续强化"网格化管理、智慧化服务"的服务格局，使"红旗经验"在柿树沟得到传承创新，为社区的建设发展指明了方向，使社区的服务水平和服务能力大幅度提高。以智慧社区综合信息服务体系为支撑，充分发挥智慧党建信息平台、智慧社区信息平台、"四社联动"公共服务综合信息平台和网络化信息管理平台四个板块的作用，有效整合了辖区内城乡地区人、地、物和房屋等信息。此外，社区党支部高度重视城乡融合工作，有效发挥党建联动作用，凝聚共识，通过多次召开党建联席会议，统一"创建为民、创建

---

① 曹海军：《党建引领下的社区治理和服务创新》，载《政治学研究》2018年第1期，第97页。

惠民、创建利民"的思想认识，与辖区单位、行业部门、社会组织开展共建联动，达成同心协力推进城乡融合的共识。

（二）文化融合即融合式发展

通过整合辖区单位和邻近乡村的资源，促进人的融合、地域的融合、文化活动的融合，打造城乡文化融合一体化发展模式，使文化成为凝聚人心、联系情感、提升文明的有效载体。2018年在区政府和街道办事处的指导和社区党支部领导下，柿树沟社区（炭科沟村）新时代文明实践站探索出"1+5+5+X"工作思路，即建设1个新时代文明实践站，建好5个文明实践馆，打造5个文明实践室，建立X个文明实践点。自新时代文明实践站建设以来，柿树沟社区（炭科沟村）新时代文明实践站已围绕"好人在身边教育""城乡文化融合""科普教育""国学教育课堂"等八大文明实践主题，开展了一系列文明实践活动，得到群众的一致好评。柿树沟社区党支部将文化作为精神文明的保障和导向，与相邻炭科沟村探索实施城乡文化融合机制，开展了一系列的文化交流互动。2019年，在区委组织部的支持和王家河街道党委的指导下，积极联动炭科沟村开展了一系列城乡联动活动，积极组织、协调双方资源共享、人员共融、活动共建，推动实现了社区和乡村的地域融合、团队融合、活动融合。主要做法如下。

坚持党建引领，确保正确的文化发展导向。推进城乡文化融合工作，要以党的文化方针和政策为导向，必须在党组织的引领和指导下有序开展，传递文明向善、积极向上的正能量。柿树沟社区党支部定期联系炭科沟村党支部、辖区单位党组织和文化团体召开联席会议，商讨文化活动开展的具体举措。通过文化的联动，推动地区经济、社会、生态文明等方面的同步发展。

推动地域融合，架起城乡文化"连心桥"。为打破地域限制，柿树沟社区和炭科沟村将连接河道两岸的铁桥，打造成"文化连心桥"，加强联系沟通和情感交流，寓意村和社区心连心。现在这座桥已被正式命名为"连心桥"，桥头书写有"文化相融、民心相通、城乡联动、服务共享"16个大字，成为城乡文化融合的标志性体现。社区积极支持配合炭科沟村筹建文化生态产业园，把社区特色文化元素融入其中，在推进地缘共建的同时促进城乡经济发展。

促进团队融合，发挥文化队伍资源优势。双方共同发展文化队伍，共享文化团队和"文化能人"提供的服务。一是双方的文化志愿者相互协作，联合开展各类惠民文化活动，为社区和农村居民提供文化服务；二是社区组织"文化能人"为炭科沟村培养文化人才，同时把村里的"文化能人"纳入社区"文化能人库"，加强双方联系，相互学习，相互促进，共同提升；三是结合党员"积分制"管理，激发文化队伍中党员的积极性，党员带头推动文化队伍建设，在党组织带领下组织开展惠民活动，引导社区和农村文化团体、"文化能人"助力城市建设和乡村振兴战略实施。

组织活动融合，增强居民群众认同感。一方面，柿树沟社区党支部联合炭科沟村党支部，发挥各自优势，共同组织开展经常性的群众集中文化活动，特别是在传统节日期间，开展主题文化活动，在集体活动中增进双方居民情感。例如，2019年1月23日，在春节来临之前，柿树沟社区与炭科沟村联合开展了"翰墨飘香送祝福 城乡联动颂和谐"义写春联活动，邀请王益区书法协会的6位书法家和辖区3位书法爱好者现场挥毫泼墨，为城乡居民义务书写春联。2月19日，柿树沟社区和炭科沟村联合在炭科沟村的文化活动广场开展了"欢乐迎春城乡联动闹元宵"活动和"全民健身快乐迎新"趣味运动会，吸引了上百名村居民积极参与，极大地丰富了城乡居民的文化生活。

社区文化服务内容得到拓展，活动形式更加丰富，城市的文化特色与乡俗文化得到有效融合，给辖区居民带来更多文化生活新意和精神享受。在社区指导帮助下，炭科沟村综合文化服务中心建设水平明显提高，活动场所的有效使用率也大幅提升。通过文化活动的深入开展，社区居民和村民从最初的互不相识、从不来往，变成现在的距离越拉越近，关系越走越亲，彼此影响，逐渐熟悉，与邻为伴、与邻为善的城乡情感和道德风尚逐步形成。通过文化活动的熏陶，文明新风的宣传引导，城乡文明素质也得到了进一步提升，建设美好家园成为双方共同的责任和愿望。文化融合的开展，使社区和乡村逐渐熟悉并加深了解，到现在已不仅是文化的融合，而是多方面的融合联动。

具体来说，逐步建立起社区与农村党组织的共建机制，加强彼此沟通联系，在党建各项工作上互相帮助、互相学习；社区党支部为村党支部的脱贫攻坚工作开展了有效帮扶，为村党支部解决具体问题；在辖区接壤处，社区党支部带领广大党员群众与炭科沟村共同开展河道环境卫生整治和周边人居环境治理，双方互相配合，合力创建宜居生活环境。

柿树沟社区党支部将与炭科沟村的文化融合作为一个示范点，由点到面，逐步拓宽融合范围，向周边其他村组拓展，同时发动辖区单位、社会组织共同参与，扩大覆盖面，根据所联系村组实际，以农村文化特色或自身优势为结合点，探索发现城乡融合的最佳方式。

（三）服务共享实现资源互补、社区和谐

党的十九大报告强调："打造共建共治共享的社会治理格局。"这一要求既是对党的十八大以来加强和创新社会治理经验的高度总结，也是对新时代社会治理的战略指引。"'共享'既是社会治理的结果体现，也是社会治理的出发点，在共建共治共享格局中发挥承启全局的重要作用。同时，'共享'也是社会治理的难点……实现'共享'治理成果，既需要党和政府自上而下地推动全民共享和全面共享，也需要所有社会主体自下而上构建共享制度，积极主动参与。"[①] 柿树沟社区贯彻落实区委关于推进单位行业系统党建融入属地工作的工作安排，打造单位行业系统党建融入属地工作先行先试示范点，促进辖区共建共享党建共同体逐步形成。利用党建联席会议，组织柿树沟社区辖区单位、社区班子成员、党员代表学习《王益区关于推进单位行业系统党建融入属地工作的实施方案》和《我市出台"十二条"措施推进单位行业系统党建融入属地》专题报道，深入领会开展此项工作的目标任务，努力加强联动共建三方面内容。一是形成一个核心，社区党支部要发挥引领作用，做好统筹协调工作；二是形成一盘棋思想，社区与各行业单位要统一思想，把落脚点放在为群众服务上；三是打造一个党建共同体，通过联动式共建，

---

① 张欢、王晔安、耿欣：《共享的动机和机制：单位向社区居民共享服务资源研究》，载《四川大学学报》（哲学社会科学版）2018年第5期，第75页。

促进融合式发展,形成共建、共治、共享新格局。

此外,社区党组织还与辖区内各党组织制定了共驻共建"三件大事""十件实事"计划,并指定专人负责。

四、党建打通城乡治理融合的连心桥

党的十九大报告提出要"建立健全城乡融合发展体制机制和政策体系,加快推进农业农村现代化"。当前我国进入社会主义新时代,制定完善城乡融合、相互促进的发展战略越发迫切,必须充分发挥党的强大组织领导作用,以党建推进城乡治理融合的步伐。城市与乡村血脉相融、地域相连,在农业农村的现代化建设中,城市无疑具有浓墨重彩的作用。党建是当前我国决胜农村现代化建设的坚强战斗堡垒,通过党建引领,加强党的方针政策的正确导向,在党组织的带领下有序开展落实"城乡融合"发展战略,是形成城乡经济社会一体化发展新格局的重要保障。

铜川市王益区,是以柿树沟社区为代表的城乡接合区。近年来,该区以党建为引领,全面推广"红旗经验",以文化融合为切入点,以创建国家公共文化服务体系示范点为契机,积极探索城乡融合发展新路径,逐步形成了"党建联动、文化融合、服务共享"的党建服务新模式,对本地区的城乡一体化发展产生了不可忽视的推动作用。

习近平总书记指出:"社区工作很重要,一是要抓好党的建设,使党组织真正成为社区的领头人,把各方面工作带动起来。二是要抓好服务,人民群众的事情就是我们的牵挂,要以问题为导向,力争实现各种服务全覆盖,不断满足百姓提出的新需求。"[①] 社区和村党支部切实担负起引导责任,及时向上级组织汇报沟通,定期召开联席会议,共同商讨城乡融合发展的具体举措。特别是,为消除地域造成的社区和农村之间的交流障碍,柿树沟社区与炭科沟村一同将连接河道两岸的铁桥打造为"连心桥",并在桥头题上"文化相融,民心相通,城乡联动,服务共享"16个字,现该桥已成为当地城乡治理融合

---

① 《习近平:人民群众的事情就是我们的牵挂》,载新华网 http://news.xinhuanet.com/politics/2016—02/03/c_128700094_3.htm,访问时间:2020年12月15日。

的标志性体现。

一方面，在王益区委的统领下，柿树沟社区党支部严格践行"城乡融合"发展战略的相关方针政策。另一方面，通过与邻村党支部协商共建，加强对居民和村民文化价值的正确导向，社区积极联合毗邻的炭科沟村，共同组织开展经常性、集中性、惠民性的群众文化活动，加强城乡居民交流，增进彼此的文化融合和情感融合。

在王益区委的引导下，以柿树沟社区和炭科沟村为代表的社区和乡村在融合发展的过程中，不仅能保持城市的文化风貌，又能根据发展实际，以各村的文化特色或自身优势为结合点，如美丽乡村文化、农业产业发展等，真正找到了城乡文化融合的最佳结合点。

习近平总书记强调，要加强农村基层基础工作建设。铜川市王益区柿树沟社区对于城乡一体化协同发展新模式的探索实践，不仅对本地区社会经济的高质量可持续发展、文化的繁荣兴盛具有极大的促进提升作用，而且为全国其他各地区统筹城乡融合发展提供了一个具体实践和一个生动样板。王益区柿树沟社区正立足自身发展实际，勇于创新，朝着党的十九大报告中"产业兴旺、生态宜居、乡风文明、治理有效、生活富裕"的总目标不断前进，这正所谓"与邻为善相益为伴，城乡融合相得益彰"。

第二节　光明社区信用评价体系

王益区桃园街道光明社区位于铜川市王益区中心地带，北起红旗桥，南至宜园桥，东与王益乡宜古村相邻，西以漆水河为界，总面积1.2平方千米。截至2021年，光明社区有10个居民小组，常住3327户，总人口12 538人；社区党总支下设4个党支部，有党员483名。光明社区在创新中求实效，在实践中勇探索，秉承"党建引领、文化启迪、智慧服务"的工作思路，利用"一库三平台多系统"让社区服务进一步走入居民群众,打通联系服务群众的"最后一公里"。

党建引领为保障，强化社区党组织核心凝聚。在党史学习教育中，光明社区搭建党建责任田，通过横向到边、纵向到底的四级网络，实现了学习教育全覆盖，而总支下设的4个党支部也各有特色亮点，亮点各不相同、特色紧贴实际。通过建一本台账、发一封信、打一通电话、送一堂微课堂的"四个一"形式加强流动党员的教育管理。在智慧社区建设中，光明社区以党建为引领，充分利用智慧党建平台，让党员尤其是流动党员可以随时随地参与学习，突破了时间、地点的限制，实现了"指尖上的党建"。不管是直管党员还是流动党员都能在学习中进步，强化了社区党组织的核心凝聚力，为党建引领的实现提供了坚实的保障。

文化启迪为手段，丰富居民群众文化生活。社区是一个有机整体，为了让居民群众感受到"光明情、家园梦"的光明社区文化，光明社区利用智慧社区平台系统，在居民群众中营造社区倡导好事、人人争做好人的浓厚氛围，形成了积极向上的正能量。截至2020年，社区已涌现出1名陕西好人、3名铜川好人、1名铜川市道德模范、1名王益区十大孝子。

智慧服务为核心，提供高效便捷为民服务。为使智慧社区发挥作用，实现智慧服务的核心目标，光明社区以"E区四化"为亮点，借助社区信息管理平台为居民群众提供高效便捷的服务。具体说来就是：

网格化管理：按照以块为主、条块结合的模式，光明社区共划分为10个片区、18个网格，每个网格配备一名网格员。网格员在网格内进行入户登记、政策宣传、便民服务等工作，及时将网格区域内的人、地、物、情、事、组织等信息输入信息管理平台，实行动态管理，为智慧服务提供强大的后台信息支撑。

数字化建设：通过微信群、QQ群等互联网数字化体系，打造居民群众与社区互动交流的平台，让居民群众及时了解社区工作动态，知晓最新政策法规，反映问题建议，丰富居民群众的"E生活"。

信息化支撑：整合党建、就业、全员网等信息资源，逐步完善以智慧社区为主的王益社区信息服务平台，实现信息采集、处理、显示的高度集成共享，构建光明社区高效互联网办事平台，让居民群众到社区办事，只要携带身份证，就能办理各项事务，实现智能、高效、便捷的为民服务。

智慧化服务：居民群众在信息管理平台实名制登记后建立个人账户，通过网络选择到社区自取、网格员上门、快递三种办理方式就可以上网办理25项社区相关业务，通过智慧社区服务大厅终端机就能自助打印，真正让群众"动动手指头"就能办事，通过网络等科技手段实现了智慧化的服务。光明社区作为智慧社区的先行者，今后，将继续在服务中探索，在探索中创新，全力打造"生活服务更便捷、生活环境更优美、生活状态更和谐、幸福指数更提升"的智能、人文、宜居的现代新型社区。

一、光明社区信用评价体系概况

（一）光明社区信用评价具体制度

光明社区从2016年11月中旬开始建设智慧社区，12月正式投入使用，它在创新中求实效，在实践中勇探索，秉承"党建引领、文化启迪、智慧服务"的工作思路，以网格化工作为平台，以信息技术为支撑，创新出具有特色的铜川市第一家信用评价体系。光明社区在总结多年来诚信工作的基础上，按照信用体系建设思路，突出打造"信用社区"，进一步优化和升级信用社区创建的标准、流程和模式，着力推出"信用评价体系"新模式，把信用评价形成一个完整的体系，该体系共分为以下七个方面，分别是星级标准、信息收集、评价标准、信用日志、星级市民、信用评价和奖励制度。

1. 星级标准

星级标准共分为11个档次，最高的5A级对应"＋五星"，最低5C级对应"－五星"，居民信用评价体系的标准共分为11个档次，最高为5A级（1000~5000分），对应红色五星；最低为5C级（-1000~-500分），对应绿色五星。评价打分分为加分项和减分项，由社区的25名网格员操作。

加分项共有22项，获得各种荣誉及资助贫困户、无偿献血、见义勇为、拾金不昧等的居民，都可以获得加分，最低加5分，最高加50分。减分项则包含邻里不和、乱扔果皮纸屑、随地吐痰、有违法行为等13项，最低减2分，最高减50分。得分情况随着居民动态事件的发生随时变更。

2. 信息收集

社区在辖区居民信用信息收集方面，充分利用"E区四化"的优势，四方联动整合居民信息。一是利用网格化制度由下自上收集信息，通过18个网格员实行排查、登记、管理实现划区域、划人员的管理，及时将网格区域内的人、地、物、情、事、组织等信息输入信息管理平台，实行动态管理。二是利用数字化途径收集信息，通过微信、QQ、微博、电子屏幕等数字化体系，提供居民与社区和邻里之间的互动平台。着重通过微信公众号和微博发布社区的信息、活动、通知等，促进居民反映问题建议。三是充分利用信息化和智慧化支撑平台。集中整合党建平台、就业信息平台、全员信息网、老龄平台、残联平台，并以此为依托，集中把居民信息整合到智慧社区主打的王益社区信息服务平台。做到只要输入身份证号，个人基本信息就能集中体现出来，从而实现各种信息的采集、处理、集中、传输、显示的高度集成共享，构建出社区的高效互联网平台，为辖区居民提供智能、高效、方便、自动的生活空间。

3. 评价标准

评价标准分为加分标准和减分标准，这个标准就是衡量居民的一把"道德尺"，通过这把尺子就可以有效地鼓励及约束辖区居民的道德行为。结合社区"道德讲堂""最美王益人"等一系列活动，通过潜移默化的方式来逐渐改变居民的生活习惯。

4. 信用日志

信用日志是工作人员在后台系统操作居民发生事物变更的详细记录，是随着时间的顺序排列记录的。

5. 星级市民

按由高到低的顺序排列辖区居民的信用总分和星级，也可以通过姓名及身份证号查询，个人得分情况及评级一目了然，这个排名也是每季度奖励荣誉居民的一个重要的评价标准。

6. 信用评价

社区居民可以通过身份证号及姓名查询自己的详细信用情况，同时也可以下载自己的信用报告，目前所需要的就是扩大个人信用报告的影响和使用率，从而使信用评价体系能在社区工作中起到更好的实用和辅助功能。

7. 奖励制度

居民信用评价体系推出后，光明社区每季度都会以诚信为主题，表彰有突出贡献和表现良好的荣誉居民。对于诚信积分较高的居民，还可换取志愿者上门服务和免费的乐器、书法培训的机会。

（二）光明社区信用评价体系实施成效

信用融入社区文化。在社区范围内形成充分的人人讲信用、处处显信用、事事论信用的浓厚氛围。社区围绕信用为主题开展一系列丰富多彩的文化活动，把居民诚实守信、拾金不昧、尊老爱幼等先进事迹以小品和诗歌的形式进行演出，增强了诚信教育的渗透力。

信用融入社区服务。光明社区经常开展以信用为主题的服务活动，借助"一心多点"特色文化模式联合辖区服务机构，为居民提供免费或优惠服务，并且通过定期评议和激励机制，激发调动了社会各方面参与信用建设的积极性和主动性，以点带面，整体推进了信用工作在社区的全面开展。

信用融入社区管理。把信用工作应用在社区的日常管理服务中，通过社区独有的"信用评价"来配合日常工作的全面开展。一方面，每一季度都会举办以信用为主题的活动，表彰有突出贡献和表现良好的荣誉居民及辖区内诚信经营的优秀商户，让他们起到引领和宣传作用；另一方面，通过"信用评价体系"可以对辖区居民的个人行为有所鼓励及约束，而居民个人所得到的积分也可以换取志愿者服务和学习机会，这一做法受到了辖区居民的高度认可和大力赞扬。

此外，光明社区还积极开展"信用评价体系"创建工作，提升居民诚信素质，优化社区人文环境，努力完善社区的信用体系建设工作，把信用理念灌注到每一个光明人心中的光明社区。

二、光明社区信用评价体系的重要作用

德治、法治被认为是当今中国实现"善治"的必要手段,既需要德治,也需要法治;既需要道德的进步,也需要法治的完善。"法是他律,德是自律,需要两者并用。如果人人都能自觉进行道德约束,违法的事情就会大大减少,遵守法律也就会有更深厚的基础。"①

光明社区作为王益区建设新兴社区的先锋队之一,在辖区内较快实现了"四化"。一方面,光明社区实现了红旗经验在本区域内的进一步落实;另一方面,光明社区将红旗经验的特色构建——网格化的管理、数字化的建设、信息化的支撑、智慧化的服务要素应用于居民信用评价体系的建立,安排收集充分的、透明的、完整的居民信用信息,使得光明社区的居民信用评价体系具有相当重要的系统性、真实性、时效性、经济性优势。当今世界,科技革命日新月异,信息和网络技术融入经济和社会发展的各个方面,"开启了一次重大的时代转型"。社区的做法,不仅降低了社区工作成本,提高了工作效率,还更好地推动了社区工作,丰富了红旗经验的内涵;既实现了红旗经验与信用评价体系的重要结合,也落实了基层治理阶段新型社区建设和社会信用评价体系的"两位一体"双推进,为各地新型社区的道德治理模式建设提供了标准范式。

习近平总书记指出,"国无德不兴,人无德不立",因为"人类社会发展的历史表明,对一个民族、一个国家来说,最持久、最深层的力量是全社会共同认可的核心价值观。核心价值观,承载着一个民族、一个国家的精神追求,体现着一个社会评判是非曲直的价值标准"。② 现代社会信用秩序和环境背景下,道德信用建设方面仍有不足。光明社区信用体系着眼于公民生活点点滴滴的道德举措,涉及面广,不仅拓宽了公民信用道德信息来源途径,还创造了具体的道德衡量规范标准,有效解决了道德信用缺失和道德衡量标准缺失的问题。

光明社区依托智慧社区管理平台开发的"居民信用评价体系"经网上投

---

① 中共中央文献研究室:《习近平关于社会主义文化建设论述摘编》,中央文献出版社2017年版,第138页。

② 习近平:《习近平谈治国理政》,外文出版社2014年版,第32页。

票评比被收录到"陕西省20个信用典型案例",受到陕西省信用办通报表彰,并在全省推广学习。光明社区通过这样的一个信用道德库,用数据给居民画像,让居民可以不断地自我提升,做一个弘扬正气、传播正能量的诚信之人。而在日常工作中,光明社区以构建诚信光明为目标,以增强社区诚信意识和信用理念为目标,以提升居民诚信素质为重点,广泛开展"争做诚信居民,共建信用社区"活动,引领居民形成诚信为本的良好风尚,精心打造诚信社区。

光明社区学习"红旗经验",通过就地取材、因地制宜、传承创新,打造属于本社区的特色服务模式,把红旗精神发扬光大。"深入实施公民道德建设工程,推进社会公德、职业道德、家庭美德、个人品德建设,激励人们向上向善、孝老爱亲、忠于祖国、忠于人民"[①],大力营造健康、高雅的社区文化氛围,有助于形成、发展和强化共同的社区意识,为全国范围内基层组织道德治理建设以及向国家道德治理建设进一步推进提供了先进的新型社区范式。

第三节 云梦堤社区的智慧化服务模式

云梦堤社区成立于2002年5月,位于王益区七一路衣食巷内,社区南起六十九煤台,北至大同桥老庙巷,东与王益乡相邻,西至王益村。辖区总面积约0.9平方千米。截至2018年,云梦堤社区下设3个居民小组,驻区单位43个,共有住户6504户14 453人;社区70周岁以上老人1126人,残障人士308人,空巢老人128人,留守儿童18人;辖区共有党员747人,党总支直管党员99人,其中流动党员11人,分为3个党支部,到社区报到在职党员104人,社区工作人员15人。该辖区当时破产企业多、下岗职工多、弃管小区多,社会治理任务繁重,传统的社区服务已不能充分满足居民对美好生活的向往。打破壁障、探索创新、提升服务成为社区治理的必由之路。

---

① 习近平:《决胜全面建成小康社会夺取新时代中国特色社会主义伟大胜利——在中国共产党第十九次全国代表大会上的报告》,人民出版社2017版,第43页。

近年来，云梦堤社区坚持党建领航、服务为本，创新搭建智慧社区"一点通"服务平台，实现了社区与居民双向互动、线上与线下融合互通。社区先后荣获全国"创建无邪教示范社区""防震减灾示范社区""人口和计划生育基层群众自治示范社区""社区侨务工作示范单位"及省、市、区级荣誉40余项。

一、"一点通"服务平台

为了充分满足居民对美好生活的向往，云梦堤社区深化推进"红旗经验"在本区域内的实践推广，探索创新、打破壁垒、提升服务，坚持党建领航、服务为本，并创新搭建智慧社区"一点通"服务平台，实现了社区与居民双向互动，线上与线下融合互通。该"一点通"模式建设特点如下。

一是党建引领，"点"出凝聚力。云梦堤社区依托"互联网+"，在融合发展中创新，在智慧服务中作为，不断激活社区党建微循环。第一，红色加油站激发党建新活力。建立和开发社区智慧党建信息管理平台，使党员通过电脑、手机两个终端，足不出户点击参加"三会一课""主题党日+"等组织生活；流动党员可在线学习交流、缴纳党费、思想汇报等，实现线上线下双向管理。第二，"党员+网格"树立先锋新形象。为了便于社区治理，将辖区划分为8个片区19个网格，每个网格有居民、商铺、小微企业等260余户；通过建立"社区党总支—片区党支部—党员—网格员"四级联动网络服务体系，充分发挥党组织核心引领作用，将作风优良、素质过硬，善于做群众工作的54名党员分散到每个网格，实行"点对点"管理服务，协同带动网格员为居民和商圈企业等服务对象送政策、送知识、送服务。第三，"约请制"议事破解社区新难题。以党代表工作室为载体，探索建立了"群众提事、党代表约事、专题会议商事"的三级联动"约请制"，定期通过会议、座谈、走访等形式共谋社区建设、商议民生问题。"约请制"推行以来，在社区发展、惠及民生等方面累计提出建设性、可操作"点子"400个，解决完成基础设施薄弱、卫生设备陈旧、健身器材缺失、社区综合治理等问题300余件，办结率90%。通过党代表联系党员、党员联系群众，打通了社区治理新路径。

二是智慧服务,"点"出幸福感。打破社区"机关化"工作模式,压缩办公场地、扩大服务场所,拆除以往服务"前台";推行社区"互联网+服务"模式,运用"大数据"管理智慧理念,开发运行终端系统,建立智慧服务"后台"。第一,采实数据,实现精准服务。联合19个网格内的党员、网格员,通过访困难群众、访空巢老人、访留守儿童、访残障人士家庭、访流动党员、访失业人员的"六访到户"形式,逐户逐人登记基础数据。同时,将民政、卫计、住建等十个涉及民生的相关部门政策统一录入系统。根据辖区居民、商圈企业等应享受政策及服务事项,建立大数据库,经过计算机分析、研判、查询,一"点"便知。截至2019年,已录入居民"大数据"信息6782户14 883人。第二,健全阵地,提升品质服务。改扩建成省级标准化的,集日间照料、智慧大厅于一体的综合示范社区,社区学校、舞蹈室、书画室、心灵驿站等功能部室得以完善,服务条件不断改善;开发"云梦堤社区微信号"和"云梦堤社区一点通",居民通过电脑端、手机微信和自助终端机均可按需"点"寻,依照步骤完成证明打印、事项申请、水电气缴费等50项服务功能。第三,唱响品牌共享贴心服务。组建"580"(我帮您)服务队,即"5"支服务队伍(市容环境服务队、医疗救助服务队、矛盾调解服务队、家电维修服务队、家政综合服务队)覆盖"8"个片区,利用O2O(大数据与居民自助终端融合的线上线下方式)实现"0"距离服务。目前,辖区律师、签约医生、有技术特长的大龄就业困难人员信息等均展示在管理平台,居民有需一"点"即约,随时提供无偿或低偿服务。自2018年8月"580线上预约"平台正式运行后,短短几个月时间,居民享受"580网上预约"服务上百次,五星评价率98%。同时,在社区设置了"共享工具箱",配备了家用工具31件,解决居民家中发生突发状况时工具不全的困难,社区建立借用归还制度,以此建立和谐共享邻里关系。

针对高龄老人、空巢老人等群体开发"E键通"老人紧急呼叫系统平台,通过配备智能手环"SOS"一键呼叫,满足突发就医、居行安全、电话通信等需求,保证老人享受全天候"在线"服务。搭建"O2O商圈服务"将辖区酒店、餐饮、娱乐等与群众生活密切相关的产业有机整合,与王益区信用联社合作搭建"云梦商圈"平台,构建惠享社区线上生活圈,本辖区居民只需"点"单,即可参加专项"线上大促"优惠活动,满足日常线上购物、生活缴费等,促进居民消费、刺激当地经济发展。

三是融入互动,"点"出新格局。云梦堤社区在探索突破中牢记服务初心,不断巩固求新。第一,党建联席提起社区治理"纲"。按照"资源共享、优势互补、共驻共建"的原则,与辖区35家单位签订《共驻共建协议书》,每季度一次的例会制度、互访制度和工作汇报制度,实现了"思想工作联做、社区事业联办、社会治安联防、市容环境联建、文化活动联谊"新格局。仅2018年,先后召开例会、座谈、文艺会演等各项活动23次,办理民生保障、信访维稳等实事30件次。第二,"五社联动"串起社区服务"心"。建立以社区党群服务站为平台、辖区社会组织与单位为主体、社工和注册志愿者为抓手的"五社联动"机制,组织7名社工、1811名注册志愿者、10家社会组织、38家社区单位志愿认领居民需求,参与社会治理,实现"真心、同心、耐心、热心、聚心"服务。第三,整合资源托起社区幸福"梦"。建立居民议事工作制度,成立居民议事团、党员参事会,搭起社区"议事说事室"交流平台。在丰富辖区居民文化生活、加强联防联治、改善市容环境等方面群策群力。现有党员和志愿者为主体的治安联防队、"红袖章"巡逻队,不间断地在重点区域进行巡逻,守护居民安居乐业;引导成立云梦艺术团、墨艺苑书画社、俏夕阳秧歌队等9支的文化艺术活动队,不断满足居民文化需求;将物业公司、辖区单位等相关主体有效整合,在城市环境提升、地质灾害治理、安全生产检查等重点工作中同抓共管,共筑幸福云梦,为居民创造了一个和谐、文明、健康、欢乐的社区大家庭。

二、O2O商圈

O2O商圈即社区电商,是由第三方商家(社区周边的商户或合作商家)提供服务,为消费者制定线上查询、订购、付款以及点评功能,线下则同样保留传统的购物方式。O2O商圈最重要的一个作用是使商家和用户建立点对点的关系。相比传统电商,O2O使得线上和线下的边界日益模糊,以社区为基点的O2O模式更容易整合中小门店资源。

一是党建引领建设O2O商圈。云梦堤社区通过召开党建联席会议,加强与辖区单位联系,共同讨论非公党建、营商环境、智慧商圈建设等工作,整合辖区经济资源,方便辖区群众"掌上"生活,带动辖区经济发展,并通过建设智慧社区,达到智慧服务全覆盖,构建起"经济生活同发展,为民服务总动员"的良性生活服务体系。为此,在淘宝、美团等众多生活服务类软件深入居民生活的基础上,社区为提升群众智慧生活便捷度、发挥辖区各类商铺、中小微企业作用,云梦堤社区O2O商圈服务应运而生。

二是O2O商圈技术支持。以"陕西信合E终端"为基础,充实便民服务内容,该终端由荣天公司开发,商圈"580"服务队配合。打造O2O商圈必须要由安全有保障的金融平台作为媒介,"陕西信合E终端"作为成熟的服务类金融手机端,为O2O商圈建设奠定了坚实的基础。

商圈购买产生后,针对辖区残障人士、老年人等开展"580"服务队的点单预约服务,由所属的工作队人员进行配送和志愿上门服务,其间的有偿或无偿服务,将会在商圈页面进行"明码标价"。

O2O商圈模式设想是一种通过建设社区"小美团",实现社区"大服务"的治理逻辑。社区现有O2O商圈使用"陕西信合E终端"基本页面,实现了辖区商铺、中小微企业基础性资源整合。但由于辖区低保、残疾、高龄家庭等上千户家庭享有信合财政惠民一卡通(即政府补贴专项卡),因此,在后期建设中,商圈重点将融入居民生活水电气、电视费等日常缴费,开设金融服务板块,查询补贴是否到账、实现网上转账等,吸收辖区玉华建材城、四季春天等较大企业,开设团购、"秒杀"活动,以最低的价格实现最近、最便捷、最有保障的购买服务。为实现此类服务,广泛吸收辖区商铺、企业的加盟,社区着手对辖区商铺、企业进行摸底登记,做好重点沟通,广泛宣传,以吸引更多的中小微企业加入商圈中,充实力量,实现"小美团"的设想。居民在掌握辖区实体店情况的基础上,整合辖区酒店、餐饮、家政、果蔬、水暖、装修等资源,提供线上购买、付款、配送等系列服务,实现了线上经济交易,既方便居民足不出户进行购买,又发动辖区商铺加入为民服务中,更为辖区商铺、企业增加了经济收益。O2O商圈模式，一方面服务了辖区居民，另一方面服务了辖区中小微企业，有助于真正实现"双赢"。

三、"580"服务队

七一路街道云梦堤社区辖区破产企业多、下岗职工多、弃管小区多，老年人、残障人士基数大，孤寡老人占比高，传统社区服务已不能充分满足居民对美好生活的向往。云梦堤社区立足实际，不断探索创新，以推广"红旗经验"打造智慧社区契机，坚持党建领航，不断提升社区志愿者服务水平，着力打造出一支组织引领、志愿参与、群众评价的专业性服务队伍——"580"服务队。具体做法如下。

一是组织引领，构建志愿服务"主阵地"。以组织为引领，建立了"社区党总支—基层党支部—党员—网格员"四级联动网络服务体系，将作风优良、积极奉献、热心公益的党员分布在每个网格，充分发挥党员、网格员"从群众中来，到群众中去"的优势，发现、收集、上报居民生活信息，实行服务队"点对点"的全天候服务。社区结合创文文化活动、计生宣传等具体工作，党员、网格员开展宣传活动的同时介绍"580"服务队，发放二维码和操作流程小图片600余张，手把手教会居民操作步骤，并制作智慧社区"580"服务队宣传手册、举办"580"服务队专题文艺会演，扩大"580"宣传，提升智慧社区知晓率，让居民主动参与，体验"580"服务成效。

二是党建联席会议沟通，打造志愿服务一站通。按照"资源共享、优势互补、共驻共建"的原则，社区每年年初与辖区35家单位签订《共驻共建协议书》，以每季度党建联席会为纽带，经过互相交流，共同商讨，最终整合了辖区铜川妇产医院、康德中医医院、五一路社区卫生服务中心、如亲居家养老中心、大图律师事务所等服务资源，组建了5支素质高、能力强、专业化的"580"服务队，实现了服务工作联做，贴心服务联建，和谐社区联抓的新格局。

"580"服务队成立以来，服务成效显著。第一，通过线上订单，使得居民实实在在得实惠。自2018年8月"580线上预约平台"上线后，截至2020

年5月,居民注册云梦堤"一点通"网站600余人,千余人关注公众号,通过智享服务,预约"580"上门服务145余次,获得居民五星好评98%,点单服务一切运行正常,居民线上生活服务正式投入使用。第二,因为活动丰富,"580"服务队服务深入人心,居民生活处处得见服务,实现"有困难找580,有时间做580"。截至2020年5月,社区结合创文文化活动、健康教育、平安建设等工作,组织"580"服务队上门为孤寡老人开展家政服务26次,为650名老年人进行了健康体检,上门维修小家电18次,成功调解物业、家庭矛盾、经济纠纷8起。此外,为建立"580"服务长效机制,让居民长期得实惠,社区创新建立"双向"签约协议,一方面由社区与医疗服务队、家政服务队签约共建服务协议;另一方面服务队医生及家政服务员分别与服务对象签订服务协议,实现"一对一"结对帮扶,提供"私人订制"服务,同时社区将残障人士家庭、空巢老人、孤寡老人等特定人群作为特困家庭,主要提供日常诊治、寻医问药、打扫卫生等家庭服务。

四、云梦堤社区智慧化服务模式的重要意义

新公共服务理论认为,新公共服务是关于公共利益、民主治理和重新恢复的公民参与的运动。[①] 在智慧社区建设的过程中,社区不仅是领导者,还是促成社区各方力量合作的重要角色。社区应该以宏观的视角,关注整个社区的价值、需求与利益。

2012年11月22日,住房城乡建设部办公厅发布《关于开展国家智慧城市试点工作的通知》(建办科〔2012〕42号),指出智慧社区是智慧城市的典型应用。2016年4月19日,习近平总书记在主持召开网络安全和信息化工作座谈会指出,必须贯彻以人民为中心的发展思想。要适应人民的期待和需求,让亿万人民在共享互联网发展成果上有更多获得感。城市的发展根本上是促进人在城市中过更好的生活、有更好的发展,新型智慧城市的建设应紧密围绕以人为本这一核心内涵展开,而智慧社区则承载了新型智慧城市建设

---

① [美] 罗伯特·B. 登哈特、珍妮特·V. 登哈特:《新公共服务:服务,而不是掌舵》,丁煌译,中国人民大学出版社2010年版,第38页。

中绝大多数与人民生活密切相关的工作内容。

自2014年住房城乡建设部出台智慧社区建设指南后，社区问题已经提上了新的日程，但是全国各地并没有出现同步发展的状态。当下中国社区治理面临的问题，除了财政保障不足、领导重视程度不够以外，主要集中在管理模式落后，没有运用好现代化管理手段，党群之间的脱节，基层社区管理人员业务素质不高、职责不明确、考核点不清晰。对此，云梦堤社区在智慧社区治理层面深入研究，建立了一整套完善的基层社区系统。在学习借鉴"红旗经验"的基础上，把各方综合的问题，通过信息化建设，将党建、事务、第三方有机结合，并依托智慧党建、智慧社区、智慧网格，开设微党课、微课堂等多个服务模块，加强社区与居民的网络互动，为居民提供智慧化服务。

云梦堤社区的智慧化服务模式把党的建设贯穿于基层社会治理的各方面和全过程，增强了城市基层党建整体效应，形成了全区域统筹、网格化管理、智慧化服务、多方面联动、各领域融合的城市基层党建新格局，走出了一条符合中小城市特点和规律的城市基层党建新路径，为加快实现基层治理体系和治理能力现代化注入了生机与活力。同时，云梦堤社区通过以社区为单位进行数字化、智能化的建设，以点带面地逐步推动整个城市的智慧化。借助数字化、信息化的手段迅速传递政策，同时进一步加快电子政务向社区延伸，为全国范围内智慧社区建设提供了先进范式。

第六章 "红旗经验"对中小城市社区治理的启示

党的十八大以来，以习近平同志为核心的党中央从党和国家事业发展全局和战略出发，就推进国家治理体系和治理能力现代化提出一系列新理念、新思想、新战略，并把城市治理提高到前所未有的高度。党的十九届四中全会审议通过的《中共中央关于坚持和完善中国特色社会主义制度 推进国家治理体系和治理能力现代化若干重大问题的决定》确定了"构建基层社会治理新格局"的战略目标，并提出了"加快推进市域社会治理现代化"的行动目标。2019年12月3日召开的全国市域社会治理现代化工作会议强调，推进市域社会治理现代化，既是推进社会治理现代化的战略抓手，又是推进国家治理体系和治理能力现代化的重要内容。2020年6月，平安中国建设协调小组市域社会治理组第一次会议召开，会议指出，党的十九届四中全会就加快推进市域社会治理现代化作出重要部署，再次强调："疫情防控的实践证明，市域日益成为重大矛盾风险的产生地、集聚地，以市域为主阵地，树立'全周期管理'意识，补齐社会治理短板弱项、提升社会治理能力水平，常态做好应对重大风险的准备，将各类隐患预警早、处置好、控制住，是防范潜在问题变成现实风险、区域性风险酿成全局性风险的关键环节。"[①] 城市社区治理是市域社会治理的基石，城市社区治理的能力和成效决定着市域社会治理现代化水平。"红旗经验"是新时代城市社区治理的典型，其有益的实践探索

---

① 《平安中国建设协调小组市域社会治理组第一次会议召开》，载中国平安网（中共中央政法委员会）http://www.chinapeace.gov.cn/chinapeace/c100007/2020-06/15/content_12361256.shtml，访问时间：2020年10月15日。

和显著的治理效能，为发展和完善新时代以党建为引领的城市社区治理提供了积极的经验借鉴。

第一节　疫情防控背景下"红旗经验"治理体系的再升级

新冠肺炎疫情不仅对经济社会发展造成了巨大影响，还对我国社会治理体系和治理能力形成重大考验，基层社会治理现代化遭遇严峻挑战的同时，社区治理在基础防控方面的优势与重要性得到了充分体现。为全力以赴打好疫情防控阻击战，王益区委组织部坚决贯彻落实习近平总书记重要讲话精神指示，坚持以人民为中心的指导思想，把疫情防控当作当前阶段最为重要的工作来抓。在疫情防控"大考"中，结合疫情防控工作对优化网格化治理形成的现实挑战，及时调整新形势下党建引领的"红旗经验"式的社区治理目标定位，聚焦实现组织架构立体化、服务措施精准化、社会治理精细化三大目标，着力在健全完善以网格化管理、智慧化服务、联动式共建为主要内容的城市基层党建"红旗经验"上下功夫、求实效，全面推行网格党小组建设，实现党建工作与社会服务治理的无缝对接，不仅有效增强了"红旗经验"在社区治理过程中应对紧急状态时的积极作用，凝聚起坚决打赢疫情防控阻击战的坚强力量，而且充分发挥了基层党组织在引领社区治理方面的组织动员优势、基层基础优势、群众参与优势、协同治理优势。

一、聚焦"三化"，激发城市党建引领社会治理活力[①]

面对突如其来的新冠肺炎疫情，王益区始终把加强城市基层党建作为打赢疫情防控阻击战的切入点，并以此为契机探索提升城市基层党建"红旗经验"新路径。为着力构建条块结合、资源共享、优势互补、共驻共建的融入

---

① 参见铜川市王益区委组织部：《王益区：聚焦"三化"激发城市党建引领社会治理活力》，载陕西党建网 http://www.sx-dj.gov.cn/a/csdj/20200828/32305.shtml，访问时间：2020年10月15日。

式党建工作格局，确定了组织架构立体化、服务措施精准化、社会治理精细化的社区治理目标。

（一）织网定章，构建组织架构立体化

坚持从纵横两个维度着力构建组织架构，在横向完善区、街道、社区三级组织体系的同时，纵向上延伸党建工作"触角"，在全区全面推进"党建网格"建设，以现有社区网格为基础，依托辖区单位、居民小区、商务楼宇、社会组织等，在每个网格中建立党小组，织密组织网，构建社区党组织为核心、网格党小组为主体、网格党员为支撑的三级网格组织管理体系，进一步延伸党组织链条，保证了社区党组织对微端治理的全程引领统筹，打通服务治理"最后一公里"。截至 2020 年 8 月，全区 20 个社区 261 个网格，单建网格党小组 77 个，联建 53 个。川口社区党总支书记李菊样说，"川口社区有 22 个网格，通过单建或联建，成立了 11 个网格党小组，由社区干部、离退休党员或无职党员担任网格党小组长和网格负责人，激活了党建引领服务治理的'神经末梢'。"

（二）做实网格，实现服务措施精准化

做实网格党建，强化社区党组织的核心地位，将社区单元网格内协管人员、居民小组长、到社区报到的在职党员、志愿者、社会组织的党员及辖区内物业公司等纳入网格服务团队，共同参与网格内服务。在网格内推行多网合一，整合党建、综治、卫健、市场监管等部门管理服务纳入统一网络，通过定人、定岗、定责、定制度，实行网格发现、社区派单、街道统筹、协同治理，形成"一个格服务、一张网治理"精准化基层治理格局，实现"上面千条线，下面一网兜"。"'网格'建立起来了，社区内乱贴小广告的少了，堆积成山的垃圾没有了，居民的生活质量大大提升"，云梦堤社区党总支副书记高静这样说。

（三）互联互通，推动社会治理精细化

着力构建区域化党建格局，全力推进单位行业系统党建融入属地工作，聚焦破解街道社区党组织与辖区单位驻而不联、联而不融的问题，在全区推行驻区单位负责人担任社区"兼职委员制"，推动形成以街道社区党组织为轴心，以辖区各领域组织为驱动，引领和带动各类组织、群团等共同参与的城市基层治理格局。社区与辖区单位建立"双向认领"机制，以实施"责任清单"明职责、"需求清单"定导向、"资源清单"聚合力、"服务清单"优质效，"一对一"精准派单，推动街道社区党建引领辖区服务治理精细化。

二、立足"红旗经验"，进一步丰富和完善"红旗经验"[①]

王益区在加强和推进城市基层党建工作中，着力在丰富完善城市基层党建"红旗经验"基础上，全力打造城市基层党建"红旗经验"升级版，开拓城市基层党建工作新局面。

（一）做实网格党建，延伸服务治理"触角"

充分借鉴红旗社区经验，在全区持续推进"党建网格"建设，以现有社区网格为基础，依托辖区单位、居民小区、商务楼宇、社会组织等，以单建或共建形式，在每个网格中建立党小组。整合单元网格内资源，以社区党员干部和网格党小组成员为骨干，将单元网格内协管人员、居民小组长、到社区报到的在职党员、志愿者、社会组织的党员及辖区内物业公司等纳入网格服务团队，共同参与网格内服务，形成了社区党组织为核心、网格党小组为主体、网格党员为支撑的三级网格组织管理体系。通过做实网络党建，强化服务治理基础，为更好便民利民夯实"坚强战斗堡垒"。

（二）优化平台功能，提升智慧服务实效

依托"互联网+政务服务"重点工程，优化整合"智慧党建""四社联动"和社区网格管理服务三个平台，延伸部门至社区工作需要，推进服务前移、后台协作，实现多网合一、互联互通，促进党建工作与社区服务治理深度融

[①] 参见铜川市王益区委组织部：《王益区：全力打造城市基层党建"红旗经验"升级版》，载陕西党建网 http://www.sx-dj.gov.cn/a/csdj/20200702/28890.shtml，访问时间：2020 年 10 月 15 日。

合。结合疫情防控工作情况,联通实体区便民服务大厅、智慧扫码、服务热线、智慧警务和"大数据"平台等,开拓社区服务领域,把服务"搬"到网上,通过一次认证、多点互联、一网通办,真正实现"智慧领跑"式社区服务,让信息多"跑路",群众少"跑腿"。

(三)推行"兼职委员",构建区域化党建大格局

聚焦破解城市基层党建统筹协调难、资源整合难、工作推进难的问题,在全区推行驻区单位负责人担任社区"兼职委员制",通过签订共建协议、交叉任职、人才结对培养等加强组织共建,通过共同开展活动、加强党员教育等推进活动共联,通过整合盘活信息、阵地、文化、服务等实现资源共享,构建党员"一方隶属、多重管理"的党建共同体,做到组织融入、工作融入、感情融入,真正变"两家人"为"一家亲"。截至2020年7月,全区已有68家驻区单位到社区担任兼职委员,共同研讨党建、经济发展、社会治理等重大事项。柿树沟社区辖区单位陕煤建司中学主动参与,积极担任社区兼职委员,发挥教育人才资源优势,与社区搭建"名师工作室"平台,实现教育资源共享。

三、全面推行深化网格党小组建设[①]

为有效发挥基层党组织在社区治理中的坚强堡垒作用,王益区积极探索基层党建网格化管理体系,在网格上推行建立党小组,着力构建三级网格组织管理体系,实现党建工作与社会服务治理的无缝对接。

(一)把党小组建在网格上

王益区委组织部制定印发了《关于进一步加强网格党小组建设工作的通知》,强化社区党组织的核心领导地位,以现有社区网格为基础,依托辖区单位、居民小区、商务楼宇、社会组织等,在每个网格中建立党小组,由离

---

① 参见铜川市王益区委组织部:《王益区:全面推行网格党小组建设》,载陕西党建网 http://www.sx-dj.gov.cn/a/djzh/20200514/25775.shtml,访问时间:2020年10月15日。

退休党员、无职党员或社区干部担任网格党小组长和网格负责人,专门负责网格内的党员联系管理、纠纷调解、群众服务等事务。

（二）把党员聚在网格上

全面整合单元网格内资源,以社区党员干部和网格党小组成员为骨干,将单元网格内协管人员、居民小组长、到社区报到的在职党员、志愿者、社会组织的党员及辖区内物业公司等纳入服务团队,共同参与网格内服务,以党心凝聚民心,形成"党员为主、社会参与、多元共治"工作格局,逐步实现党员学习在网格、管理在网格、服务在网格。

（三）把职责定在网格上

网格党小组在履行好宣传党的政策、定期召开党小组生活会、党员教育管理和执行支部决议等职责的基础上,推行十网合一,重点围绕社保、民政、卫计、水务、安监、环保、农林、宣传、综治、党建等10个领域工作,纳入同一个网格,切实做到"四知四清四掌握",有效提升管理效力,发挥网格化管理在社会治理中的作用。

（四）把服务送到网格上

建立快速反应联系机制,采取组长联系组员、组员联系党员、党员联系居民的方式,由网格党组织将群众需求收集分流,统筹街道社区、驻区单位、社会组织等资源力量共同办理,实现"工作在网格落实、服务在网格彰显、民情在网格汇聚"的集成效应。

（五）把保障落在网格上

进一步完善网格党小组的保障机制,街道社区在阵地建设、人力资源、工作经费等方面支持网格党小组工作开展,切实协调解决党小组在工作中遇到的困难和问题,对于工作有亮点、服务有成效、活动有特色的网格党小组,由区、街道予以表彰和奖励,并及时将政治过硬、年富力强、实绩突出的优秀党小组组长充实到社区党组织班子之中。

第二节 "红旗经验"与城市社区治理创新

近年来,陕西省铜川市王益区红旗社区党总支在贯彻落实习近平新时代中国特色社会主义思想的过程中,主动适应城市党建和社区治理的新形势和新要求,坚持发展新时代"枫桥经验",积极推动基层社会治理创新,逐渐形成以"网格化管理、智慧化服务、联动式共建"为主要内容的大联动大共建机制,走出了一条"党建领航、优化服务、促进和谐"的社区党建引领城市基层党建、促进社会治理的新路径。由于成效显著,红旗社区先后被授予陕西省"文明社区、和谐家园"活动标兵社区党组织、"全省先进基层党组织"、"全省和谐社区建设示范社区"和"全国社会管理综合治理先进集体"等80多项荣誉,并总结提炼成铜川市全市普遍推行的红旗经验。作为"'党建+'治理模式"的代表,"红旗经验"在城市社区治理创新方面具有以下特色。

一、党建引领是"红旗经验"的本质特征和显著优势

红旗经验坚持党建引领,使基层党建与社会治理有机衔接。如红旗社区在支部书记"全国三八红旗手"、优秀共产党员、党的十九大代表李秋莲的带领下,以"党建领航"为统揽,以加强"党建提升"为契机,围绕人民群众的期待和需求,着力实践"四社联动"机制下的社区服务新模式,推动社区社会组织、各社会群体、社会力量之间良性互动、健康发展,使党群关系、干群关系更加融洽,创建了"党建领航"四社联动机制的红旗实践。在以社区党支部为主导,搭建城市社区联动平台的同时,重点做好以下几个方面工作:一是发挥党支部总揽全局、协调各方的领导核心作用以及在基层事务中的组织、引领作用,加强社区社会组织的协作,赋予社区社会组织在弘扬正能量、公益服务等方面的承载功能;二是广大党员干部及时熟悉社区管理与服务工作对人才的需要,关心、帮助人才队伍建设,强化社区社会工作专业

人才的支撑力量；三是党员干部带头，积极参加社会公益活动，组建社区志愿者团体，实现志愿服务与社区管理的优势互补，满足群众多样化需求；四是有效发挥社区民主协商的优势，党员干部在重大问题和人民群众普遍关心的问题上积极走访、耐心倾听、坦诚协商，达到群策群力，集思广益，实现居民有序的政治参与。

为强化党建引领，以党建促治理，铜川市王益区制定出台了《关于实施党建"四大提升工程"推进基层党组织建设全面过硬的意见》，统筹推进城市基层党建工作，内容包括：第一，实施从严管党治党"六项举措"［一是建立区委抓党建"四项"机制；二是落实党（工）委书记及班子成员"10+4"党建责任；三是建立季度考核排名问责制度；四是严格村（社区）党组织和干部绩效考核，加强对镇、街道党委落实《王益区村级班子和村干部绩效考核办法（试行）》情况的监督检查，严格村级班子和村干部绩效考核，强化结果运用，激发农村干部工作活力；五是推行积分制管好党员；六是落实"三项机制"激发干劲］，提升落实主体责任的政治定力。第二，强化基层基础"六大保障"（一是加强骨干队伍建设，确保有人管事；二是加强经费投入保障，确保有钱办事；三是加强基本能力建设，确保有能力理事；四是落实干部待遇补贴，确保有动力干事；五是加强实践载体建设，确保有工作抓手；六是加强作风纪律建设，确保风清气正），提升基层党组织的战斗力。第三，加强基层组织建设"六个规范"（一是阵地建设规范化，二是组织运行规范化，三是组织生活规范化，四是党员发展规范化，五是流动党员管理规范化，六是档案管理规范化），提升党建工作规范化水平。第四，推行联系服务群众"六项制度"（一是督包联制度，二是代办服务制度，三是信访包案制度，四是"实事"暖民制度，五是在职党员志愿服务制度，六是党代表服务群众制度），提升党员干部服务能力。此外，还制定了《推广"红旗经验"推进城市基层党建的实施方案》，明确了6大板块54项任务。这些内容明确的文件均得到良好执行，持续丰富了"红旗经验"的党建工作。

二、以人民为中心是"红旗经验"治理理念的充分体现

红旗经验是以人民为中心而形成的基层社会治理新方式，特别是在坚持"党建领航"的基础上，重视"智慧党建"的建设，将人民群众喜闻乐见的新媒体、新平台、新事物融入社区党组织的建设和社会治理创新中来，通过红旗社区"一站到底"网络信息平台，实现了坚守全心全意为人民服务的宗旨与不断提升社区党建工作水平、增强社区文明和谐程度相统一。一方面，红旗经验始终坚持人民群众是社会治理的主体，党建工作的目的不仅在于夯实党的执政基础，更在于相信群众、依靠群众、团结群众、服务群众，借助现代化的智慧平台建设为人民群众提供参与治理的各种机会，培养和塑造基层社会治理的内生动力，使人民群众真正成为社会治理的主要参与者和实践者；另一方面，红旗经验创新党建方式，重在实施"民情工程"，疏解民困、凝聚民心，拓宽"知党情、听民意、促和谐"的渠道，使党员干部、社区工作人员与人民群众有更便捷的路径、更充裕的时间、更务实的方法来沟通情况，排忧解难，尤其是在处理群众来访的过程中提升基层治理的能力，切实加强党员干部、社区工作人员与人民群众的血肉联系，最大程度保障人民群众老有所安、弱有所助、急有所济、危有所帮，最大程度实现社会和谐稳定，群众安居乐业。

特别是在抗疫期间，王益区各街道社区党组织积极投入新冠肺炎疫情防控阻击战，充分发挥党组织领导核心作用，本着为人民群众生命健康负责的态度，在各个社区中普遍成立排查、防控、宣传和保障四支先锋队，通过"地毯式摸排、拉网式宣传、过筛式监测"，形成了组织严密、团结可靠的疫情防控网。例如，川口社区党总支实行"1+N"排查模式，第一时间组织党员干部和志愿者对各省返乡人员逐一建档造册，严格每日报告制度，了解最新动态，积极发挥社区党组织的保障作用；育才社区党总支将辖区划分为29个责任区，每个责任区均明确了负责的党员干部，在党员干部的带领下，志愿者、物业人员等齐心协力，在各个监测点及时测量进入人员体温，登记有关车辆信息，筑牢社区抗疫防线；柿树沟社区党支部采取悬

挂横幅、发放宣传手册、张贴公告以及在微信、网络推送相关消息的方式，实时播报防疫新闻，倡导居民做好防护措施，减少居民对疫情的恐慌心理，并坚定对党和政府领导全国人民打赢疫情防控攻坚战的信心；新乐社区党支部针对百姓的生活需求，安排党员干部走家入户送服务，每天统计居民的具体需要，及时购买米面蔬菜、油盐酱醋，逐户发放，社区中的老弱病残人员也得到党员干部和志愿者的细心照料，这些工作受到全社区 290 户居民的一致好评。①

三、共建、共治、共享是"红旗经验"的基本治理格局

红旗经验通过覆盖全区的综合管理服务平台的建设，致力于打造全民共建、共治、共享的社会治理格局。除了创建智慧党建平台、四社联动服务平台外，重点落实两个方面的工作。一是搭建社会组织孵化平台。王益区积极响应国家号召，满足人民群众需求，建成区级社会组织孵化基地，重点为社会组织提供组织培育、人才培养、项目发展、标准建设、保障服务、资源对接等综合服务，并依法加强社会组织的规章制度建设，确保其规范运行。截至 2019 年 8 月，全区已成立社区中老年艺术团、书画、棋牌、矛盾调解、医疗救助、篮球协会等社会组织 72 个，会员有 3000 多人。这些社会组织联合社区经常性开展社会治理各项活动，在改善民生、繁荣经济文化、化解社会矛盾、维护社会秩序、保护自然环境等各项社会治理中均发挥了积极的补充性作用。二是健全网格化服务平台。从人民群众的共同目标、共同需求、共同利益入手，整合辖区单位、在职党员、志愿者、社会组织等资源，建立便民服务网点，推行"网格化"管理和服务。不仅大力培养网格员，使网格员及时了解中央精神、国家政策、法律法规，提升政治素养，而且深化网格员对治理体系、治理理念、治理方式等方面的了解，增进专业知识。与此同时，改变以往被动的等候人民群众反映问题的工作态度，鼓励网格员经常深入群众，倾听和了解人民群众的意见建议，将治理的重点和社区的服务工作下移，第一时间

---

① 《王益区"四支先锋队"织密全城疫情防控网》，载铜川市人民政府官网 http：//www.tongchuan.gov.cn/html/zxzx/tpxw/202002/246031.html，访问时间：2020 年 10 月 28 日。

呼应群众需求，及时解决矛盾和问题，有效地避免工作的"盲区"和"真空"，实现了社区服务的全天候、零距离。

在共建、共治、共享的基础上，"红旗经验"还形成了具有自身特色的"共驻共建"模式。2014—2019年，红旗社区围绕管理有序、服务完善、环境优美、文明祥和的和谐社区建设工作，按照"区域统筹、开放丰富、条块结合、资源共享、共驻共建"的原则，和驻区各单位签订《共驻共建协议书》。在落实协议的过程中，红旗社区与辖区单位都遵循"社区党建共商、社区事务共管、社区资源共享、社区文明共建、社区难题共解、社区活动共办"的基本原则，按照各自的职责开展工作和发挥作用。其中，红旗社区主动发挥自身优势，与辖区单位开展思想工作联做、社区治安联防、公益事业联办、计划生育联管、文明社区联建、党员教育联抓、贫困对象联帮等活动，为驻区单位排忧解难，提供优质服务；而辖区单位认真执行社区党总支会议的决定、决议，积极参加社区党总支各种会议，自觉参与支持社区活动，做到社区的公共事务、基础建设和文化建设齐抓共管，社区服务同办共享、社区机制同立共建，一些有一技之长的优秀人才还积极参加社区志愿者协会组织的活动。在这些行之有效的措施激励下，红旗社区先后与包联社区的市区部门、辖区企事业单位、社会组织等32个单位建立了共驻共建关系[①]，内容覆盖党建工作联创、社区服务联动、环境卫生联抓、文体活动联办、社会治安联防等诸多方面，不断促使"'党建+'治理模式"在内涵和效果上有质的提升。

四、自治、法治、德治相结合是"红旗经验"的有效路径

自治、法治、德治相结合是党的十八大之后基层社会治理实践中脱颖而出的一条新经验，也是构建共建、共治、共享的基层治理格局的一条新路径。以村民委员会和居民委员会为主体的基层群众自治是实现基层治理现代化的基础，是维护人民主体地位和确保人民群众依法行使各项权利的基石；法治则是基层治理现代化的关键，在全面依法治国的进程中，法治体系、法治理论

---

① 《"红旗"为什么这么红——来自城市基层党建样本陕西铜川红旗社区的报告（上）》，载人民网 http://dangjian.people.com.cn/n1/2017/1030/c117092-29616546.html，访问时间：2020年10月28日。

迅速健全，法治思维、法治方式空前普及，群众的法治观念、法治素养显著提升，这些均在最大程度避免了权力的滥用，为社会公平正义的实现、社会主义民主政治的实施和人民合法权益的维护提供了有力保障；至于德治，更体现出中华优秀传统文化、红色文化和社会主义先进文化的有机融合，"能够延揽社会上有道德、有学识、有威望的贤才，是一个政权健康发展、实现善治的重要标志"[①]，具备良好的道德、学识和威望，也是新时代基层社会治理参与者的基本要求，在中华传统美德的给养下，在红色文化的激励下，在社会主义核心价值观的引领下，基层德才兼备的治理主体更能发挥道德模范的示范作用，影响人民群众自觉形成崇德向善的社会风尚。

自治、法治、德治相结合，并不是多种治理方式的简单拼凑，而是整体上的协调、功能上的互洽、理念上的提升，既有助于释放社会各方主体的活力，弥补治理主体、治理方式等方面存在的短板，进一步增强社会协同能力，释放治理效能，也可以最大限度促使人民群众在自治的基础上、法治的框架内、德治的浸润下，依法依规进行自我管理、自我教育、自我监督、自我服务，确保基层治理现代化的愿景成为现实。

红旗经验在形成与发展过程中，体现出自治、法治、德治相结合的特色，并成为进一步提升、发展的有效路径。首先，健全以群众自治组织为主体、社会各方广泛参与的新型基层治理体系。既加强学习培训，提升人民群众参与治理的知识素养，又提高"两委"成员的综合素质和服务群众的工作能力，还通过社会组织的培养，搭建协商交流平台，通过社区议事协商会等形式反映社情民意，做到民事民议、民事民办、民事民管。其次，整合法治资源，搭建法治平台，培养法治文化，凸显综合治理的法治元素。注意建设"和为贵"调解室、诉调对接中心、警务融合指挥中心、平安智慧小区和法治文化一条街，强势推进扫黑除恶专项斗争，创新群防群治平安志愿服务，实现区、镇（街道）和社区（村）三级综治维稳中心的全覆盖，在全省率先引进了"智能接报警机器人"，全天候24小时自助受理警情，并搭建和完善综治信息系统，在群

---

① 王斌通：《新时代"枫桥经验"与基层善治体系创新》，载《国家行政学院学报》2018年第4期，第138页。

众中普及"互联网+服务",宣传法律知识,形成了多方联动、全面发力的基层矛盾纠纷化解机制和刑事犯罪预防机制,社会治安形势持续平稳,公众安全感逐年提升。最后,重视精神文明建设,充分发挥德治的引领作用。要求基层社区与乡村大力弘扬社会主义核心价值观,积极传承中华优秀传统文化,以"三面红旗"(美丽红旗、人文红旗、幸福红旗)为引领,以"四项活动"(创建不同层次的精神文明单位活动,评选各类"道德模范""身边好人",支持各行业的社会志愿者活动,开展"道德讲堂"活动)为载体,以"五种文化"(党建文化、社区文化、企业文化、街区文化、群众文化)为依托,通过道德榜样、公序良俗等的示范和教化作用,引导人民群众远恶近善、趋吉避凶、化解纠纷,促使人民群众道德水平和基层社会文明程度的全面提高。

综上可知,红旗经验作为一种新的社会治理模式,是对新时代"枫桥经验"的创新和发展。在红旗经验中,党建引领是根本保障,人民主体是核心价值,与时俱进是创新驱动。虽然作为一种年轻的社会治理经验,红旗经验在某些方面不及新时代"枫桥经验"成熟和完善,但其形成和发展的过程,同样体现出自治、法治、德治"三治"融合的基层社会治理路径,以及共建、共治、共享的社会治理格局,并在智慧党建、"四社联动"等方面展现了自身特色。目前,红旗经验已经走出红旗社区这一原创地和发源地,在铜川市遍地开花,正在成为当地的社会治理创新的成功范例。如同新时代"枫桥经验"一样,凝聚着人民群众治理智慧的红旗经验,也必将在不断提升和发展中丰富内涵,为基层社会治理体系与能力现代化做出积极贡献。

第三节 中小城市基层党建引领社会治理的完善之道

目前,我国中小城市的社会治理实践已卓有成效,但毋庸讳言,由于地理区位、人文环境、经济水平等因素的影响,不同省份的不同地区乃至同一省份的不同地区对社会治理模式的探索仍存在较大差异。而基层社会治理能否取得普遍性的实效,克服各种不利于治理能力提升的种种弊端,减少各地治理的差异性，关乎改革发展稳定的大量任务在基层的最终落实，关乎党和国家各项政策在基层的深入贯彻，关乎国家治理体系与治理能力现代化的基层基础的扎实构建。而以"红旗经验"为代表的"党建+社会治理"模式的治理成效已经为实践所证明，其坚持党建引领，践行以人民为中心的发展理念，健全共建、共治、共享的综合治理机制，融自治、德治、法治于一体，致力推动基层社会治理的智能化水平，对中小城市基层党建引领社会治理具有重要的启迪作用。

一、加强基层党的建设，巩固党的执政基础

习近平总书记在党的十九大报告中强调："党的基层组织是确保党的路线方针政策和决策部署贯彻落实的基础。要以提升组织力为重点，突出政治功能，把企业、农村、机关、学校、科研院所、街道社区、社会组织等基层党组织建设成为宣传党的主张、贯彻党的决定、领导基层治理、团结动员群众、推动改革发展的坚强战斗堡垒。"[①] 这是党基于新时代进行伟大斗争、建设伟大工程、推进伟大事业、实现伟大梦想，对基层党组织提出的新任务、新目标和新要求，鲜明回答了新时代党的基层组织应担负什么样的职责、完成什么样的任务、发挥什么样的作用、建成什么样的组织等问题，为建设好兴党强党的基层组织指明了方向、提供了遵循。

第一，"战斗堡垒"是我们党对基层党组织的基本要求。在近百年的发展历程中，中国共产党始终将保持政治性、时代性、原则性、战斗性作为组织建设的基本准则，注重从政治上、思想上、组织上、作风上、纪律上兴党、强党，努力把每个基层组织都建成坚强战斗堡垒。党的十八大以来，习近平总书记着眼于具有许多新的历史特点的伟大斗争、推进中国特色社会主义伟大事业和党的建设新的伟大工程，对基层党组织建设提出一系列新理念新思想新战略。习近平总书记强调"党的工作最坚实的力量支撑在基层，经济社会发展和民生最突出的矛盾和问题也在基层，必须把抓基层、打基础作为长

---

① 《中国共产党第十九次全国代表大会文件汇编》，人民出版社2017年版，第52页。

远之计和固本之举"。① 习总书记还曾鲜明指出,"党的基层组织建设制度改革,着力点是使每个基层党组织都成为坚强战斗堡垒,它的政治功能要充分发挥。"② 这些精辟论述,是加强党的基层组织建设的"根"和"魂"。

第二,"战斗堡垒"就是要使基层党组织成为党的全部工作的坚实支撑。基层党组织作为战斗堡垒,其支撑作用主要体现在以下方面:(1)基层党组织是有机联系整个党的组织支撑。基层党组织作为我党的基本细胞,处于最基础的地位。也正是通过分布于各领域各行业各单位的基层党组织,我们党才能坚强有力地把9000多万党员组织起来,将自身打造成一个具有统一意志、统一目标、统一行动的有机整体。(2)基层党组织是真正落实党的各项任务的工作支撑。实践充分证明,党的理论、路线、方针和政策能否真正得到贯彻落实的关键在基层。基层党组织在宣传和执行党的路线、方针、政策,宣传和执行党中央、上级组织和本组织的决议,充分发挥党员的先锋模范作用,团结和组织党内外的干部群众,完成各项任务等方面具有不可替代的作用。(3)基层党组织是党有效联系、组织群众的桥梁支撑。党的基层组织是深入社会、置身人民群众的灵敏"触角",通过它们能够直接听到群众的声音,准确了解群众的情绪,全面把握群众的实际情况。这样,基层党组织就可以及时准确地反映群众的愿望和诉求,帮助群众解决困难和问题。在此过程中,基层党组织及时地向群众宣传解释了党的主张和决定,坚定了广大人民群众永远跟党走的决心和信心。

第三,"战斗堡垒"就是要使基层党组织成为党的战斗力的不竭源泉。(1)以提升基层党组织的政治领导力为根本统领。把党的政治建设摆在首位、落到基层是贯彻落实新时代党的建设总要求的根本。当前,一些基层党组织弱化、虚化、边缘化,有些党员党的意识、党员意识淡薄的问题还不同程度地存在。这与"战斗堡垒"的定位和要求格格不入。因此,在加强基层组织

---

① 徐辉冠:《基层治理:经济特区树立党建引领新范式》,载光明网 http://theory.gmw.cn/2020-10/14/content_34267346.htm,访问时间:2020年11月10日。
② 赵娟:《坚守"战斗堡垒"政治定位》,载搜狐网 http://www.sohu.com/a/319857470_472792,访问时间:2020年11月10日。

建设的具体实践中，就要不断提升基层党组织的政治领导力，突出政治功能、发挥政治优势，切实把党的全面领导落实到各类社会基层组织中。（2）以提升基层党组织的组织力为重中之重。实践证明，基层党组织组织力的强弱直接关系党的事业发展的兴衰。党的十八大以来，习近平总书记多次强调要坚持问题导向、狠抓关键环节，持续用力、久久为功，更加全面地提升基层党组织的组织力。（3）以提升社会号召力为坚实抓手。社会号召力是基层党组织战斗力的"晴雨表"，直接关系能否打通贯彻落实党中央决策部署的"最后一公里"。因此，不断提升社会号召力是基层党组织战斗力建设的重要任务和目标。提升基层党组织的社会号召力离不开上下协调、多方联动，既要把学习宣传习近平新时代中国特色社会主义思想作为首要任务，使党的意志、党的声音、党的要求及时传达到基层，增强党的思想引领力，也要把党的领导落实到基层治理中，使基层党组织建设与基层治理有机衔接，良性互动，以增强基层党组织的政治领导力，更要保持党同人民群众的血肉联系，全力做好群众工作，在深入群众中了解群众的疾苦和诉求，在服务群众中解决群众的困难和问题，在引领群众中成为群众的"主心骨"和"领路人"，以增强基层党组织的群众组织力。只有这样，基层党组织的社会号召力，才能真正与其政治领导力、群众组织力相得益彰、互相促进。

党的十九届四中全会指出："社会治理是国家治理的重要方面。必须加强和创新社会治理，完善党委领导、政府负责、民主协商、社会协同、公众参与、法治保障、科技支撑的社会治理体系，建设人人有责、人人尽责、人人享有的社会治理共同体，确保人民安居乐业、社会安定有序，建设更高水平的平安中国。"[①]党的领导是实现国家长治久安的根本保证，是坚持和发展中国特色社会主义制度的最大优势。历史雄辩地证明，只有坚持党的领导，中国革命的胜利才能成为现实；只有坚持党的领导，彻底改变贫穷落后的国家面貌，使中国人民真正站立起来、中华民族真正独立进步才能成为现实；只有坚持党的领导，团结优秀中华儿女，迎战一切艰难险阻，化解各种重大风险，

---

① 《中共十九届四中全会在京举行　中央政治局主持会议　中央委员会总书记习近平作重要讲话》，载《人民日报》2019年11月1日，第1版。

切实维护人民利益，实现民族伟大复兴才能成为现实。一言以蔽之，我国政治进步、经济腾飞、文化繁荣的巨大成就离不开党的领导，国家治理体系与能力现代化的推进离不开党的领导，基层治理现代化不断取得新的成效离不开党的领导。在长期的治理实践中，城市社区党组织始终是城市的执政基础，是党在市域治理中最可靠、最坚实的力量支撑。党的领导强，党的建设规范有序，社区治理就成果斐然；反之，党的领导弱，党的建设流于形式，社区治理就杂乱无章。"红旗经验"之所以成为新时代"党建+社会治理"模式的杰出代表，最核心的就是强化了党的领导，做好了党建工作。因此，在城市治理中，基层党建工作至关重要。

加强城市社区党的领导，巩固党的执政基础，引领社会治理创新，应该做到：一方面，规范和强化社区党组织的管理与党员教育，充分发挥基层党组织的战斗堡垒作用和先锋党员的模范带头作用。在"红旗经验"中，党组织与党的工作依规开展，"三会一课"等基本制度顺利推行，坚持"一会一主题、一课一讲义、一月一活动"得到各社区党组织的普遍落实。红旗社区党总支书记李秋莲牢记使命初心，真诚服务群众，总结推行以网格化管理、智慧化服务、联动式共建为主要内容的"网格化大联动"党建模式，变"上面千条线、下面一根针"为"上面千条线、下面一张网"，使党建工作既立足于传统，又着眼于时代；既传承红色基因，又丰富时代内涵，受到党员干部和人民群众的一致好评，她无私奉献、书写忠诚的高尚品质，感染和带动了一大批党员干部勤恳为民，将先锋党员的模范带头作用发挥到社会治理的各个角落。这些为人民所认可的党建工作，值得其他社区在创新"党建+社会治理"模式中学习和发展。

另一方面，与时俱进，充分发挥新平台、新媒体优势，改进党建工作方式，以"智慧党建"引领基层社会治理。在科学技术日新月异的互联网时代，大数据、人工智能等为"支部建在网上"提供了便捷的技术支撑，建设社区智慧服务综合信息系统成为一大趋势。基层党组织应主动对接和利用"智慧党建"平台，开辟组织生活新阵地，促使"三会一课"、队伍建设、社区服务等组织活动实现线上和线下两线并重，相辅相成，最大限度满足信息化潮流下党建工作的基本需要，赢得人民群众在互联网时代对党建工作的广泛支持。各社区党组织可以效仿"红旗经验"，搭建"信息化服务平台""社区网格管理服务平台"，以"前台一口受理、后台分工协同"为原则，通过网络推广应用社保、救助、就业等业务模块，发布惠民信息，优化办事流程，打通联系服务群众"最后一公里"，实现公共事务迅速办理；在不断完善网格化管理体系的同时，充分发挥信息化网格员队伍作用，推进服务前移，将关系人民群众切身利益的各类矛盾纠纷在第一时间有效化解，提升人民群众对社区工作的满意度。

二、坚持以人民为中心，提高居民参与积极性

党执政的力量源泉是人民群众，基层建设与治理的主体也是人民群众。2019年，习近平总书记在甘肃考察时强调："城市是人民的，城市建设就是要坚持以人民为中心的发展理念，让群众过得更幸福。""我们是全心全意为人民服务的党，一心一意追求老百姓的幸福。路很长，我们肩负的责任很重，这方面不能有一劳永逸、可以歇歇脚的思想。唯有坚定不移、坚忍不拔、坚持不懈，才能无愧于时代、不负人民。""金杯银杯不如百姓口碑，老百姓说好才是真的好。"[①]在基层社会治理中，尽管"党建+社会治理"模式高度重视社区居民的参与问题，但面对一些社区居民对社区的认同度偏低、对社区事务的参与热情不高、对社区利益的关心程度不够以及一些居民因长期漠视社区事务而导致自己不仅远离治理中心而且主体地位日益边缘化等顽疾，有必要借鉴"红旗经验"，坚持落实人民为中心的发展理念，提高居民参与社区治理的积极性。

一方面，党员干部带头关心群众，倾听人民群众的心声和治理需求，提高人民群众的参与意愿。在"红旗经验"中，无论是年富力强的青年党员，还是德高望重的老党员，都积极热心社区事务，密切联系群众。针对"辖区人口密集，破产企业多、下岗职工多，各种社会矛盾突出"等问题，各社区

---

① 张晓松、朱基钗、杜尚泽、岳小乔：《开创富民兴陇新局面——习近平总书记甘肃考察纪实》，载新华网 http://www.xinhuanet.com//2019-08/24/c_1124914866.htm，访问时间：2020年11月5日。

党组织倡导党员干部带头,动员驻区单位、居委会和人民群众,就每一个百姓关切的问题,及时出资出力、建言献策,通过集体智慧、集体力量予以解决。不少群众表示:"社区工作人员十分热心,事事替群众着想。"① 一系列为人民利益着想的行动,彻底改变了各区市居民"事不关己,高高挂起"的思维局限,绝大多数居民不再把社区建设、社区服务和各项治理事务看作党和政府的事情,而是视为自己日常生活的一部分;不再被动地接受各种决策的结果,而是迸发出在自愿、民主基础上主动参与社区治理的热情。

另一方面,注意人民群众参与结构的失衡问题,提高人民群众对社区治理的参与度。在当前的城市社区中,普遍存在以下几种群体:第一,由党员干部构成的党支部、居委会组成人员;第二,借助公共事务的参与,发挥余热,在公益活动中实现人生价值的老年群体;第三,满怀热情和好奇心,需要进行社区实践的大学生、中学生和小学生群体;第四,具有一定专业才能和相对稳定的工作,在工作日按时上下班的中青年群体;第五,以残障人士为代表的由于身体或心理等原因需要进行社会救助和关怀的弱势群体。在这些群体中,党员干部、老年群体是基层社会治理的中坚力量,而广大中青年群体却很少参与社区治理,以致每每出现邻里纠纷、物业纠纷,中青年群体或手足无措,不懂得借助党组织和居委会化解矛盾;或因小失大,即使通过法律途径维护了自身的合法权益,但丝毫不顾及人情、事理。面对这些问题,在"红旗经验"中,各社区党组织积极鼓励中青年群体参与治理,并在各项议题、各项事务中为中青年群体留足施展聪明才智的空间,注重动员群众共同参与精神文明创建,每逢重大节庆日开展文娱活动,使广大居民在社区事务和文化活动中增进感情,加深了解,增强了对社区的认同感、归属感和荣誉感。

三、在党的领导下推动社会组织有序参与治理实践

党的十九届四中全会指出:"健全党的全面领导制度。完善党领导人大、

---

① 马辽辽:《王益区红旗社区:事事替群众着想》,载王益区人民政府官网 http://www.tcwy.gov.cn/html/xwzx/zhxw/201909/33755.html,访问时间:2020 年 11 月 5 日。

政府、政协、监察机关、审判机关、检察机关、武装力量、人民团体、企事业单位、基层群众自治组织、社会组织等制度，健全各级党委（党组）工作制度，确保党在各种组织中发挥领导作用。""坚持社会主义协商民主的独特优势，统筹推进政党协商、人大协商、政府协商、政协协商、人民团体协商、基层协商以及社会组织协商，构建程序合理、环节完整的协商民主体系，完善协商于决策之前和决策实施之中的落实机制，丰富有事好商量、众人的事情由众人商量的制度化实践。"[1] 社会组织因其自治性、自发性、多样性等特征，在满足人民群众日常生产生活及社会服务需要等方面发挥了重要作用，成为人民群众参与政治、经济、文化和社会事务的有效平台。培育、发展和规范各种各样的社会组织，不仅有助于优化社区治理资源、协调社区居民关系、维护社区安全稳定、提高人民群众生活，而且，可以最大限度激发全社会的创造活力，最大限度增进人民群众之间的互信与共识，最大限度增加社区和谐安定因素，最大限度推进文明社区的建设。

可以说，在社会组织的发展过程中，坚持党的领导，坚持党建引领，是我国各社会组织良性发展的根本性制度保证。社会组织与基层党组织融洽合作，在党的领导下依法依规有序参与社会治理实践，将有力推动共建、共治、共享的社会治理格局的构建工作。在"红旗经验"中，社会组织对各项治理工作贡献颇多。尤其是抗击新冠肺炎疫情和开展复工复产以来，王益区坚持发挥非公企业和社会组织党组织的战斗堡垒作用，牢固树立党建引领的观念，推动全区非公和社会组织一手抓疫情防控、复工复产，一手抓党的建设，在工作中检验党组织的创造力、凝聚力、战斗力，在参与治理中增强人民群众对社会组织各项工作的支持力度和满意程度。[2]

在目前的城市社区治理中，要加强党建引领下社会组织的人才培育和平台建设，提升社会组织的服务能力和发展空间。针对当前有些社会组织因规

---

[1] 《中共十九届四中全会在京举行　中央政治局主持会议　中央委员会总书记习近平作重要讲话》，载《人民日报》2019年11月1日，第1版。
[2] 《王益区加强非公企业和社会组织党的建设确保疫情防控、复工复产"双胜利"》，载王益区人民政府官网 http://www.tcwy.gov.cn/html/xwzx/zhxw/202004/36837.html，访问时间：2020年11月5日。

模小、职能单一、人员管理能力和人才渠道缺乏等问题，党组织可以帮助社会组织建立专职人员选拔、培训机制，分阶段、分层次、分领域、有计划、有目标地进行培训工作，重点培训公益慈善类、文化传承类、科技服务类、经济协作类、环境保护类、法律服务类社会组织人员，对于表现优秀而又德才兼备的社会组织人员，可以纳入党代会、人大、政协委员的推荐范围，提高其政治参与度；针对有些社会组织缺乏活动场地，或活动场地不固定、面积过于狭小等问题，党组织可结合社区的发展情况，通过社区规划和政策引导对需要场地的社会组织给予一定的支持，使社会组织摆脱"巧妇难为无米之炊"的顾虑。这样一来，各社会组织可以在党的领导和优秀代表人物的带领下提供社会治理的"补位"功能，协同构建起文明和谐社区建设所需的公共服务的供应机制，强化党、政府、社区、社会组织及人民群众之间的共同体意识，更好地实现党的领导和社会力量在基层社会治理领域的共建、共治、共享。

四、在党建引领下实现自治、法治和德治路径创新

目前，党的建设覆盖到城市的各个社区、各个组织、各行各业，在基层社会治理特别是城市社区治理中意义重大，虽然各地在构建自治、法治、德治相融合的基层治理体系时结合自身情况，积累出不尽相同的治理经验，但党建工作贯穿于基层社会治理始终是一条颠扑不破的规律。习近平总书记在全国组织工作会议上指出："党的十八大之后，党中央作出全面从严治党的战略部署，以坚定决心、顽强意志加以推进，团结带领全党开创了党的建设新局面，为党和国家事业取得历史性成就、发生历史性变革提供了坚强政治保证。"其中一项重要工作就是："坚持强基固本。我们树立大抓基层鲜明导向，持续整顿软弱涣散基层党组织，推动基层党组织全面进步、全面过硬。我们以提升组织力为重点，突出政治功能，把各领域基层党组织建设成为宣传党的主张、贯彻党的决定、领导基层治理、团结动员群众、推动改革发展的坚强战斗堡垒，要求党支部担负好直接教育党员、管理党员、监督党员和组织群众、宣传群众、凝聚群众、服务群众的职责。"① 在党的建设持续推进的情况下，很多城市的社区、行业和组织都提出了"党建+"的模式，如"党建+经济""党建+网络""党建+文化""党建+社会治理"等，可以说，在"党建+N"的模式下，各地具有地域性、行业性的探索非常积极，尤其是在社会治理中，党的政治优势和组织优势都得到了一定程度的发挥。然而，有些社区在推行时，本末倒置，陷入形式主义的泥沼；同时，在推行自治、法治、德治相结合的治理路径时，也容易割裂三者之间的关系，使得基层治理成效不彰。因而，非常有必要实现"党建+社会治理"的模式与自治、法治、德治的融合，以"党建"引领自治、法治和德治的路径创新。

以"党建"引领自治，可以确保基层群众性自治组织在社会治理中发挥核心作用，使党员干部和居民充分动员起来，将社区事务的决策权牢牢把握在居民手中，依托居民代表会议、居民议事会、居民监督会等，形成从"提议—讨论—决策—执行—监督"整个过程全覆盖的民事民议、民事民办、民事民管的基层民主协商格局，推动城市社区居民自治制度化、规范化、程序化；此外，社区自治还须注意以服务为根本的工作方法创新，改变生活有困难，社区居民纷纷找党员干部、社区组织解决问题的被动方式，推行更加主动、积极的党员干部和社区工作者到小区实地走访，询问和关心居民生活困难的方式，以上门服务增进彼此的信任，对于一时之间不能解决的重大问题，按照有关政策向居民说明情况，需要上级有关部门帮助解决的及时向上级反映，使人民群众提出的每一项合理要求和意见、建议都能落到实处。

以"党建"引领法治，可以促使国家治理与百姓生活有规可循，有法可依，使各项社会治理工作依法在"阳光下"进行，确保任何社区治理主体都不能任凭个人喜好而违法行事，更不能在法律法规的约束下损公肥私、损人利己；同时，可以提高党员干部和人民群众按照法律思维、法治方式处理事务的意识，帮助大家明确个人行为的边界，使任何人都不得谋求也无法谋求超出法律之外的不法利益。在《中华人民共和国民法典》颁布之后，党建工作的深

---

① 参见2018年7月3日习近平总书记在全国组织工作会议上的讲话。

入推进更应和被誉为"社会生活的百科全书"的民法典的宣传和适用工作相结合,党员干部带头遵法守法,和人民群众一起维护日常生活中与"物权""合同""人格权""婚姻家庭""继承"相关的各项民事权利、履行民事义务,使我国的社会主义立法拥有坚实的群众基础和了解民情、集中民智、反映民意的优越性,助力基层社会治理的法治化水平的提升。

以"党建"引领德治,可以切实发挥中华优秀传统文化与社会主义核心价值观对社会风尚的指引和社区文化的塑造作用,切实发挥道德模范的榜样示范作用。既能在潜移默化中提高党员干部和社区居民的人文素养和科学观念,使社区党总支和居民委员会在作出任何关乎民生的决策时,能从"求富强、行民主、倡文明、促和谐"的治理需要,"自由、平等、公正、法治"的美好追求,"爱国、敬业、诚信、友善"的社会公德出发,增强决策的科学性、可行性和合理性;也有助于将社会主义先进文化融入人民群众的生活习惯,使社区内外,皆能呈现出一片守望相助、诚信友善、团结有为、文明礼貌的德治景象,人心趋于良善而远离罪恶,风俗趋于清正而远离腐浊,从而使中华民族焕发出崇德向善的勃勃生机。

后　　记

本书系西北政法大学与铜川市王益区委"党建引领下的红旗经验"合作课题的最终成果。课题主持人汪世荣负责设计全书体系，审定全书。课题主持人马成具体组织课题组的调研、负责全书统稿及修改，三位学术秘书承担调研、阶段性成果发表、学术研讨、财务报销以及其他出版中的事务性工作。

2021年7月16日，西北政法大学和铜川市王益区委、区政府在西安召开了"党建引领下的红旗经验"结项鉴定会暨《红旗经验：中小城市基层党建引领社会治理的样本》出版座谈会。合作双方的领导：西北政法大学党委副书记李平安、中共王益区委书记王蒙、王益区人民政府区长刘军、项目负责人西北政法大学汪世荣教授、马成教授等参加了鉴定会。鉴定专家包括：陕西省人大常委会社会建设工作委员会原主任王建领，陕西省社会科学院党组成员、副院长王建康，北京化工大学马克思主义学院院长贾钢涛教授，中南大学法学院副院长彭中礼教授，西北政法大学法治学院朱继萍教授，浙江工业大学政研室副主任兼学术期刊社主任石东坡教授，西安邮电大学人文与外国语学院院长李天龙教授，西北政法大学政治与公共管理学院张师伟教授，陕西师范大学哲学与政府管理学院高学强教授。

鉴定专家对项目成果给予了高度的评价。专家们指出：中国特色最本质、最关键、最现实的特色是党的领导，党建引领社会治理的"红旗经验"，找到了关键，其网络化治理、智慧化服务、联动式共建的共建、共治、共享经验，值得总结推广。大家一致认为：本课题的研究成果具有很强的理论意义和实践价值，研究方法科学，研究过程扎实，内容丰富，脉络清晰，分析深入，生动呈现了红旗经验的形成过程，凝练提升了红旗经验的理论性、系统性，深入分析了红旗经验的可借鉴性与实践价值，是一本具有鲜明时代气息、体现鲜明问题意识和创新意识的优秀著作，为中小城市社区建设和基层治理体系、治理能力现代化建设提供了具有重要参考价值的案例和读本。

本书各章的写作分工：

第一章：张永林（陕西警官职业学院讲师、法学博士）：一、二、三、五

　　　　吕亚军（王益区委组织部副部长）：四

第二章：马成（西北政法大学研究生院副院长、枫桥经验与社会治理研究院副院长、法治学院教授），侯孟良（陕西师范大学马克思主义学院博士研究生）：一、二、三

　　　　张莹（铜川市委党校讲师）：四

第三章：吕江鸿（陕西警官职业学院讲师、法学博士），薛永毅（西安交通大学法学院博士研究生）

第四章：冯卫国（西北政法大学刑事法学院院长、教授），苟震（西北大学法学院讲师、法学博士）

第五章：汪世荣（西北政法大学党委委员、校长助理、枫桥经验与社会治理研究院院长、法治学院教授），吴昊（西北政法大学行政法学院2018级本科生）

第六章：王斌通（西北政法大学枫桥经验与社会治理研究院副院长、法治学院讲师、法学博士）

上述各章作者写出初稿后，由汪世荣、马成等主持学术研讨会，对书稿各章进行探讨，并向作者提出进一步修改的意见建议。在作者修改的基础上，由马成对全书进行统稿和全面修改。书稿提交出版社之前，又由汪世荣、冯卫国、朱继萍、张师伟、褚宸舸、马成、张永林、王斌通等对本书进行系统研讨，并对部分文字进行修改，而后由汪世荣审定。最后，本书的顺利完成还要衷心感谢铜川市王益区委和西北政法大学各位领导的鼎力支持。

"党建引领下的红旗经验"课题组

2021年7月18日